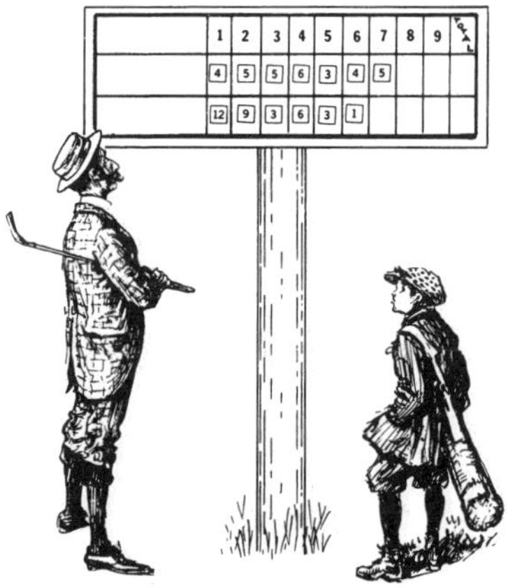
1 2 3 4 5 6 7 8 9
4 5 5 6 3 4 5
12 9 3 6 3 1

世界上最锻炼思维的

500个
逻辑游戏

朱立春　主编

北京联合出版公司
Beijing United Publishing Co.,Ltd.

图书在版编目（CIP）数据

世界上最锻炼思维的 500 个逻辑游戏 / 朱立春主编 . — 北京：北京联合出版公司，2015.6（2020.2 重印）

ISBN 978-7-5502-5113-7

Ⅰ . ①世… Ⅱ . ①朱… Ⅲ . ①智力游戏—通俗读物 Ⅳ . ① G898.2

中国版本图书馆 CIP 数据核字（2015）第 082633 号

世界上最锻炼思维的500个逻辑游戏

主　　编：朱立春

责任编辑：李　伟

封面设计：李艾红

责任校对：徐胜华

内文排版：张　诚

北京联合出版公司出版

（北京市西城区德外大街83号楼9层 100088）

鑫海达（天津）印务有限公司印刷　新华书店经销

字数410千字　　720毫米×1020毫米　1/16　24印张

2018年10月第2版　2020年2月第5次印刷

ISBN 978-7-5502-5113-7

定价：68.00元

前　言

逻辑思维是人的一种潜在能力，逻辑能力强，思维必然活跃，其应变、分析、创新甚至领导能力就强，在工作、学习、生活中也必然会有卓越表现。因此，逻辑能力在现今社会越来越被看重，不仅学生应试要具备必需的逻辑能力，MBA和公务员考试及世界著名公司的招聘面试中，其更是一项测试的重点。而"玩"一些由专家精心设计的逻辑游戏，无疑是提升逻辑能力的有效途径。

人类大脑理论上的信息存储量十分惊人，相当于藏书1000万册的美国国会图书馆的5倍，但到目前为止，人类的大脑只开发了5%左右。因此，人类的大脑有着无穷的潜力和极强的可塑性，若经常性地进行科学训练，可有效激发脑细胞的活力，让思维变得更加活跃。经常"玩"一些有趣的逻辑游戏，可以使游戏者轻松突破思维瓶颈，引发思维风暴，强化逻辑思维能力，并获得解题的快乐和满足，增强挑战困难的信心。

本书介绍了排除法、递推法、作图法、计算法、假设法、综合法等常用的解题方法，并精选了500个极具代表性和独创性的逻辑游戏，有类似脑筋急转弯的逻辑转换问题，有令人迷惑不解的图形难题，有必须活用常识来解决的谜题，还有由词语、数字组成的纵横字谜等，内容丰富，难易有度，形式活泼，极具思维训练的张力。

在游戏的过程中，你需要大胆地设想、判断与推测，需要尽量发挥想象力，突破固有的思维模式，多角度、多层次地审视问题，将所有线索纳入你的思考。通过完成书中的游戏，你会发现自己的思维能力得到了进一步的开发，观察分析力、想象创造力、注意记忆力等各方面都得到了极大的提升，无论今后在工作、学习、生活中遭遇什么样的难题，都不会感到无从下手，都能通过思维的灵活转换，顺利迈向成功。

　　无论你是学生还是家长，不管你是上班族还是企业经营管理者，只要你渴望找到思维的突破点，锻炼出聪明的大脑，本书就是你明智的选择。它是快速提升逻辑思维能力的益智宝典，更是一场涤荡头脑的思维盛宴，将彻底带动你的思维高速运转起来，让你越玩越聪明，越玩越开心！马上翻开本书，开启一段非凡的头脑历练之旅，进行一场前所未有的思维革命吧！

目 录

第一章 排除法

第二章 递推法

第三章 倒推法

第四章　作图法

第五章　计算法

第六章　分析法

第七章 假设法

第八章　推理法

第九章 综合法

第一章

排除法

1 波娣娅的宝盒

在莎士比亚的《威尼斯商人》一剧中，波娣娅有 3 个珠宝盒：一个是金的，一个是银的，一个是铜的。在这 3 个盒子的某一个

金盒子	银盒子	铜盒子
画像在此盒中	画像不在此盒中	画像不在金盒中

中，藏有波娣娅的画像。波娣娅的追求者要在这 3 个盒子中选择一个。如果他有足够的运气，或者足够的智慧，挑出的那个盒子藏有波娣娅的画像，他就能宣布娶波娣娅为妻子。如下图所示，在每个盒子的外面，写有一段话，内容都是有关本盒子是否装有画像。

波娣娅告诉追求者，上述 3 句话中，最多只有一句是真的。这个追求者有可能成为幸运者吗？如果有的话，应该选择哪个盒子呢？

2 三棱柱

4 个选项中哪一个是原图的展开图？

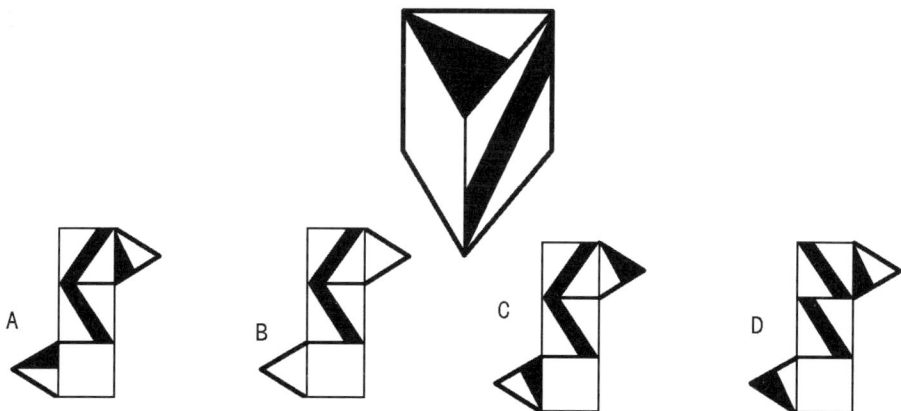

3 哪一个不一样

下面几个图片中，哪一个与其他的不一样？

A   B

C   D

4 形单影只

下列图形中哪一个是与众不同的？

A   B   C

D   E

5 移民

去年3个家庭从思托贝瑞远迁到了其他国家，现在他们在那里有声有色地经营着自己的小店。根据下面的信息，你能说出每对夫妻有几个孩子、他们移民到了哪里以及所做的是何种生意吗？

1. 有3个孩子的家庭移民到了澳大利亚，他们没有在那里开旅馆。

3

2. 移民到新西兰的布里格一家开的不是传统英国风味鱼片店。

3. 开鱼片店那家的孩子比希金夫妇的孩子少。

4. 基德拜夫妇有 2 个孩子，他们每人照看 1 个。

	1个	2个	3个	澳大利亚	加拿大	新西兰	鱼片店	农场	旅馆
布里格夫妇									
希金夫妇									
基德拜夫妇									
鱼片店						
农场						
旅馆						
澳大利亚			
加拿大			
新西兰			

6 说谎者

我虽不知道谁在撒谎，可我知道这 3 个人当中只有 1 个人说了实话。那么，这个人是谁呢，是亨利还是西尔玛？

"真讨厌！你们俩才撒谎了呢。我可是无辜的。理由只有一个，斯纳普斯（狗）和我正往家走！"

"亨利，现在我知道你撒谎了。"

"胡说，西尔玛。这里只有杰弗里在撒谎。"

7 影像契合

下面 6 个选项中哪一个与所给剪影的轮廓完全契合？

A　B　C　D　E　F

8 镜像

5 个选项中哪一个是所给图的镜像图？

A　B　C　D　E

9 小宝贝找妈妈

根据题目所给条件，你能否判断出宝贝与妈妈的对应关系？

我是艾莉森，我的宝贝达娜有一头黑色的头发和一个揪。

我是爱瑞，我的宝贝是戴西。

我是乔治亚，我的宝贝是海蒂。

我是詹妮，我的宝贝是伊莎贝尔。

我的妈妈手里拿着一个奶瓶。

我妈妈的头发是浅色的。

10 儿子和爸爸

根据题目所给的条件,你能否判断出孩子与爸爸的对应关系?

我是马克,我的孩子阿什利有一部手机。

我是戈登,我的孩子是吉米。

我是史蒂夫。

我是詹姆士,我的孩子是罗宾。

我爸爸很瘦。

我爸爸不抽烟。

我是布莱尔。

11 真正的夫妻

根据题目所给的条件,你能否把丈夫和妻子正确配对?

我是库尔特,我的妻子是玛琳,她戴着耳环。

我是兰斯,我的妻子是洛蕾特,她戴着帽子。

我是莫里斯,我的妻子是梅贝尔。

我是纳尔逊。

我是莫林。

12 师生关系

根据题目所给的条件，你能否说出下面的小孩与老师的对应关系？

13 司机与车

根据题目所给的条件，你能否判断出下面的车分别是上面哪个司机的？

14 祖孙两代

根据题目所给的条件，你能否判断出孙子孙女与爷爷奶奶的对应关系？

15 医生与病人

根据题目所给的条件，你能否说出病人和医生的对应关系？

16 男女朋友

根据题目所给的条件，你能否判断出女孩与男孩的对应关系？

我是特德，我的女朋友凯莉是长发。

我是埃里克，我的女朋友是妮娅。

我是内特。

我是罗兹，我的女朋友是蕾娜。

我是艾米，我的男朋友是短发。

我的男朋友带着一个项圈。

我是蕾娜。

17 警察与小偷

根据题目所给的条件，你能判断出小偷分别是被哪个警察抓到的吗？

我是特德，我抓到了米克，他手里拿着一个袋子。

我是安迪，我抓到了托尼，他手里拿着一个撬杠。

我是鲍勃。

我抓到了巴蒂。

我是安吉洛

我是被安迪抓到的

9

18 采访

根据所给的条件，你能否判断出记者分别要采访哪个人？

19 翻身

请你把下边的火柴图按箭头所指的方向翻一个身，它会变成选项中哪一个？

A   B   C   D

20 国际象棋

下图中的米莉·赛克斯是谦逊主教国际象棋俱乐部的女服务员。她正在思考昨晚那个把所有人都难住的思维游戏——把皇后放在正方形棋盘上的一个角（如下图所示），你能否只走4步就可以使它经过棋盘左上角的全部9个方格呢？在你移动每一步棋时，你可以穿过任意多个方格，但是只能朝着一个方向移动。现在，试试看你能否在5分钟内把这个难题解答出来。

21 补缺口

请你仔细观察积木的缺口形状（如图），在A～F的小木块中，哪一块正好能嵌入积木？

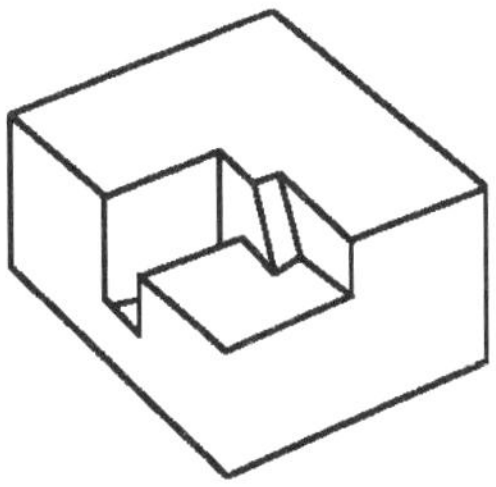

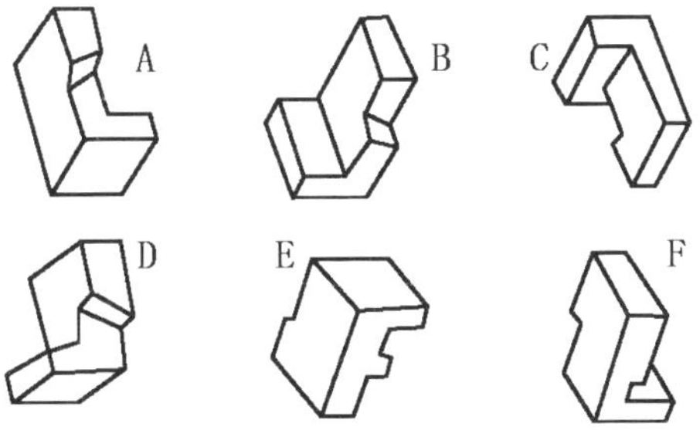

22 夏日嘉年华

3个自豪的母亲带着各自的小孩去参加夏日嘉年华服装比赛，并且赢得了前3名的好成绩。从以下所给的线索中，你能将这3位母亲和她们各自的孩子配对，并描述出各小孩的服装以及他们的名次吗？

1. 穿成垃圾桶装束的小孩排名紧跟在丹妮尔的孩子的后面。

2. 杰克的服装获得了第三名。

	埃莉诺	杰克	尼古拉	机器人	垃圾桶	蘑菇	第一名	第二名	第三名
丹妮尔									
梅勒妮谢									
莉									
第一名									
第二名									
第三名									
机器人									
垃圾桶									
蘑菇									

3.埃莉诺的服装像一个蘑菇。

4.梅勒妮是尼古拉的母亲，尼古拉不是第2名。

23 顶峰地区

在安第斯山脉的某个人迹罕至之地，那里的4座高峰都被当地居民当作神来崇拜。从以下所给的线索中，你能说出4座山峰的名字以及它们之前被当作哪个神来崇拜吗？最后将4座山峰按高度排序。

山峰：飞弗特尔，格美特，普立特佩尔，辛格凯特
峰高次序：最高，第二，第三，第四
神：庄稼之神，火神，森林之神，河神

山峰：_____
峰高次序：_____
神：_____

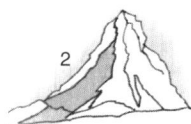

山峰：_____
峰高次序：_____
神：_____

山峰：_____
峰高次序：_____
神：_____

山峰：_____
峰高次序：_____
神：_____

1.最高那座山峰是座火山，曾经被当作火神崇拜。

2.格美特被当作庄稼之神崇拜，是4座山峰中最矮那座的顺时针方向上的下一座。

3.山峰1被当作森林之神崇拜。

4.最西面的山峰叫飞弗特尔，而普立特佩尔不是第二高的山峰。

5.最东面那座是第三高的山峰。

6.辛格凯特比被崇拜为河神的山峰更靠北一些。

24 出师不利

在最近的乡村板球比赛中，头3号种子选手都发挥得不甚理想，都因某个问题出局，从所给的线索中，你能找出得分记录簿中各人的排名、他们出局的原因以及总共得分的场数吗？

1.犯规的板球手得分的场数比克里斯少。

		克里斯	哈里	史蒂夫	滚球	犯规	LBW	2	4	7
位置	1									
	2									
	3									
得分	2									
	4									
	7									
滚球										
犯规										
LBW										

2.史蒂夫得分的场数不是2,他得分要比被判LBW(板球的一种违规方式)的选手要低。

3.哈里不是1号,因滚球出场,他的得分不是7。

4.3号的得分不是4。

25 汤姆的舅舅

汤姆是思道布市的市长,他在镇上有3个舅舅,3人在退休之前从事着不同的职业,退休之后都把时间花在各自的爱好上,从以下所给的线索中,你能说出每个舅舅出生的时间、他们曾经的职业以及各自的爱好吗?

	1910年	1913年	1916年	工程师	士兵	教师	诗歌	钓鱼	制作挂毯
安布罗斯									
伯纳德									
克莱门特									
诗歌									
钓鱼									
制作挂毯									
工程师									
士兵									
教师									

1.伯纳德要比他有不寻常爱好——制作挂毯——的兄弟年纪大。

2.退休之前从事教师职业的舅舅不是出生于1913年,也不爱好诗歌。

3.以前是工程师的舅舅把大部分的时间花在钓鱼、阅读和书写钓鱼书籍上,他年纪要比安布罗斯小。

26 换装

在大不列颠的鼎盛时期,有素养的女士不像现在这样能在海边游泳,她们只能穿着及膝的浴袍坐在沐浴用的机器上,让机器把她们缓缓降入水中。下图展示的是4个机器,从所给的线索中,你能说出使用机器的

名:贝莎,尤菲米娅,拉福尼亚,维多利亚

姓:卡斯太尔,兰顿斯罗朴,马歇班克斯,坡斯拜尔

浴袍:蓝白相间,绿白相间,黄白相间,红白相间

A   B   C   D

4位女士的名字以及她们所穿浴袍的颜色吗?

1.贝莎的机器紧挨马歇班克斯小姐的机器。

2.C机器是兰顿斯罗朴小姐的。

3.卡斯太尔小姐穿着绿白相间的浴袍。

4. 拉福尼亚的机器位于尤菲米娅·坡斯拜尔的机器和穿黄白相间浴袍小姐的机器之间。

5. 使用 B 机器的女士穿了红白相间的浴袍。

27 小屋的盒子

每次乔做家务要用到东西的时候，他就会去盒子里找。架子上立着 4 个不同颜色的盒子，每个盒子里都是一些有用的东西。从所给的线索中，你能弄清有关盒子的所有详细细节吗？

盒子颜色：蓝，灰，绿，红

东西数目：39，43，58，65

东西条目：地毯缝针，钉子，螺丝钉，洗涤器

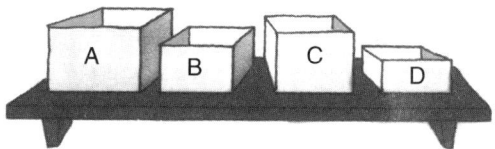

1. 不同种类的 43 个钉子不在灰色的盒子里。

2. 蓝色的盒子里有58样东西。

3. 螺丝钉在绿色的盒子里，绿色盒子一边的盒子里有洗涤器，另一边的盒子里放着数目最多的东西。

4. 地毯缝针在 C 盒子里。

盒子颜色：＿＿ ＿＿ ＿＿ ＿＿

东西数目：＿＿ ＿＿ ＿＿ ＿＿

东西条目：＿＿ ＿＿ ＿＿ ＿＿

28 瓦尼斯城堡

18 世纪末的斯顾博格公爵被公认为是一个疯狂的帽商，因为他花了大把的钱造了一个童话般的城堡，尤其是那 4 扇富丽堂皇的大门给人极大的震撼。从以下所给的线索中，你能说出这 4 扇门的名字、负责的长官以及守卫它们的护卫队吗？

1. 第四护卫队负责守卫入口，这个入口在剑门的顺时针方向，剑门不是弗尔长官负责的。

2. A 门为第二护卫队守卫。

3. 钻石门的护卫队号要比 D 门护卫队大 1。

门：钻石门，鹰门，铁门，剑门

长官：弗尔，哈尔茨，克恩，苏尔

护卫队：第一，第二，第三，第四

门：＿＿

长官：＿＿

护卫队：＿＿

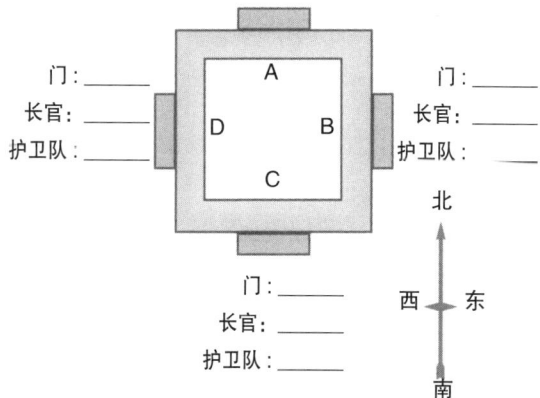

门：＿＿

长官：＿＿

护卫队：＿＿

门：＿＿

长官：＿＿

护卫队：＿＿

门：＿＿

长官：＿＿

护卫队：＿＿

4. 铁门在城堡的南方。

5. 哈尔茨长官负责第一护卫队，第一护卫队不看守鹰门。

6. 克恩长官的护卫队号要比苏尔长官的护卫队小 1。

29 发错的邮件

克拉伦斯是一家邮递公司的派送员，有一天，他把订单的顺序给弄乱了，订单被送到错误的城市。从以下给出的线索中，你能推断出他把订单送到了哪个错误的城市吗？说出所列书目的作者名字，以及它原来要被送到的城市和克拉伦斯派送的错误地址。

1. 每本书相关的名字，包括作者和相关的两个城市名字的首字母都是不同的。

2.《布达佩斯的秋天》和道森写的书，它们的目的地都不是卡莱尔。被送到切姆斯弗德的那本书，它的作者不是格雷尼，它原来的目的地也不是布莱顿。

3.《斯多葛学派》一书，既不是克罗瞿的著作，也不是被送到格拉斯哥的那本书。

4.《伊特鲁亚人》的作者名字的首字母在字母表上接在最后被送到威根的那本书作者名字的后面。

作者：艾伦·比格汉姆，伊利斯特·克罗瞿，格兰特·道森，马丁·格雷尼

正确的城市：布莱顿，卡莱尔，马特洛克，索尔兹伯里

错误的城市：切姆斯弗德，格拉斯哥，斯旺西，威根

30 清仓大拍卖

一次屋内用具的清仓大拍卖中，头 3 样拍卖物被 3 个不同的竞标人所获，从以下所给的线索中，你能说出拍卖物、竞标人以及他们所给出的价码吗？

1. 第二桩买卖中付出的钱比钟贵。

2. 唐纳德带了咖啡桌开心地回家了。

3. 丽贝卡出了 15 英镑买了东西，她买的东西紧挨着墙角柜竞标。

	咖啡桌	墙角柜	钟	塞德里克	唐纳德	丽贝卡	10 英镑	15 英镑	18 英镑
1 号									
2 号									
3 号									
10 英镑									
15 英镑									
18 英镑									
塞德里克									
唐纳德									
丽贝卡									

31 信箱

在美国一个偏远山区，4位家庭主妇是邻居。每位主妇家门口的信箱颜色都不相同。根据下面的线索，你能说出每位主妇的姓名和她所用信箱的颜色吗？

1. 绿色信箱在加玛和杰布的信箱之间。

2. 阿琳选择了黄色信箱，她家的门牌号要比菲什贝恩夫人家的大。

3. 巴伦夫人家的信箱是红色的。

4. 232号家的信箱是蓝色的，但是这不是路易丝的家。

名：阿琳，加玛，凯特，路易丝
姓：巴伦，菲什贝恩，弗林特，杰布
信箱：蓝色，绿色，红色，黄色

228　　230　　232　　234

名：＿＿＿　＿＿＿　＿＿＿　＿＿＿
姓：＿＿＿　＿＿＿　＿＿＿　＿＿＿
信箱颜色：＿＿＿　＿＿＿　＿＿＿　＿＿＿

32 等公车

站台上7个职员正焦急地等待着下一趟公车。根据下面的信息，你能说出每位职员的名字及他们在哪个公司上班吗？

1. 站台上，塞布丽娜站在那位在证券公司上班的职员右边第二个位子上。

2. 格伦在第四个位子，他不在法律顾问公司上班，但他右边那个人在那里上班。

3. 其中一位男性乘客站在第六个位子上。

4. 在纳尔逊的一边是一位女乘客。

5. 雷切尔左边的那位乘客在银行工作。

6. 第三位乘客在一家保险公司工作。

7. 站在吉莉安旁边的一个人在一家律师事务所工作。

8. 托奎是一家投资公司的雇员，从图上看马德琳在他的右边。

名字：吉莉安（女），格伦（男），马德琳（女），纳尔逊（男），雷切尔（女），塞布丽娜（女），托奎（男）

公司：银行，律师事务所，建筑公司，保险公司，投资公司，法律顾问公司，证券公司

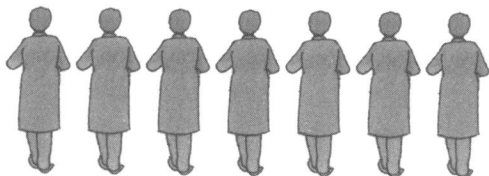

33 购物优惠券

当 14 岁生日那天，拉姆收到了 4 个信封，每个信封内都有一张购物优惠券。根据下面的线索，你能猜出每封信的寄信人姓名、优惠券发行方及每张优惠券的面值吗？

寄信人：卡罗尔阿姨，丹尼斯叔叔，马丁叔叔，理查德叔叔

代币发行方：Benedam，HBS，Ten-X，W S Henry

代币价值：5，10，15，20

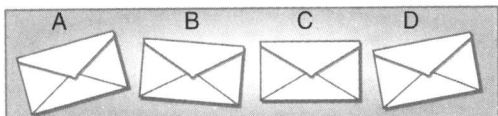

1. Ten-X 所发行优惠券的面值比旁边 C 信封里优惠券的面值小，而且不仅仅只是小 5。

2. 理查德叔叔寄来的优惠券在 B 信封内，其面值比 HBS 发行的优惠券小 5。

3. 马丁叔叔寄来的 Benedam 的优惠券不在 D 信封内。

4. 最有价值的优惠券是卡罗尔阿姨寄来的，但不是 W S Henry 发行的优惠券。

5. 丹尼斯叔叔寄来的礼物不是最便宜的。

34 职业女性

图片展示了"有成就和魄力的杰出职业女性"颁奖典礼上的 4 位获奖者。根据下面的线索，你能确定每位女性的姓名和获奖时她们的职业吗？

1. 马里恩·帕日斯女士的头发是红色的，对不起，图上没有显示。

2. 图片 3 是迪安夫人，她来自伯明翰，但这对你可能也没有帮助。

3. 图片 4 的救助队军官不是卡罗尔。

4. 消防员埃利斯夫人不是图片 2 中的人物，她喜欢古典音乐，但你也不需要知道这个吧。

5. 萨利站在交警和托马斯夫人中间。

名：卡罗尔，盖尔，马里恩，萨利

姓：迪安，埃利斯，帕日斯，托马斯

职业：消防员，护理人员，救助队军官，交警

35 模仿秀

潘尼卡普公司雇佣了3位女性，让她们按自己的想法来模仿3个著名歌星。根据下面的信息，你能说出每位女性的姓名、在潘尼卡普公司的工作部门以及她们将要扮演的角色吗？

1. 帕慈将扮演麦当娜，她不在财务部工作。

2. 海伦·凡尔敦自从离开学校后就一直在潘尼卡普工作。

3. 销售部门的领导将扮演蒂娜·特纳，但她不是坦娜夫人。

4. 将扮演伊迪丝·普杰夫的不是卡罗琳。

		姓								
		凡尔敦	玛丽尔	坦娜	财务部	人事部	销售部	伊迪丝·普杰夫	麦当娜	蒂娜·特纳
名	海伦									
	帕慈									
	卡罗琳									
	伊迪丝·普杰夫									
	麦当娜									
	蒂娜·特纳									
	财务部									
	人事部									
	销售部									

36 新生命

4个刚出生的婴儿躺在产科病房内相邻的几张帆布床上。根据下面的信息，你能辨认出每个新生命的姓名以及他们各自的年龄吗？

1. 2号床上的丹尼尔比基德早一天出生。

2. 阿曼达·纽康姆博比1号床的婴儿晚出生一天。

3. 托比不是2天前出生的，他也不在3号床上。

4. 博尼夫人的小孩刚刚出生3天。

名：阿曼达，丹尼尔，吉娜，托比

姓：博尼，基德，纽康姆博，沙克林

年龄：1天，2天，3天，4天

名：＿＿＿ ＿＿＿ ＿＿＿ ＿＿＿

姓：＿＿＿ ＿＿＿ ＿＿＿ ＿＿＿

年龄：＿＿＿ ＿＿＿ ＿＿＿ ＿＿＿

37 捷径

有3个职员对到达某个小餐馆的最快路程起了争议，他们决定通过实验的方法解决这个问题。根据下面的信息，你能找出每个职员所走的两段路以及他们各自所用的时间吗?

1. 选择走斯拜丝巷和哥夫街的那个英国职员比尼克少花了 2 分钟。

2. 帕特先是沿着佩恩街去小餐馆的。

3. 从维恩广场(第二段路)抄近路过去只需要 10 分钟。

	第一段			第二段					
	丘奇巷	佩恩街	斯拜丝巷	多吉丝·希尔	哥夫街	维恩广场	8 分钟	10 分钟	12 分钟
尼克									
帕特									
桑迪									
8 分钟									
10 分钟									
12 分钟									
多吉丝·希尔									
哥夫街									
维恩广场									

(第二段)

38 记者艾弗

上周末,记者艾弗对 3 位国际著名女性进行了采访。根据所提供的信息,你能找出每天他所采访的女性的名字、职业和家乡吗?

1. 艾弗在采访加拿大女星的第二天又采访了帕特丝·欧文。

2. 艾弗在星期五采访了一名流行歌手。

3. 艾弗在采访了一位澳大利亚的客人之后采访了畅销小说家阿比·布鲁克。

4. 艾弗在星期天访问的不是女电影演员。

	阿比·布鲁克	利亚·凯尔	帕特丝·欧文	电影演员	小说家	流行歌手	澳大利亚	加拿大	美国
星期五									
星期六									
星期日									
澳大利亚									
加拿大									
美国									
电影演员									
小说家									
流行歌手									

39 野鸭子

在池塘的周围有 4 栋别墅,每栋别墅的花园都是一只母鸭子和她的一群小鸭子的领地。根据下面的线索，你能说出图中每个别墅的名字、别墅主人给母鸭子取的名字以及每只母鸭子生了多少只小鸭子吗？

别墅：洁丝敏别墅，来乐克别墅，罗斯别墅，沃德拜别墅

鸭子：戴西，达芙妮，迪力，多勒

小鸭子数量：5，6，7，8

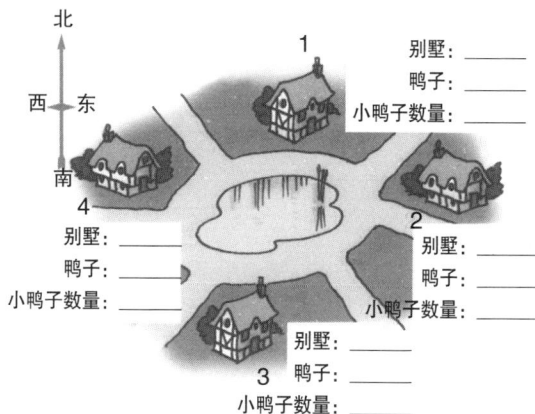

1. 戴西生了7只小鸭子，她把巢筑在与洁丝敏别墅顺时针相邻的那栋别墅里。

2. 沃德拜的别墅在池塘的西面。

3. 迪力生的小鸭子比在罗斯别墅孵养的小鸭子少一只，而后者在逆时针方向上和前者所在的别墅相邻。

4. 多勒生的小鸭子数量最少。

5. 达芙妮所在的别墅和小鸭子数最少的那栋别墅沿逆时针方向是邻居。

40 破纪录者

下页新闻照片上的是4名年轻的女运动员，她们在最近的国家青年运动锦标赛中打破了各自参赛项目的纪录。根据下面的信息，你能认出图片中的4个女孩，并说出她们各自打破了什么项目的纪录吗？

名：戴尔芬，凯瑞，洛伊斯，瓦内萨

姓：福特，赫尔，哈蒂，斯琼

比赛项目：100米，400米，标枪，跳远

1. 凯瑞旁边的两个女孩都是打破了跑步类项目的纪录。

2. 戴尔芬·赫尔站在标枪运动员旁边。

3. 洛伊斯不在2号位置。

4. 1号位置的女孩打破了跳远项目的纪录，她不姓福特。

5. 一名姓哈蒂的运动员打破了400米项目的纪录，但她不叫瓦内萨。

41 请集中注意力

乡长老斯布瑞格正在指派任务，4个老朋友看上去都很认真。根据下面的信息，你能认出 1～4 号位置的每个人，说出他们想做的事以及每个人穿的衣服是什么面料的吗？

集会成员：艾格，埃格，奥格，阿格

想做的事：钓鱼，修小圆舟，粉刷窑洞的墙壁，拜访岳母

上衣：小牛皮，山羊皮，绵羊皮，狼皮

1. 一个人穿着狼皮上衣，艾格挨着他并在他的右边。

2. 埃格正在想怎样面对他自己的岳母耐格，本身他的妻子就很能言善辩。

3. 穿着山羊皮上衣的人在 3 号位置。

4. 奥格穿着小牛皮上衣，他不打算靠粉刷他的窑洞的墙壁打发时间。

5. 穿着绵羊皮外套的那个人打算在假日里把他小圆舟上的漏洞修补一下，坐在他左边的是阿格。

42 抓巫将军

在 17 世纪中期，"抓巫将军"马太·霍普金斯主要负责杀死那些被人们认为是巫婆或者巫师的人，其中有 3 个巫婆来自思托贝瑞附近的乡村。根据下面的信息，你能说出每个巫婆的名字、绰号，以及各自的家乡和具有法力的时间吗？

1. 艾丽丝·诺格斯被称为"诺格斯奶奶"是很自然的事情。

2. 马太·霍普金斯 1647 年在盖蒙罕姆抓到了一个女巫并把她送到了法院接受审判。

	绰号			家乡					
	"诺格斯奶奶"	"蓝鼻子母亲"	"红口母鸡"	盖蒙罕姆	希尔塞德	里球格特	1647 年	1648 年	1649 年
艾丽丝·诺格斯									
克莱拉·皮奇									
伊迪丝·鲁乔									
1647 年									
1648 年									
1649 年									
家乡 盖蒙罕姆									
希尔塞德									
里球格特									

3."蓝鼻子母亲"不是在 1648 年被确定为女巫,也不是来自里球格特乡村,一生居住在这个乡村的也不是克莱拉·皮奇。

4.1649 年,经抓巫将军证实,"红母鸡"是一个和魔鬼勾结在一起的女巫;从希尔塞德抓到的那名妇女被证实是女巫,随后的第二年伊迪丝·鲁乔也被确认为女巫。

43 吹笛手游行

图中展示了吹笛手带领着哈密林镇的小孩游行,原因是他用他的笛声赶走了镇里的所有老鼠,但镇里却拒绝付钱给他。从以下所给的线索中,你能说出 4 个小孩的名字、他们的年龄以及他们父亲的职业吗?

姓名:格雷琴,汉斯,约翰纳,玛丽亚
年龄:5,6,7,8
父亲:药剂师,屠夫,牧羊者,伐木工

1.牧羊者的小孩紧跟在 6 岁的格雷琴的后面。

2.汉斯要比约翰纳年纪小。

3.最前面的小孩后面紧跟的不是屠夫的孩子。

4.队列中 3 号位置的小孩今年 7 岁。

5.玛丽亚的父亲是药剂师,她要比 2 号位置的孩子年纪小。

44 在海滩上

3 位母亲带着各自年幼的儿子在海滩上玩。从以下所给的线索中,你能准确地推断出这 3 位母亲的姓名、她们儿子的名字以及孩子所穿泳衣的颜色吗?

1.丹尼斯不是蒂米的妈妈,蒂米穿红色泳衣。

2.莎·卡索在海滩上玩得相当愉快。

3.曼迪的儿子穿绿色泳衣。

		姓						
		卡索	桑德斯	鸣	詹姆士	莎	蒂米	绿色	橙色	红色
妈妈	丹尼斯									
	曼迪									
	萨利									
	绿色									
	橙色									
	红色									
儿子	詹姆士									
	莎									
	蒂米									

4.那个叫响的小男孩穿着橙色泳衣。

45 跳棋比赛

跳棋协会这个星期举办了一场激动人心的跳棋比赛。从给出的线索中，你能说出 3 个让人有所期待的选手名字、俱乐部及他们最后的排名吗？

1.跳棋选手泰勒代表红狮队。

2.在史蒂夫胜出比赛后，紧接着是沃尔顿胜出。

3.在第三场比赛中胜出的选手姓汉克。

4.比尔比来自五铃队的选手早胜出比赛。

		汉克	泰勒	沃尔顿	五铃队	红狮队	船星队	第一名	第二名	第三名
名	比尔									
	玛丽									
	史蒂夫									
	第一名									
	第二名									
	第三名									
	五铃队									
	红狮队									
	船星队									

46 古卷轴

伦敦大都会博物馆在最近的展览中新展出了 4 个古卷轴。从以下所给出的线索中，你能分别写出这 4 个卷轴中的语言类别、分别属于哪种形式，以及发现它们的考古学家的名字吗？

1.雀瓦教授发现的卷轴是用古巴比伦文撰写的。

2.卷轴 D 是用最早的拉丁文字撰写的。

3.卷轴 A 是一份衣物清单，它不是被布卢斯教授发现的。

4.迪格博士发现的卷轴 B，不是起源于亚述。

语言：亚述语，古巴比伦文，拉丁文，埃及语
形式：账本，日记，衣物清单，情书
发现者：布卢斯教授，迪格博士，夏瓦博士，雀瓦教授

北
西 东
南

姓：_____
名：_____
职业：_____

① ③
② ④

_____ _____
_____ _____
_____ _____

5. 古埃及卷轴是用象形文字撰写的，不是那部带有色情色彩的情书。

6. 夏瓦博士发现的那本小寺庙官员的日记被展出在类似于一个商人账本的卷轴旁。

47 演艺人员

名：哈利，内森，莎拉，泰萨
姓：克罗葳，帕吉，罗宾斯，西帕罗
职业：手风琴师，吉他手，变戏法者，街边艺术家

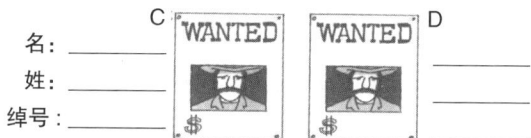

阳光灿烂的夏日，4个演艺者在大街上展现他们的才艺。从所给的线索中，你能判断出在 1～4 位置中的演艺者的名字以及他们的职业吗？

1. 沿着大道往东走，在遇到弹着吉他唱歌的人之前你一定先遇到哈利，并且这两个人不在街道的同一边。

2. 泰萨不是 1 号位置的演艺者，他不姓克罗葳。莎拉·帕吉不是吉他手。

3. 变戏法者在街道中处于偶数的位置。

4. 西帕罗在街边艺术家的西南面。

5. 在 2 号位置的内森不弹吉他。

名：__ 姓：__ 绰号：__ (A)
名：__ 姓：__ 绰号：__ (B)
名：__ 姓：__ 绰号：__ (C)
名：__ 姓：__ 绰号：__ (D)

48 戴黑帽子的家伙

红石西野镇治安长官的办公室墙上挂着 4 张图片，他们是臭名昭著的黑帽子火车盗窃团伙的成员。从以下所给的线索中，你能说出他们各自的姓名和绰号吗？

1. 赫伯特的图片和"男人"麦克隆水平相邻。

2. 图片 A 是雅各布，而图片 C 上的不是西尔维斯特·加夹德。

3. 姓沃尔夫的照片和绰号"小马"的照片水平相邻。

4. 在图片 D 上的丘吉曼的绰号不是"强盗"。

名：赫伯特，雅各布，马修斯，西尔维斯特
姓：丘吉曼，加夹德，麦克隆，沃尔夫
绰号："强盗"，"男人"，"小马"，"里欧"

49 剧院座位

一次演出中，某剧院前 3 排中间的 4 个座位都满了，从以下所给的线索中，你能将座位和座位上的人正确对上号吗？

1. 彼特坐在安吉拉的正后面，也是在亨利的左前方。

2. 尼娜在 B 排的 12 号座。

3. 每排 4 个座位上均有 2 男 2 女。

4. 玛克辛和罗伯特在同一排，但要比罗伯特靠右边 2 个位置。

5. 坐在查尔斯后面的是朱蒂，朱蒂的丈夫文森特坐在她的隔壁右手边上。

6. 托尼、珍妮特、莉迪亚 3 个分别在不同的排，莉迪亚的左边（紧靠）是个男性。

姓名：安吉拉（女），查尔斯（男），亨利（男），珍妮特（女），朱蒂（女），莉迪亚（女），玛克辛（女），尼娜（女），彼特（男），罗伯特（男），托尼（男），文森特（男）

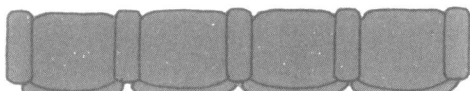

A 排：10　　11　　12　　13

B 排：10　　11　　12　　13

C 排：10　　11　　12　　13

50 狮子座的人

我们知道有 8 个人都是狮子座的。从以下所给的线索中，你能找出各日期出生的人的全名吗？

1. 查尔斯的生日要比菲什晚 3 天。

2. 某女性的生日是 8 月 4 号。

3. 安格斯的生日在布尔之后，但不是 7 月 31 号。

4. 内奥米的生日要比斯盖尔斯早一天，比阿彻晚一天，阿彻是男的，但 3 人都不是出生在同一年。

5. 安妮在每年的 8 月 2 号庆祝她的生日。

6. 克雷布是 8 月 1 号生的，拉姆不是 7 月 30 号生的。

名：安格斯（男），安妮（女），巴兹尔（女），查尔斯（男），内奥米（女），波利（女），斯图尔特（男），威尔玛（女）

姓：阿彻，布尔，克雷布，菲什，基德，拉姆，斯盖尔斯，沃特斯

日期	名　姓	
7 月 28 日		
7 月 29 日		
7 月 30 日		
7 月 31 日		
8 月 1 日		
8 月 2 日		
8 月 3 日		
8 月 4 日		

7. 斯图尔特·沃特斯的生日和波利不是同一月，波利的生日在巴兹尔之后，而巴兹尔的生日是个偶数日。

51 黑猩猩

在西非举行的一次动物学会议上，专家们正在就一项饲养稀有黑猩猩的计划进行讨论，下图展示了去年下半年出生的5只小猩猩。根据下面的线索，你能填出每只小猩猩的名字、出生月份及其母亲的名字吗？

名字：贝拉，格洛里亚，里欧，珀西，罗莫娜

出生月份：7，8，9，10，11

母亲：爱瑞克，格雷特，克拉雷，马琳，丽贝卡

1.1号黑猩猩比5号黑猩猩至少大1个月，它们两个都不叫罗莫娜，也都不是格雷特的后代，而罗莫娜、格雷特的后代都不是在7月出生。

2.里欧比它右边的格洛里亚小，它们两个都比里欧左边的雌猩猩晚出生，这个雌猩猩的母亲叫克拉雷。

3.贝拉比左边的黑猩猩晚出生1个月，这只黑猩猩的母亲叫爱瑞克。

4.马琳比丽贝卡晚1个月生产，丽贝卡的后代紧挨着马琳的后代并在其右边。

52 找出皇后

这是一场考验耐心的游戏，图中所示的9张扑克牌就是这场游戏的道具。从以下给出的线索中，你能准确地指出这9张牌各自的牌值和花色吗？

1.9张牌里，只有一种花色出现过3次，而在图中的排列，没有哪一列或行的花色是完全相同的。

2.皇后紧靠在"7"的右边，梅花的上面。

3."8"紧靠在黑桃的下面。

4.杰克紧靠在一张红桃的左边。

5.图中中央那张牌是红桃10。

6.图中有一排的第一张是梅花5。

7.9号牌是一张方块。

牌：3，4，5，7，8，10，杰克（J牌），皇后（Q牌），国王（K牌）

花色：梅花，方块，红桃，黑桃

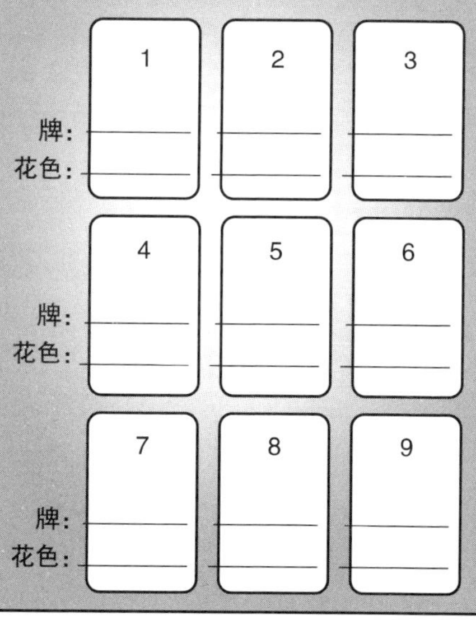

1	2	3
4	5	6
7	8	9

牌：
花色：

8.国王紧靠在"4"的左边，它们的花色不一样。"4"和3号牌的花色是一样的。

9.6号牌和"8"为不同花色，而2号牌和7号牌为相同的花色。

53 摇滚乐队

5个年轻人准备组建摇滚乐队。通过下面的信息，你能否说出这5个人的名字、乐队的名字、乐队的第一首歌和乐队的音乐风格？

	倾斜	红色莱姆	内克	空旷的礼拜	贝拉松	突然	毁灭世界	朱丽叶	帆布悲剧	黑匣子	前卫摇滚	独立摇滚	歌德摇滚	情绪摇滚	另类摇滚
布鲁斯															
莱泽															
梅根															
雷尔															
史蒂夫															
另类摇滚															
情绪摇滚															
歌德摇滚															
独立摇滚															
前卫摇滚															
黑匣子															
帆布悲剧															
朱丽叶															
毁灭世界															
突然															

1. 史蒂夫的乐队叫红色莱姆，但是他们录制的不是前卫摇滚风格的《黑匣子》。

2. 内克乐队的歌——《突然》不属于歌德摇滚或另类摇滚风格。

3. 布鲁斯的乐队不叫空旷的礼拜。梅根的乐队也不叫空旷的礼拜，同时她也不是前卫摇滚风格。

5. 贝拉松是一个情绪摇滚风格的乐队名字，但是他们的歌不叫《朱丽叶》。

6. 莱泽开始组建一个独立摇滚风格的乐队。

7. 雷尔的乐队在录制一首名为《毁灭世界》的歌，这首歌的曲风不属于情绪摇滚。

8. 有一个乐队叫倾斜。有一首歌叫《帆布悲剧》。

54 飞行训练

某年，有个学校的5个男孩被选去进行飞行训练，但是最后没有一个人成为飞行员，因为他们在训练过程中不能顽强地坚持下去。根据所给的信息，你能否说出这几个男孩的名字、他们被派往训练的学校、他们的昵称以及他们没有完成训练任务的原因？

1. 被人叫作水塘的人去了温切斯特大学，他既不是雷奥纳多也不是贾斯汀。

2. 去西鲁斯伯里大学的总是不能瞄准，他不是亚当，亚当的昵称是海雀。

3. 去海洛大学的那个人不会驾驶。

4. 塞巴斯蒂安被叫作生姜，他的枪法好极了。

5. 詹姆士和塞巴斯蒂安都不会发生起飞错误。

6. 被叫作烤面包的人去的地方不是伊顿大学。

7. 雷奥纳多在演习时总是表现不好，他的绰号不叫没脑子。

8. 有一个人总是不能准确降落。

9. 有一个人去了拉格比大学。

	温切斯特大学	西鲁斯伯里大学	拉格比大学	海洛大学	伊顿大学	烤面包	海雀	水塘	没脑子	生姜	起飞	驾驶	演习	降落	瞄准
亚当															
詹姆士															
贾斯汀															
雷奥纳多															
塞巴斯蒂安															
瞄准															
降落															
演习															
驾驶															
起飞															
生姜															
没脑子															
水塘															
海雀															
烤面包															

55 生病

5个小孩生病了。根据所给的信息，请你说出他们的名字、他们得的什么病、他们睡衣的颜色以及他们得到了什么作为安慰。

1. 穿红色睡衣的小孩得到了一本书。

2. 得了麻疹的小孩（不是贝利叶也不是弗兰克）得到了一个玩具。

3. 艾丽斯得了腮腺炎。另外一个小孩（穿着绿色睡衣）有朋友来看望。

4. 弗兰克穿着橘色的睡衣，他得的不是扁桃体炎。

5. 里伊得了猩红热，他穿的睡衣不是绿色的。

6. 得了水痘的小孩没有得到冰激凌。

7. 穿蓝色睡衣的不是罗宾，也不是里伊。

8. 有一个小孩穿着黄色睡衣。

9. 有一个小孩得到了果冻。

	猩红热	扁桃体炎	腮腺炎	麻疹	水痘	黄色	红色	橘色	绿色	蓝色	朋友来看望	玩具	果冻	冰激凌	书
艾丽斯															
贝利叶															
弗兰克															
里伊															
罗宾															
书															
冰激凌															
果冻															
玩具															
朋友来看望															
蓝色															
绿色															
橘色															
红色															
黄色															

56 在沙坑里

在操场的一个角落里有一个沙坑，4 位母亲站在沙坑的四周（A，B，C，D），看着自己的孩子在沙坑里（1，2，3，4）玩耍。根据下面的信息，你能分别说出这 8 个人的名字，并给他们配对吗？

1. 站在 C 位置上的不是汉纳，她的儿子站在顺时针方向上爱德华的旁边。

2. 卡纳在 4 号位置上，而他的母亲不在 B 位置。

3. 詹妮的孩子在 3 号位置。

4. 丹尼尔是莎拉的儿子，他在逆时针方向上的雷切尔儿子的旁边，而雷切尔站在 D 位置。

5. 没有一个孩子在沙堆里的位置与各自母亲的位置相对应。

母亲：汉纳，詹妮，雷切尔，莎拉
儿子：卡纳，丹尼尔，爱德华，马库斯

母亲：＿＿＿＿＿
儿子：＿＿＿＿＿
A

D

B

母亲：＿＿＿＿＿
儿子：＿＿＿＿＿

母亲：＿＿＿＿＿
儿子：＿＿＿＿＿

C

母亲：＿＿＿＿＿
儿子：＿＿＿＿＿

57 运输

5 个司机将不同的货物送往不同的地点。根据下面的信息，你能否说出这 5 个司机的名字、运输的货物、运往的城市、用的是哪种车？

1. 床单不是用卡车运输的。

2. 面包车开往巴林群岛。

3. 大卫·海塞尔弗的专辑是用有篷货车运输的，但司机不是扎弗尔也不是勒瑞切尔。

4. 奥玛运输的是 DVD，

	床单	面粉	DVD	棉花	专辑	利雅得	麦地那	大马士革	开罗	巴林群岛	有篷货车	卡车	小汽车	救护车	面包车
艾拉丁															
布切斯																
勒瑞切尔																
扎弗尔																
奥玛																
面包车																
救护车																
小汽车																
卡车																
有篷货车																
巴林群岛																
开罗																
大马士革																
麦地那																
利雅得																

但不是运往利雅得。

5. 运往大马士革的车司机不是布切斯，也不是奥玛。

6. 用救护车运往利雅得的货物，不是面粉（运面粉的车是由艾拉丁开的）。

7. 扎弗尔的车开往开罗，但是车里装的不是棉花。

8. 有一种货物是运往麦地那的。

9. 有一种货物是用小汽车运的。

58 摄影师

5个摄影师去国外拍摄他们最喜欢的事物。根据所给的信息，请你说出这5个摄影师的名字、他们最喜欢拍摄的对象、他们在哪个城市，以及他们到现在为止拍了多少张照片。

	陌生人	房屋	花	教堂	动物	纽伦堡	慕尼黑	汉诺威	达姆施塔特	柏林	18张	17张	16张	15张	14张
阿瑞萨															
艾耶姆															
麦古米															
尤凯克															
尤瑞															
14张															
15张															
16张															
17张															
18张															
柏林															
达姆施塔特															
汉诺威															
慕尼黑															
纽伦堡															

1. 麦古米在汉诺威。

2. 在柏林的摄影师（不是尤瑞）拍了18张照片。

3. 艾耶姆最喜欢拍花，他拍的照片比在达姆施塔特的摄影师多1张。

4. 其中有一个人拍了15张教堂的照片。

5. 喜欢拍动物的摄影师不是麦古米，他所在的城市名字是由两个字组成的。

6. 在慕尼黑的摄影师喜欢拍房屋。

7. 尤凯克拍了17张照片，但不是关于陌生人的。

8. 其中有一个人拍了14张照片，一个人拍了16张。

9. 有一个人在纽伦堡。

10. 有一个摄影师叫阿瑞萨。

59 管事儿的撒克逊人

传说很久以前某国的几个村子是由撒克逊人管理的。根据下面的信息，请你分别说出这几个撒克逊人的名字、他们来自哪里、他们管理哪个村子，以及他们分别被称作什么。

1. 西温林的外号不是“大胆”，他来自艾塞克斯。

2. 奥发被称作“野兽”，他不是来自麦西亚。

3. 来自怀斯的撒克逊人管理着弗瑞弗德村。他不是奥发，也不是艾伯特。

4. 艾利和西温林的外号都不是“伟大”。

5. 管理查德林顿的撒克逊人被人称作“公正”。

6. 来自苏塞克斯的人不管理卡斯西顿。

7. 有一个人被人称作“革命”。

8. 有一个人管理阿斯恩沃村。

	维斯瑟克斯	苏塞克斯	麦西亚	怀斯	艾塞克斯	弗瑞弗德	查德林顿	卡斯西顿	阿斯恩沃	阿宾顿	野兽	革命	公正	伟大	大胆
艾利															
西温林															
艾伯特															
奥发															
瑞德沃德															
大胆															
伟大															
公正															
革命															
野兽															
阿宾顿															
阿斯恩沃															
卡斯西顿															
查德林顿															
弗瑞弗德															

60 “多产的果树林”

很多英国的居民都很享受英国国民健康保险制度，他们甚至开始叫它“多产的果树林”。此时就有 3 位居民住院，昨晚他们的邻居刚来拜访过。从以下给出的线索中，你能推断出住院者是谁、住在几号病房、来探望的是哪对与之相邻的夫妇及每对夫妇住的房子编号吗？

1. 住在 26 号房子的那对夫妇探望了克劳普先生。

2. 菲尔夫人是 39 号病房的病人。

3. 多赫尔蒂家房子的编号数目比去 53 号病房探望的夫妇家的大。53 号病房住的不是唐纳斯夫人。

4. 萨克森比夫妇探望的是住在 47 号病房的女士。

		39 号病房	47 号病房	53 号病房	夫妇：多赫尔蒂	夫妇：莱德雪姆	夫妇：萨克森比	房子：26 号	房子：65 号	房子：81 号
病人	克劳普先生									
病人	唐纳斯夫人									
病人	菲尔夫人									
房子	26 号									
房子	65 号									
房子	81 号									
夫妇	多赫尔蒂									
夫妇	莱德雪姆									
夫妇	萨克森比									

61 马·博斯科姆斯公寓

　　威廉姆斯先生、巴尼特先生和爱德华兹先生都寄宿在马·博斯科姆斯公寓。他们当中，一个是面包师，一个是出租车司机，还有一个是司炉工，你要把他们一一对应。下面的线索可以给你帮助：

　　1.威廉姆斯先生和巴尼特先生每天晚上都下棋。

　　2.巴尼特先生和爱德华兹先生一起去打棒球。

　　3.出租车司机喜欢收集硬币，司炉工带过兵，而面包师则喜欢集邮。

　　4.出租车司机从来没看过棒球比赛。

　　5.爱德华兹先生从来没听说过集邮。

62 足球评论员

　　作为欧洲青年足球锦标赛报道的一部分，阿尔比恩电视台专门从节目《两个半场比赛》的足球评论员中抽调了几位，这些评论员将分别陪同4支英国球队中的一支，现场讲解球队的首场比赛。从以下所给的线索中，请你推断出：是什么资历使他们成为足球评论员的？他们所陪同的球队是哪支以及各球队分别要去哪个国家？

　　1.杰克爵士将随北爱尔兰队去国外。

　　2.默西塞德郡联合队曾经的经营者将去比利时。

3.伴随英格兰队的评论员现在挪威，他不是阿里·贝尔。

4.曾是谢母司队守门员的足球评论员现在在威尔士队；而作为前足球记者的评论员虽然从来没有踢过球，但对足球了如指掌，他伴随的不是苏格兰队。

5.佩里·奎恩将随一支英国球队去俄罗斯，参加和俄罗斯青年队的比赛，不过他从来没进过球。

	前守门员	前经营者	前足球先锋	前足球记者	英格兰队	北爱尔兰队	苏格兰队	威尔士队	比利时	匈牙利	挪威	俄罗斯
阿里·贝尔												
多·恩蒙												
杰克爵士												
佩里·奎恩												
比利时												
匈牙利												
挪威												
俄罗斯												
英格兰队												
北爱尔兰队												
苏格兰队												
威尔士队												

姓名	资历	球队	赛场

63 笔名

"羽毛书"以出版侦探小说闻名。上个月他们就推出了5本由新作者写的侦探小说。这5位作者有以下几个共同点：每个人都有一份成功的事业，都选择其工作所在地区的刑事调查人员作为他（或她）塑造的侦探英雄形象。

从以下给出的线索中，你能推断出每位作者的另一个职业是什么、各自的居住地和作品中侦探的名字吗？

1.其中一位作者是一家酒店老板，但他不居住在苏塞克斯东部地区。埃德蒙·格林不是在威尔士格温内思郡一个小镇工作的兽医。

2.朱丽叶·李尔家在什罗普郡。

3.农场经营者斯图亚特·文恩不是创作出贝克探长的那位作者，而创作出贝克探长的那位作者也未从事过任何形式如承办酒席等服务行业的工作。

4.朱丽叶·李尔塑造的英雄，确切地说是女英雄，叫撒切尔警官。思尔文探长的构想者没有经营过酒吧或咖啡店。

5.现实生活中是位警察的那个作者没有居住在什罗普郡，他塑造的侦探叫法罗斯。

6.其中一位作者在苏格兰的泰赛德地区从事酒店生意。

	咖啡店主	农场经营者	警察	酒店老板	兽医	苏塞克斯东部	多塞特地区	格温内思郡	什罗普郡	泰赛德地区	贝克探长	法罗斯探长	奎恩探长	思尔文探长	撒切尔警官
阿米莉娅·科尔															
埃德蒙·格林															
朱丽叶·李尔															
内文·坡															
斯图亚特·文恩															
贝克探长															
法罗斯探长															
奎恩探长															
思尔文探长															
撒切尔警官															
苏塞克斯东部															
多塞特地区															
格温内思郡															
什罗普郡															
泰赛德地区															

名字	职业	地区	侦探

第二章

递推法

64 图形识别

依据图形变化规律找出第四幅图形。

| A | B | C | D |

65 黑点方格

空缺处应该放入 A ~ F 项中的哪一个？

| A | B | C |
| D | E | F |

66 拼凑瓷砖

问号处应是 A，B，C，D 中的哪一块瓷砖？

A

B

C

D

67 组合转换

观察图形，找出变化规律，选出转换后的图形。

变换为

那么  应变换为

A

B

C

D

37

68 女主人的难题

故事发生在1902年7月10日加利福尼亚的帕尔玛斯。下图中的尤沙拉·亚伯克拉斯特是位社会名流，她来自纽约的切维格伦，她此时在时髦的帕姆克利夫酒店宴请其他的度假者。席间，她与大家共同分享了有趣的思维游戏以及她世界各地朋友的故事。那么，你能否解决这位女主人的难题吗？

> 比那佛尔邦的女君主那天对我说，你们美国人对思维游戏是如此的喜欢，那么，请你看看这个思维游戏：在 S, H, O, N, I, X 顺序之后应该是哪个字母呢？为什么？

69 递进的数字

西德尼很迷恋思维游戏，因为会学到许多东西。请你试试，看能否在他从当地的糖果商店回来之前把这个题解答出来。

> 西比尔，我知道你很喜欢思维游戏，所以我一听到这个新的大难题，就飞奔过来了。这是一个递进的题。下面序列后的数字是什么：1, 2, 6, 24, 120, 720……？

> 很好，西德尼，很感谢你一有思维游戏就首先想到我，但是如果我解答出来的话，我希望你会为我买一盒糖果！

70 猜数字

很久以前，有个先生叫霍华德·迪斯丁，他是一个乐器制作商。图中的他正在击鼓召唤大家来参加一个数字竞赛。在今年的乐器集会上，为了增加大家的兴趣，他把题印在了鼓膜上。那么，你知道数字串里的下一个数字是什么吗？

77,49,36,18,?

接下来的数字是什么呢？

71 天平配平

前两组天平是平衡的。为了使第三个天平也平衡，应当再加上什么图案呢？

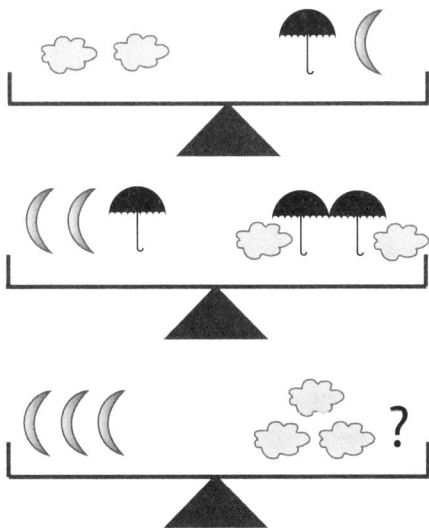

72 神谕古文石

这块儿"神谕古文石"是在冰岛的胡萨威克发现的，它曾经吸引很多考古学家前来研究，直到有个上学的小男孩告诉他们那不过是个赝品而已，考古学家们才恍然大悟，原来上面描述的正是一个著名的思维游戏，凿在石头上的是9个秘密字母。图中的第六个字母（即中间那行第三个字母）故意没有完成。这个游戏就是要猜出来那个字母是什么。而你只有先确定其他字母所代表的事物，才能把那个字母猜出来。

提示：所有字母都有一个共性。

73 第七洞的成绩

桑迪·班克尔是闲时乡村俱乐部的高尔夫专家，那天他在高尔夫球场的表现不稳定，前6洞的成绩看起来就像在过山车，起伏很大。有趣的是，他的相邻两洞的成绩呈现出一定的规律性。那么，你能否计算出桑迪第七洞的成绩吗？

洞	1	2	3	4	5	6	7	8	9	TOTAL
草皮断片	4	5	5	6	3	4	5			
桑迪·班克尔	12	9	3	6	3	1				

74 数字模式

解决这个思维游戏，完全依靠的是你在金字塔方面的能力。图中三角形内的数字遵循某种模式排列，如果你能够发现这种模式，那么，你就可以找出三角形中 5 个问号所代表的数字。你要在沙漏中的沙子全部落在下面之前找出答案。

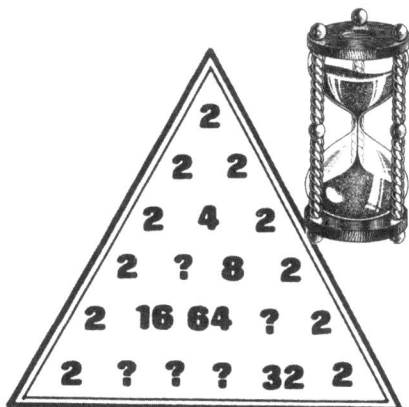

75 面积

这是一个很巧妙的几何题。右图中有 2 个正方形，小正方形的边长为 3 厘米，大正方形的边长为 4 厘米，大正方形的左上角正好位于小正方形的中心点 X，大正方形绕 X 点旋转直到它的顶边与线段 AC 相交于 B 点。那么，你能否根据以上的提示信息计算出阴影部分的面积呢？（AB = 1 厘米）

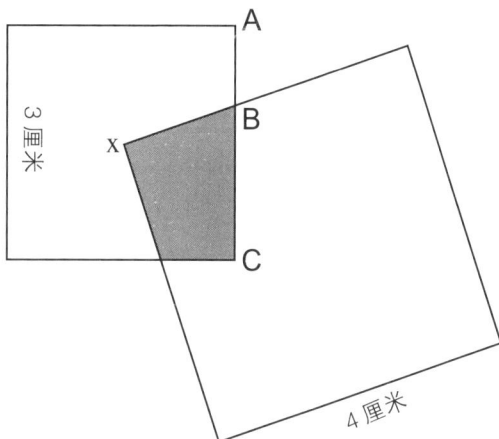

76 最佳数字

问号处的数值是多少？

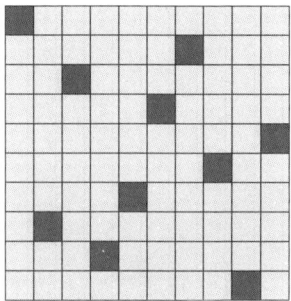

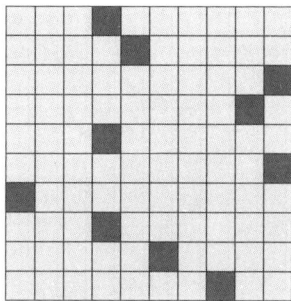

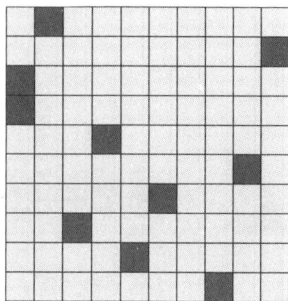

0324924831　　　　3591300652　　　　?

77 葛鲁丘的难题

葛鲁丘看上去没心情加入我们的俱乐部，问题是他是否可以解决下面那个入口的题。他所要做的就是计算出最后那个数字是什么。

"任何一家想要接受我的思维游戏俱乐部都是我不会加入的俱乐部！"

78 格拉斯哥谜题

有 8 个圆圈，其中 7 个圆圈上面依次标着字母 G，L，A，S，G，O，W，连起来读作"格拉斯哥"，这是苏格兰西南部一个城市的名字。

按照现在的排列，这个地名是按逆时针方向拼读的。解题的要求是，每次移动

4	5	6	7	8	9
61	52	63	94	46	?

一个字母，使 GLASGOW 这个地名最后可以按照正确的方向（顺时针方向）拼读。移动字母的规则是：如果旁边有一个圆圈空着，可以走一步；可以跳过一个字母走到它旁边的空圆圈里去。这样，按照 L，S，O，G，A，G，W，A，G，S，O，S，W，A，G，S，O 的顺序移动字母，就可以达到目的。但一共要走 17 步。你能少走几步来实现上述目标吗？

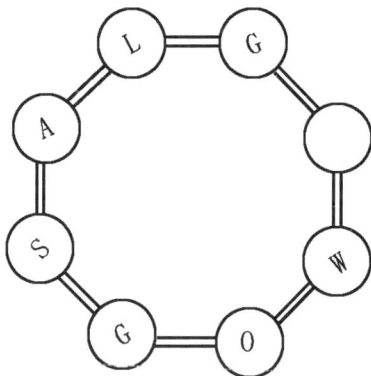

79 还原多米诺

一套包括（0，0）到（7，7）所有数字组合的多米诺骨牌竖放在下边的格子中，每张骨牌上的上部分的数要大于下部分的数。格子上面的数是这一列的所有骨牌上部分的数，格子下面的数是这一列的所有骨牌下部分的数。

格子左边的数是与之相对应横行的骨牌上的数。所有给出的数都是打乱了顺序,按照数字从大到小的顺序重新排列的。原来多米诺骨牌的顺序是怎样的?

	77 77 76 65 76 76
	65 75 52 54 63 65
	44 20 21 43 31 43

744421						
421000						
766543						
532110						
655431						
643310						
777663						
764421						
776552						
553221						
765320						
321000						

	41 65 76 44 51 53
	11 42 21 33 10 33
	00 00 10 22 00 22

80 千禧年

第二个千禧年时人们用一个特殊的"千禧年幻方"思维游戏庆祝了一下。这个幻方里的数字无论在水平方向、垂直方向还是对角线上相加的结果都是2000。现在,我们已经为你填出了其中的 4 个数字,而剩下的 12 个范围在492 到 503 之间的三位数要由你来填。你能解答这道题吗?

X	X	507	X
506	X	X	X
X	509	X	X
X	X	X	508

81 四人车组

英国电视台正在录制一部反映鸟类生活的纪录片。根据下面的线索，你能说出车中每个人的全名和他们的身份吗？

1. 瓦内萨·鲁特坐在录音师的斜对面。

2. 坐在 D 位置的鸟类学专家不姓温。

3. 姓贝瑞的摄像师不叫艾玛，而植物学家不在 C 位置上。

4. 盖伊不姓福特。

名：艾玛，盖伊，罗伊，瓦内萨

姓：贝瑞，福特，鲁特，温

身份：植物学家，摄像师，鸟类学专家，录音师

A　　　　　　　　B
名：_____
姓：_____
角色：_____

C　　　　　　　　D
名：_____
姓：_____
角色：_____

82 勋章

乔内斯特的宫廷博物馆有一个陈列橱，里面排放着 14 ～ 19 世纪中期的前乔内斯特的国王们保留的 4 个骑士团大勋章。从以下给出的线索中，你能填出下图的 4 个勋章分别代表的 4 个勋爵士团的名字、制造大勋章用的金属材料和它上面的绶带的颜色吗？

1. 勋章 C 上悬挂着绿色的绶带。

2. 大勋章 A 是用纯银制作的。

勋爵士团：赖班恩王子，圣爱克赞讷，伊斯特埃尔，铁拳

勋章的材料：青铜，金，铁，银

绶带的颜色：蓝色，绿色，紫色，白色

A　　　B　　　C　　　D

3. 为 14 世纪乔内斯特王位的继承人命名的赖班恩王子勋爵士团的勋章有一个紫色的绶带。

4. 铁拳勋爵士团的勋章，顾名思义是铁制的大勋章，上面烙印着代表性图案：握紧的拳头。展示在有蓝色绶带的勋章旁边。

5. 青铜制的勋章紧靠在由纯金制造的勋章的右边，金制勋章不是伊斯特埃尔勋爵士团的代表。

83 腼腆的获奖者

在农业展览会上，4 位养羊的农场主被分配到编号为 1 ~ 4 的圈栏，来让他们展示各自的羊群。从以下给出的线索中，你能推断出各农场主分配到的圈栏的编号、农场的名称和得到的名次吗？

农场主：克罗普，普劳曼，提艾泽尔，海吉斯
农场：高原牧场，格兰其牧场，曼普格鲁牧场，布鲁克菲尔得牧场

农场主：_____
农场：_____
名次：_____

1. 来自格兰其牧场的人获得的名次比克罗普获得的名次高 1 名。克罗普位于 1 号围栏。

2. 第 2 名农场主被分到了 4 号圈栏。它们不是来自布鲁克菲尔得牧场。

3. 2 号圈栏的羊来自高原牧场，它们得到的名次比普劳曼得的要高。

4. 此次比赛，提艾泽尔是第 3 名的农场主。

84 没人在家

这周没有牛奶或报纸送到彭姆布雷庭院来，而且每家每户都关着灯，因为 6 个公寓的居住者都因不同的原因离开了家。从以下给出的线索中，你能确定图中是谁住在哪个公寓里、因什么原因而不在家的吗？

居住者：布洛克先生，伯恩斯先生，戴克斯先生，格蕾小姐，里弗斯夫人，沃特斯小姐
原因：住院，在新西兰，谈生意，商业旅行，度假，陪女儿

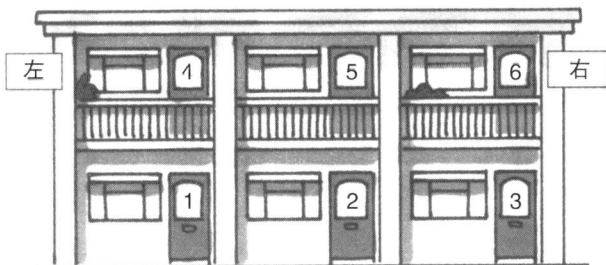

1. 同一楼层相邻的两户户主的性别没有一个是相同的。

2. 在女儿手术后陪着女儿的那个人住在近期要住院的人的左边。

3. 两个楼层之间有很好的隔音效果，但是隔壁房间则不尽如人意。当戴克斯先生的超强音乐打扰到他邻居格蕾小姐时，她还是非常和善的，而她现在去了新西兰。里弗斯夫人右手边的邻居去度假了。

4.6号公寓里住着一位女士。

5.沃特斯小姐右边的隔壁邻居去商业旅行了，而她跟布洛克先生则隔了个楼层。

6.伯恩斯先生不在家的理由跟工作没有关联，他也没有跟女儿在一起。格蕾小姐没有参加商业会谈。

85 测量

世纪之交时，哈姆雷在伦敦的商店销售各种各样的思维游戏盒子。盒子里有白、绿、红3种不同颜色的罐子。绿色罐子的容量比红色罐子多3升，而白色罐子的容量则比绿色罐子多4升。现在的问题是用这3个罐子来准确量出2升的水。那么，你如何只倒9次就可以把水量出来呢？

86 数字区

在下边的每个格子里填上数字1～9，使得每一横行、每一竖行，以及每个3×3的小方框中这9个数字分别出现一次，并且使每个虚线隔出的区域里的数字之和等于该区域右上角给出的数。

87 帐篷

下面的方格代表一片林地。其中一些格子里面是草，其他的里面是树（已标出）。在长草的一些格子里放上帐篷，使得每一棵树在垂直或水平方向有一个帐篷与它相邻，而一个帐篷可以与多棵树相邻。所有的帐篷之间不能在垂直、水平、或者斜向上相邻。方格外面的数字分别表示该行或者该列帐篷的总数。请问这些帐篷分布在哪些格子里？

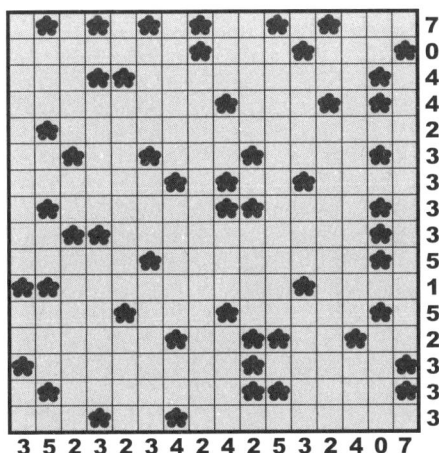

88 阴影

将下表中的一些圆圈涂成阴影，使得任一横行或者任一竖行中，同一个数字只能出现一次。所有涂成阴影的圆圈之间不能在垂直或水平方向上相邻，并且不能将没有涂成阴影的圆圈分成几组——也就是说，没有涂成阴影的圆圈必须横向或纵向相连成一个分支状。应该将哪些圆圈涂成阴影？

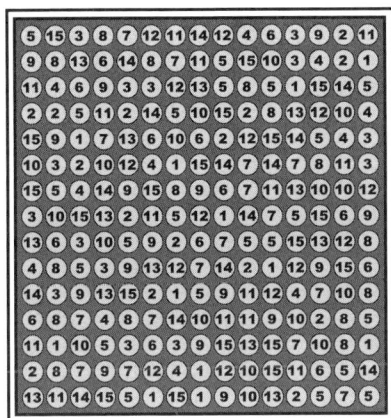

89 赛马

在 1903 年的夏天，豪赌的赌客们在海洋酒店正忙着为下轮比赛的马匹下注。在第 6 站比赛里，这 6 匹马在长 200 米的赛道上赛跑，最后的结果显示在下图的揭示牌上。一位十分喜爱马匹思维游戏的改良者发现一个有趣的题：如果将上面各栏中的数字改变位置，那么就可以使每一行、每一列中从 1 ~ 6 这 6 个数字只出现一次，从而形成一个数字幻方。你能在 10 分钟内解决问题吗？

亚特兰大市——第六站比赛

马匹	第一站	第二站	第三站	第四站	第五站	第六站
八号	6	2	3	5	4	1
干草燃烧炉	3	6	1	4	5	2
慢速启动	5	1	6	2	4	3
不走运	5	6	1	2	3	4
凹背	4	1	3	6	2	5
倒数第一	2	5	3	1	4	6

第二章

倒推法

90 书上的绳子

你可以用这个思维游戏为难你的朋友们。把一根绳子在一本厚重的书（约 1000 ~ 1500 克）上系一圈，然后将绳子的一端固定在门把手上，并使书悬挂在距地面 30 厘米的地方。你抓住书下面的绳子，然后对你的朋友们说，你可以随意把书上面或者下面的绳子搂断。这时，他们一定会大吃一惊的。那么，你知道这个神奇的戏法是如何实现的吗？

91 古董

有一天，古董商加尔文·克莱克特伯尔买了一个铸铁的喷水龙头：上面是一支鳄鱼，嘴里吞着一条鱼。他为这件绝妙的艺术品支付了 90% 的账面价值。第二天，一个收藏家看见后，说愿意支付高出账面价值 25% 的费用将其买下。加尔文毫不犹豫地答应了，这样，他就从这笔交易中赚了 105 元。那么，你能否根据这些实际情况推算出这件诱人的古玩的账面价值吗？

92 风铃

这个风铃重 144 克（假设绳子和棒子的重量为 0）。
你能计算出每个装饰物的重量吗？

93 报酬

在很多年以前的棒球联赛赛场上，有这样一个做法，选手在参加完每场比赛之后都会得到报酬。而在早上的不多的时间里则会进行很多纸牌游戏，场面十分火爆。其中有一场有关来自海湾秃鹰队的 4 名选手的游戏。在一场棒球比赛中，这 4 个人——马尔文、哈维、布鲁斯以及罗洛要分享 233 元。比赛结束了，马尔文分得的钱比哈维多 20 元，比布鲁斯多 53

元，比罗洛多 71 元。请问这 4 名选手在那天早晨分别获得多少钱？

94 小甜饼

小阿里阿德涅现在很烦。今天早些时候，她收到妈妈亲手做的一包新鲜小甜饼。正当她打开礼物时，她的 4 个朋友就到了，她们提醒阿里阿德涅以前她们带的小甜饼也曾和她分享过，现在也该她反过来回赠她们了。她不情愿地把其中的一半和半个甜饼分给了她的朋友劳拉；然后把剩下的一半甜饼和半个甜饼分给了梅尔瓦；接着，她又把剩下的一半甜饼和半个甜饼分给了罗伦；最后，她把盒子里剩下的一半甜饼和半个甜饼分给了玛戈特。这样，可怜的阿里阿德涅就把盒子里的甜饼都分了出去，她真是伤心极了。

你能否计算出盒子里原来有多少小甜饼吗？顺便说一下，阿里阿德涅绝对没有把盒子里的甜饼切成或者掰成两半。

95 布兰德魔宫

我们现在所处的位置就是新牛津街上的布兰德魔宫，这个宫殿在维多利亚时期是个大型商场，这里也是著名的思维游戏大师霍夫曼教授经常到访的地方。我们和他约定下午1点在这里见面。那么，我们进去吧。

"你好，霍夫曼教授。我们来得很准时。您今天有没有新的思维游戏跟我们分享呢？"

"那是当然的！先坐下，那么，就试试这个3份遗产的思维游戏吧。一位绅士临死前留下遗嘱，要将自己的遗产分给自己的3个仆人。会客室的那个仆人跟随主人的时间是女佣人的3倍，而厨师跟随主人的时间又是会客室那个仆人的两倍。遗产是按照跟随主人的时间来分配的。总共分出了7000元。那么，每个人各分得了多少遗产呢？"

96 葡萄酒

这个思维游戏为老巴克斯所独创。你若想参加他的派对，你就必须计算出这两个酒桶中各有多少酒。这两个酒桶分别贴有字母 A 和 B，而 A 桶的酒比 B 桶的酒多。

首先，将 A 桶中的酒倒入 B 桶，倒入的酒量与 B 桶的酒相等。然后，将 B 桶中的酒倒回 A 桶，倒入的酒与 A 桶中现有的酒相等。最后，再将 A 桶中的酒倒回 B 桶，倒入的酒与 B 桶中现有的酒相等。

这个时候，两个桶内都有 48 升的葡萄酒。那么，两个酒桶原来各有多少葡萄酒呢？

97 分钱

这是个真实的故事！是克莱夫亲口告诉我的。故事是这样的，有个叫弗西斯的年轻人在寻找基奇纳大部队时迷失了方向。在饥肠辘辘之际，他碰到了两个当地的小伙子正准备吃午餐，一个人有 3 块烤面包，另一个人有 5 块。如果弗西斯肯掏钱吃他们的面包的话，他们愿意与他共享食物。当然，他只能说愿意，这样，3 个人一起把 8 块面包吃完了；然后，弗西斯付给他们 8 枚硬币。最后，他终于和大部队会合了。

但这两个小伙子却为了钱打成一团。拿 3 块面包的那个人想把钱平分，但是另外那个人却认为他应该得到自己份额的 5 枚硬币。这样，问题成为一个难题。那么，你应该如何分配这些钱才能不失公平呢？

98 照相

爷爷汤森年轻时曾买过一个新款的柯达相机作为自己的圣诞礼物。这个相机配有彩虹光圈和快门，里面的胶卷容量也很大。当他把所有的亲戚都叫过来时，他发现如果给每个人照 4 张照片的话，他需要 2 卷胶卷，因为他所需照的相片数比一卷胶卷多 4 张；然而，如果给每个人照 3 张照片的话，一卷胶卷将会剩下 12 张。那么，爷爷需要为多少亲戚朋友照相呢？一卷胶卷可以照出多少张照片呢？

改进型的可折叠式柯达相机，价钱从 400 元到 800 元不等。

本相机背后采用双面缝合技术，相机前部可抬高。

99 磨面

对于安格斯的讨价还价，你不能怪他。然而，他的确遇到了麻烦。如果在伊恩扣除 10% 之后要正好带回 100 千克的玉米面，他应该带来多少玉米呢？

注：假设磨面的过程当中没有浪费。

"伊恩，如果把我带来玉米的 5% 作为你磨面的报酬，你觉得怎么样呢？"

"你是不是疯了，安格斯？我要的是你所带玉米的 10%，这你应该很清楚！"

100 巧克力糖

很多年以前，3 个旅行者在黑眼睛客栈的同一张桌子上用餐。吃完饭后，他们点了一盘巧克力糖，并打算平分。可是，巧克力糖还没上来他们就都睡着了。第一个人醒来时看见了糖，于是把他那份吃了，接着又睡着了。第二个人不久也醒了，也把认为属于他自己的那份糖吃了，然后很快又睡着了。最后，第三个人醒来发现了糖，把认为属于自己的那份吃了，然后也进入梦乡。

他们在鼾声中度过了那一夜。第二天，服务员将盛有糖的碟子收走了，这时桌上剩下 8 块糖。那么，你知道桌子上原来有多少块巧克力糖吗？

101 赛车

著名的佛塔纳兄弟是单轮脚踏车赛的冠军，他们总是在 4 个长为 $\frac{1}{3}$ 千米的圆形轨道上进行赛前练习。兄弟 4 人从中午开始每人沿着一个轨道进行骑车练习，他们各自的速度分别为每小时 6 千米、9 千米、12 千米以及 15 千米。直到他们第 4 次在圆圈中央相遇时才停下来。那么，他们需要骑多长时间呢？

巴里   伯特   哈利   拉里

102 硬币计数器

下图是安装在一个银行的克赖顿硬币计数器。特莱梅尼先生正在用一袋子硬币检测它，这个袋子里装了50枚硬币，且面值分别为1元，5角，1角，5分。经计算后，这些硬币总共20元。那么，袋子里每种硬币各有多少枚呢？

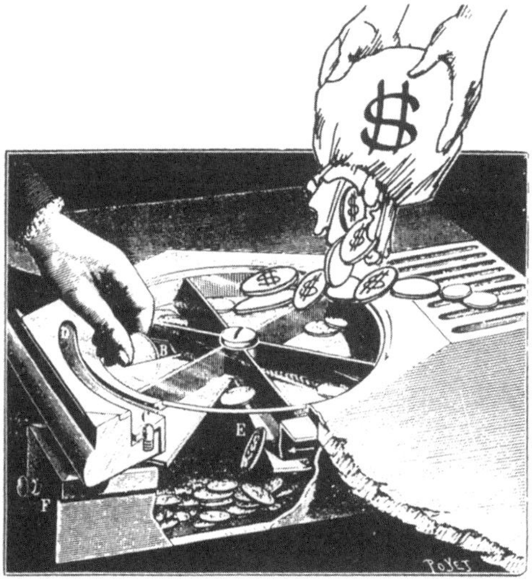

103 单轮脚踏车

年轻的奥斯汀·泰特科勒每个星期天都会去姑妈家和姑妈共进晚餐（17：00）。奥斯汀住在利佛格罗夫，而他的姑妈住在市中心。教堂的茶叙时间（12：00）一过奥斯汀就马上动身出发。很久以前他就知道如果按每小时15千米的速度骑车，那么他会在晚餐开始前一个小时到。但是，如果以每小时10千米的速度骑，那么他会迟到一个小时。

如果奥斯汀想在晚餐时间正好到的话，他应该骑多快呢？他家和姑妈家相距多远呢？

104 "陷阱"游戏

这是一个伟大的"陷阱"思维游戏。在桌子上放 4 个矩形硬纸板,然后请几个朋友来重新将它们排列,使它们拼成一个完整的正方形,下图的数字表明了各自的尺寸数。当他们屡次失败后,你再得意地告诉他们你可以向他们展示这个过程。当然,你在看答案部分之前,要先自己尝试一下。

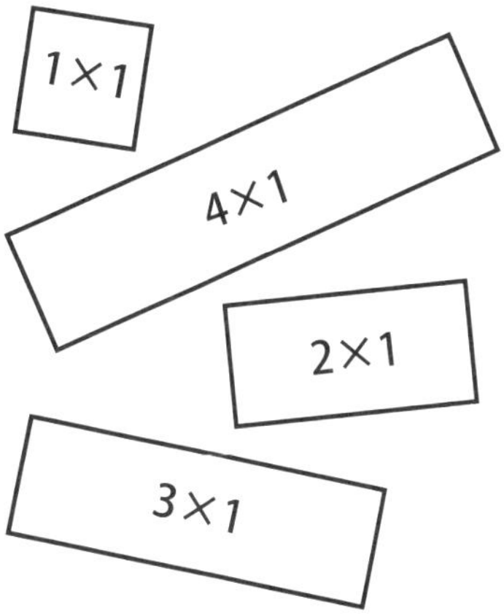

105 午餐托盘

上高中的时候,"大块头"马修斯·莫兰在学习之余赚的钱都是通过把其他学生在午餐之后的托盘拿回厨房挣来的。一个托盘他收 5 分钱,他因一次能拿许多托盘而名噪一时。有一天,他两趟一共拿了 99 个托盘。当我问他每趟拿了多少个托盘时,他回答说:"第一趟所拿托盘的 2/3 等于第二趟托盘的 4/5。"现在,你知道他每趟拿了多少个托盘了吗?

106 滚轮船

著名的查普曼滚轮船建于 1895 年，这艘船通过转动两边的巨大滚轮在水中行驶，而滚轮则都是由电气机车在轨道上运行提供动力的。船在服役的第一年往返于亚马孙河上的两个港口，从 A 港口顺流而下，它的行驶速度可以达到 20 千米／小时，到达 B 港口后，等旅客上船并装载邮件，它开始返回上游的 A 港口。返航时，它的行驶速度只能达到 15 千米／小时，就是说相同的距离船要多走 5 个小时。那么，你能计算出 A 港口距离 B 港口有多远吗？

107 聚餐

每到星期五的中午，大家都会在撒玛利亚极品俱乐部聚餐，每次到了结账的时候，本森哥俩总是借口因为公事离开。弗雷德里克让鸡汤浇了一身的那天，他们剩下的这几个人平摊了 80 元的账。他们在场的人每次都是平分花销，为了弥补本森哥俩的账，他们每个人必须多支付 2 元。那么，你知道原来有多少人在聚餐吗？

> 我算看透了！这一次，本森这对孪生兄弟又像往常一样，一到平摊钱的时候就溜走了。如今，我被秋葵鸡汤浇了一身。这个俱乐部以后再也见不到弗雷德里克·海克勒了！

108 小费

"迈克，分摊午餐小费时，你把我骗了！"帕特抱怨说。

"为什么，我还以为你很大方呢，帕特！"迈克回答说，显得十分无辜。

事情是这样的：午餐后，当他们分摊小费时，帕特给迈克的钱与迈克已经有的钱数相同。迈克说："这太多了！"然后又还给帕特一些钱，这些钱与帕特所剩下的钱数相同。帕特说："别，这也多了。"然后也还给迈克一些钱，这些钱与迈克现在所剩下的钱数相同。帕特现在一分钱也没留下，而迈克共得到80元。那么，他们在开始交换之前各自有多少钱？

109 下注

贝特萨罗特教授把比赛的胜者限定在3匹马：斯威·贝利，赔率4：1；杨特·萨拉，赔率3：1；桑德·胡弗斯，赔率2：1。教授想计算出应该给每一匹马下注多少钱，这样不论哪一匹马获胜他都可以赢13元。

比如，如果给每匹马下注5元，当斯威·贝利获胜时，他可以在它身上赢20元，而在另外两匹马身上输10元。请你试试，看能否在比赛开始之前解决教授的这个难题。

110 魔力壶

这道题是关于维多利亚时期著名的艺术家——魔术大师帕兹林·普兰德加斯特和他会说话的茶壶的。普兰德加斯特是如何使茶壶说话虽然不得而知，但是可以看出这是口技。然而，最重要的是它说的问题。那么，你能否解决下面茶壶提出的问题呢？

> 有个农夫带了两笼子的动物去市场。一个笼子装着兔子，而另一个笼子则装着野鸡。当别人问他每个笼子各装了多少时，他回答说："两个笼子里的动物一共有35个脑袋、94只脚。"根据这个，你应该可以回答你的问题了！

111 玻璃杯中的樱桃

我们用4根冰激凌棒做一个带柄的高玻璃杯。杯中涂色的圆圈是一个多汁的樱桃。你要把樱桃从杯子里拿出来，但是只能移动其中的2根木棒的位置。你不能移动樱桃，而且必须保证杯子的形状不变。

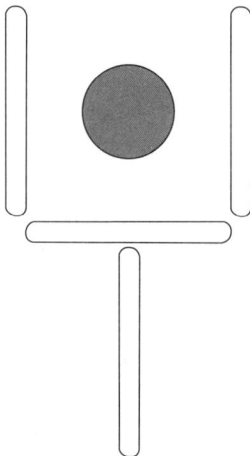

112 邮票

这是一个很好的"邮票难题"。下图有 6 张来自世界各国的不同邮票，问题是如何将这些邮票摆成一个十字形。但是，要保证十字架的每条线都有 4 张邮票。

提示：1 张邮票可以同时在十字架的 2 条线上。

113 杯垫

按照图中的样子在桌子上放 6 个圆形的饮料杯垫。这几个杯垫必须相互紧挨。现在，你必须把它们重新排列，形成一个"完整的"圆，但是你只能移动其中的 3 个杯垫，并且每个杯垫只能移动一次。

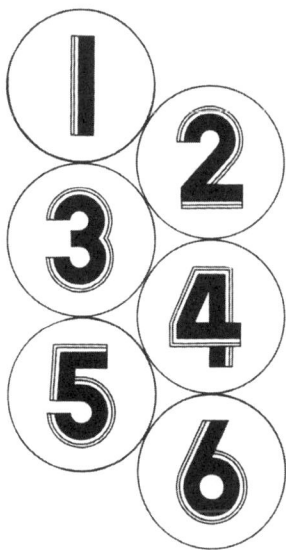

114 燕子李三

燕子李三从贪官 A 家偷了钱以后，挨家挨户送，最后到 B 家。他走的是一条道，并只走一遍，不走第二遍（有走不通的路），而且一家不漏。他是按照什么样的路线走过去的呢？

115 游戏天才

比利·索尔皮是一位思维游戏天才，他正在面对一个巨大的挑战。在台上表演时，他经常解答观众提出的题。最近，一家思维游戏俱乐部的老板十分肯定地认为比利不可能在 3 分钟之内把这个幻方题解答出来，并且他答应如果比利成功的话，他将为比利所热衷的慈善事业捐献 1 万元。在这个题中，比利需要将格子内的数字重新排列，使每行、每列中的数字不能重复出现两次；同时，两条对角线上的数字也不能重复出现两次。如果排列正确的话，那么每行、每列中的数字相加的总和为 10。比利真的在 3 分钟之内把这个难题解答出来了，那么，你呢？

0	1	3	0	4
2	2	4	2	1
4	1	3	4	0
3	0	1	3	1
4	2	0	3	2

第四章

作图法

116 检查路线

这艘飞船正从月球飞回地球。下图所示的就是前进舱指挥舰板的平面图。伯肯舰长每个小时都会巡视飞船。他将检查从 A 到 M 的每一个走廊，而且只检查一次。但是，通过外走廊 N 的次数不限。同时，进入 4 个指挥中心（1 号、2 号、3 号和 4 号）的次数也不受限制。最后，他总是在 1 号指挥中心结束他的检查。请你把舰长的检查路线展示出来（起点可以从任一指挥中心开始）。

117 电池

埃尔默·拉泽罗是电池城的主人，这个电池城位于威斯康星州的拉辛市。他举办了一场比赛，也就是图中的两个人所提到的比赛。他在陈列室的地上

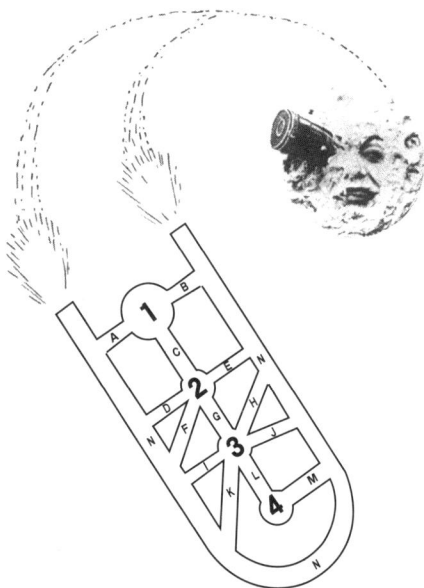

快收拾东西，米尔德里德，我们很快就会在去海洋树林的路上！

将 36 块儿电池摆成了一个正方形，并答应提供给任何一个答对的人一次为期两周的费用全免的新泽西州海洋树林之旅。但是要求如下：参加比赛的人必须从上面拿走 6 块儿电池，使剩下的每行电池不论在水平方向还是垂直方向都保持偶数。威拉德好像找到了解决办法。

118 雪橇

下次当你外出滑雪时，如果你想在温暖的临时营地赢得一块儿热巧克力的话，这里有一个万全之策。跟你的朋友打赌，说他们不可能把 6 个滑雪橇组成 8 个完整的三角形。如果你没有外出滑雪，你也可以用汽水吸管来完成。

119 管状面包

这是一个有关螺旋状的思维游戏。奥拉夫刚刚从烤箱里取出热腾腾的"深红色种子面包"，他的这种管状面包非常有名。当他的顾客走过来时，他就问他们："如果我拿刀子从任意地方将面包切开，那么，我最多可以把它分成多少份呢？"你知道答案吗？

120 斯芬克司画像

回顾历史，我们会找到世界上第一个伟大的思维游戏大师—斯塔姆尤莫斯特二世。他创作了全新的题，名叫"斯芬克司第二个思维游戏"，并用它来为难他的朝臣。答题人必须将下图中抽象的斯芬克司画像分成形状相同的4部分。同时，这4部分必须与原图形状相同。你知道怎么分吗？

121 砖墙

有一天，矮胖人邓布迪先生叫来一个泥瓦匠，让他在自己的花园里盖两面砖墙。两面墙的高度以及长度都相等（图中 ab 墙的长度和 cd 墙相等）。泥瓦匠说对 cd 墙的花费要大一些，因为它位于一座山上，所以需要的建筑材料会多一些。

"胡说八道，"邓布迪先生说，"它才用不了那么多呢，盖这面墙你绝对不会用太多的砖和灰泥！"

那么，你认为他们谁对谁错呢？

122 连线的风筝

欢迎读者朋友来解答比夫的这个获奖思维游戏。

迈克，这是我新做的思维游戏风筝，漂亮吧！这个题要求你把风筝用一笔连续画出来，线条不能在任何地方交叉。我花了一晚上的时间才把这个风筝做好的，我明天准备把它带到学校组织的思维游戏大赛上。

123 兔子难题

直线 AA 上有 3 只兔子，直线 CC 上也有 3 只兔子，直线 BB 上有 2 只兔子。有多少条直线上有 3 只兔子？有多少条直线上有 2 只兔子？如果拿走 3 只兔子，将余下的 6 只兔子排成 3 排，且每排有 3 只兔子，该怎么排列？

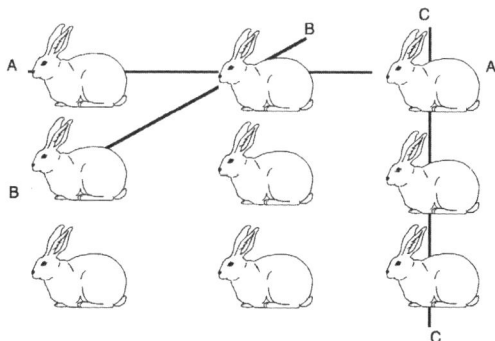

124 学生会委员

在某校新当选的校学生会的 7 名委员中，有 1 个是大连人，2 个北方人，1 个福州人，2 个特长生，3 个贫困生。假设上述介绍涉及了该学生会中的所有委员，则以下各项关于该学生会的断定与题干相矛盾的是：

A.两个特长生都是贫困生。

B. 贫困生不都是南方人。

C. 特长生都是南方人。

125 变大的正方形

在图中，有相同大小的正方形纸9个，全部排列成一个大正方形。现在想再加一枚小正方形纸片，以便和原先的9张一同做出一个更大的正方形。纸张可视需要自由裁剪，只是不能有多出来或重叠的部分。你准备怎样做呢？

126 神奇的风筝

要做这个游戏，你得先画一个风筝。然后画一条线把风筝连接起来，但是必须一步完成（即用一条线连续画出）。线与线之间不能交叉，也不能重复出现。你必须从线团开始画，然后到风筝的正中央结束。

127 圆点

按下图的样子，在纸上画一个方格，分成16个正方形，然后在每一个正方形的中间点一个圆点。现在解答题：请设法画出6条直线，要求经过每一个正方形中的圆点，但是在画的过程中铅笔不可以从纸上抬起。下面有个小提示：其中有2个圆点要经过2次；而且，第一笔要从这个方格外面开始。

128 跳房子

下面是19世纪年轻人在消磨时间时所玩的跳房子游戏。在跳房子游戏中其中有一种是"难题型"的跳房子游戏。这个题要求你用一笔把这个跳房子的轮廓画出来，但前提是笔不离纸、线不重叠。同时，任何部分也不可以重复。在你还没有尝试之前，请不要跳到答案部分查看结果。

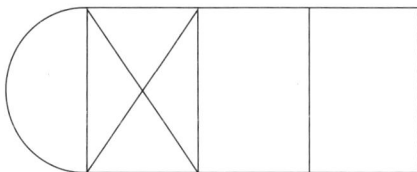

129 字母连线

这个题虽然很古老，但是很有趣。在下面的格子上有 5 对圆点，分别标着 A 至 E 这几个字母。请将各对字母相连：A 与 A，B 与 B，C 与 C，D 与 D，E 与 E。你必须沿着格子上的直线连线，彼此路线不能相交或者重叠。现在，这个难道就交给你负责了。

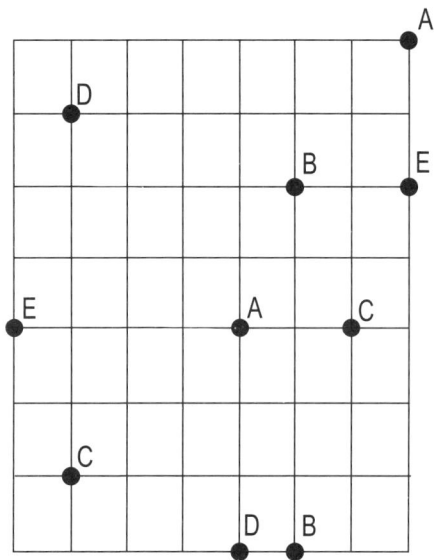

130 死亡三角

我们看到的是杂技团的芬顿·凯奇奥尔，他正在表演自己的拿手好戏——死亡三角，芬顿对这些像剃须刀一样锋利的钢碎片毫无惧色。这些碎片和他在表演中所使用的其他小道具一样都是源自一个著名的思维游戏。如果你把这 5 个三角形中的任意一个切成两半，那么，就可以把这 6 个三角形拼成一个完整的正方形。你愿不愿意试一试这个游戏呢？

131 长方形

古特罗克斯先生正在琢磨一个著名的长方形思维游戏。下图均匀地分布着 12 个黑色圆点，它们之间有间隔。如果利用任意 4 个圆点作为长方形的顶点，那么，你能否计算出有多少个长方形呢？记住，正方形也看作是长方形。

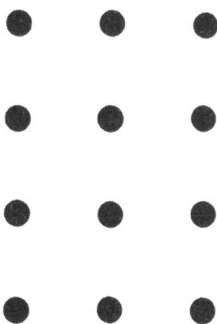

132 从 A 到 Z

各位思维游戏爱好者们，现在我们来处理一个很难的题。

这个正方形格子每边都有 6 个小方格，其中，有 4 个 A 字母以及 4 个 Z 字母。现在，要将这个格子剪切成 4 块儿，每一块儿的大小和形状都必须一样，同时，每一块都得包括一个 A 字母以及一个 Z 字母。剪的时候，一定要沿着方格线。

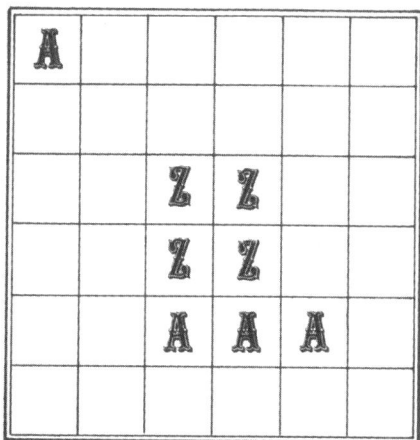

133 潜水艇拦截网

在世纪之交，为了抵御新式潜水艇，这个潜水艇拦截网便应运而生。但是，相应的抵抗措施也随之出现，法国人甘默尼特先生发明了著名的潜水服。现在，你要穿上这个潜水服把下图的这个网由上而下剪成两部分，但是要用最少的次数。在你剪的过程中，不可以把网的节点剪断。请你找出最佳位置并开始剪。

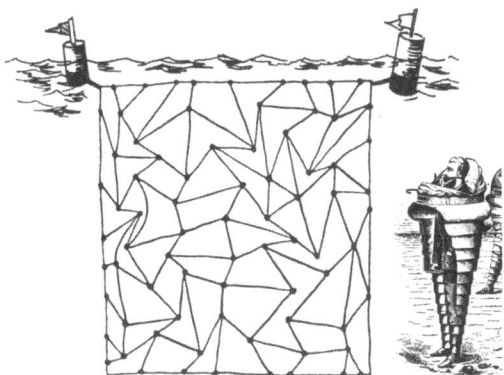

134 最佳路线

古老的阿斯伯里·帕克电车路线共有 12 站，由 17 条 1 千米的铁轨相连接。巴顿·科鲁尔是铁轨的巡视员，他每天都要检查这 17 条铁轨。检查的时候，他总是不止一次路过某些铁轨。那么，你能否为巴顿设计出最佳的检查路线，使他每天在巡视时走最少的路程呢？

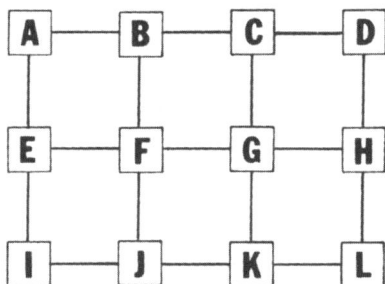

135 动物园

沃尔特·斯奈尔特拉普是当地动物园里的公园管理员，他在为一群动物划分界线时遇到了麻烦，可以说都怪狮子不安分守己。斯奈尔特拉普把 9 只动物混合圈在一个正方形围栏里。可是，没过多久，狮子开始咬骆驼，而大象却把狮子踩了，这让大家很是不悦。于是，斯奈尔特拉普决定把每只动物分别圈在各自的围栏里。他只在大围栏里建了两个围栏就把所有的动物各自分开了。你知道他是如何修建围栏的吗？

136 猴子的路线

你能否为那只拿着小罐的猴子找出最短的路线，使它从每个窗户处收到钱呢？这只猴子必须从下图的位置出发，并且最后停在主人的肩膀上。

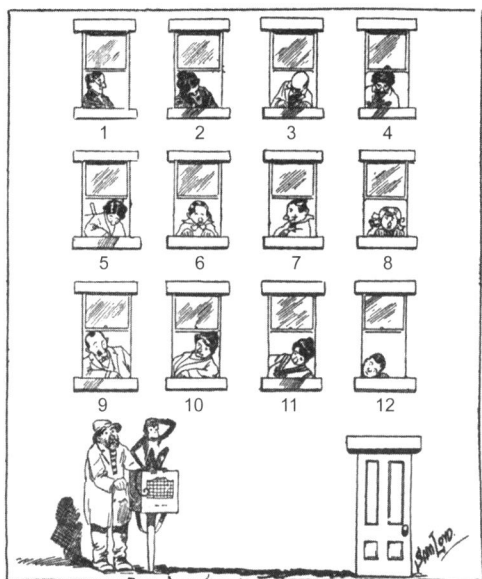

137 鱼

在世界上的机械思维游戏当中，持续时间最长的莫过于七巧板。它已经持续了大约 100 年。

下图是一个长方形的七巧板，在它的上面是一条东方好斗鱼的轮廓。这个游戏就是要把这 7 块儿七巧板重新排列成鱼的形状。你能否展示这个过程呢？你不能大意，因为它看似简单实则很难。

138 木匠活儿

有一天，老木匠海勒姆·鲍尔皮尼在木场把所有人都给难住了。他拿出来一块儿不规则的胶合板，然后向工厂工人提出了挑战，看谁能把它切成 3 块并把它们拼成一个边长为 1 米的正方形。

139 神奇的"Z"

那个埃及的奇迹制造家—乔德·赫拉比正准备表演神奇的"Z"。他在大家的面前，把这个图形劈成了 3 块，然后使它们在空中旋转后返回，并拼成了一个完整的正方形。那么，你知道这 3 块如何重组才能拼成一个正方形吗？

140 教授的难题

道廷奇教授去年参加了国际思维游戏竞赛，下图中的他正在寻找解答问题的良策。教授断定答案中的直线不会在任何地方相交。为了验证，教授在这里用一笔将图形画了出来。请你试试，但是你既不能使直线相交也不能在画的过程当中把铅笔从纸上抬起。同时，你不可以把纸任意折叠。

141 平分果园

已过世的著名农学家法莫尔·布朗曾留下话，他要把他的财产平分给自己的 4 个儿子。他特别指明：他那个种有 12 颗珍贵果树的果园应分成大小、形状相同的 4 份，每份包括 3 棵树。那么，4 个儿子应该如何按照父亲的遗愿用栅栏将果园隔开呢？

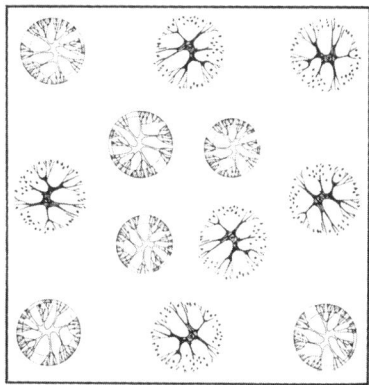

142 火柴棍游戏

爱德在海运湾工作，每天他都与老板玩赌火柴棍的游戏，一旦他赢了，就会从老板那里得到报酬。上周，他按下图中的样子摆出了 24 根火柴棍，与老板赌上了。火柴围成了 9 个正方形，所要做的就是移走其中的 8 根火柴，使其成为 3 个正方形。

143 高尔夫球座

纳尔达·尼伯里克是闲暇时刻乡村俱乐部业余组女子冠军，为人十分傲慢。在酒馆时，她被安德鲁·麦克戴维特的一个著名的第19洞赌注给难住了，使她在比赛当中受到了影响。当时，麦克戴维特跟纳尔达赌一套新的铁头球杆，他说她不可能将24个高尔夫球座拼成4个完整的正方形。那么，你能在开球之前帮她击败麦克戴维特吗？

从德克跟那夫赌，我无赛精照，自安德·麦维特打的尔的也比中去，上周·戴维我个高座之就法中神这样，我能得再次俱乐部锦标赛冠军了！

144 国际思维游戏大赛

时间：20世纪20年代；事件：国际思维游戏大赛；地点：后湾区波士顿名流花园内威尼斯风格的宫殿。下图中有3名思维游戏鉴赏家，他们在思考大厅中央地板上的题：如何用6条直线将16个黑圆圈连接起来，而且，每个圆圈不能同时出现在2条直线上。

145 最近的点

我有 10 个朋友住在同一条街上，如图所示。现在我想在这条街上找出某个地点，使这一点到 10 个朋友家的距离最近。请问这个点应该在哪里呢？

146 奇怪的电梯

一栋 19 层的大厦，只安装了一部奇怪的电梯，上面只有"上楼"和"下楼"两个按钮。"上楼"按钮可以把乘梯者带上 8 个楼层（如果上面不够 8 个楼层则原地不动），"下楼"的按钮可以把乘梯者带下 11 个楼层（如果下面不够 11 个楼层则原地不动）。用这样的电梯能够走遍所有的楼层吗？

从 1 楼开始，你需要按多少次按钮才能走完所有的楼层呢？你走完这些楼层的顺序又是什么呢？

147 企鹅回家

不横过这些道路，你能让企鹅都回到它们自己的家吗？每个企鹅所走的路不交叉，企鹅的家在其对应的数字上，如企鹅1的家就在数字1所在的地方。

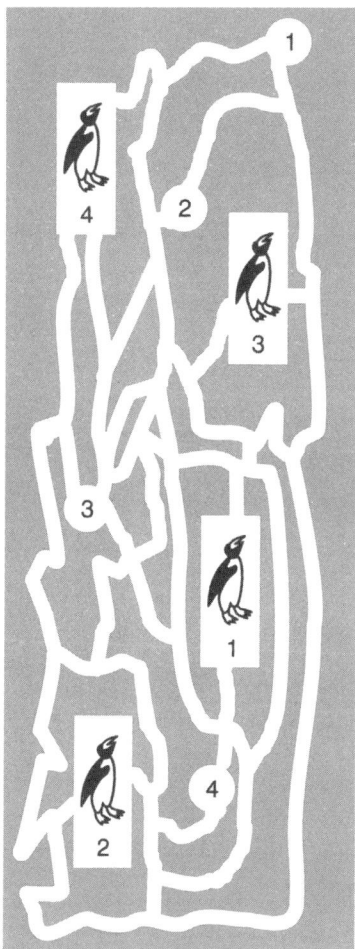

148 谁点了牛排

4个好朋友前往一家西餐厅用餐，他们选了个圆桌，依A，B，C，D的顺序坐下，并在看过菜单之后，彼此接续点了主菜、汤及饮料。

在主菜方面，李先生点了一份鸡排，连先生点了一份羊排，而坐在B的人则点了一份猪排。

点汤方面，萧先生及坐在 B 处的人都点了玉米浓汤，李先生点了洋葱汤，另一人则点了罗宋汤。至于饮料方面，萧先生点了热红茶，李先生和连先生点了冰咖啡，而另一个人则点了果汁。

当大伙儿点完之后，这才发现：邻座的人都点了不一样的东西。如果李先生是坐在 A 的位置，试问，坐在哪里的先生点了牛排？

149 琴弦上的纸片

如图所示，一根吉他弦两端分别固定在 1 和 7 两处，从 1 ~ 7 每两点之间的距离相等。在 4，5，6 处分别放上 3 个折叠的小纸片。用手捏住琴弦的 3 处，然后拨动 2 处。纸片会有什么反应？

150 弹孔

按照过去的西部观念，卡特尔·凯特称得上是位高人。她使用 6 发装左轮手枪的本领堪称传奇，这里我们看到的是她如何打赌取胜的。她说她可以在扭转头的同时往墙上射 12 颗子弹，这 12 个弹孔排列成 7 行，每行 4 个弹孔；当然，某些弹孔将同时存在于多个行列。钢琴师萨姆一点儿也不担心。那么，你认为弹孔在墙上是如何排列的呢？

151 缝制地毯

阿布杜是个地毯商，现在他遇到了一个大麻烦。他必须得在太阳落山之前把一个边长为 10 米的正方形地毯交给一位十分富裕的客户。他在仓库里找出一个长 12 米宽 9 米的地毯，他打算用这个地毯来做客户所要的地毯。可是，当他展开这个地毯时，发现有人在中间剪掉了一块，被剪掉的部分长 8 米宽 1 米。然而，老练的阿布杜却很快想出一个办法，他把剩下的地毯剪成了两块，然后再缝在一起，这样便做出一整块边长为 10 米的正方形地毯。那么，他是怎么做的呢？

152 不规则房地产

西德尼是当地房地产的内行，这次，他又把自己圈在了一个角里。他买了一处不规则的地产，现在他想把它分割成 8 块儿尺寸、形状相同的建筑用地。那么，你能否告诉他应该把分界线布置在地产的哪些地方，以便他把这些精选品展示给可能的买家呢？

153 婚礼

这两个人很显然是一对情侣。这位年轻的女士问她的未婚夫星期几结婚。他的话不多，又说得含糊不清。那么，你能确定他想在星期几结婚？

"那个日子的后天是'今天'的昨天，那个日子的前天是'今天'的明天，这两个'今天'距离那个日子的天数相等，我们就在那个日子结婚。"

154 剪正方形

图中的这位先生正设法找出那幅画可以剪成的最少正方形个数。如果沿着所有直线剪，那么可以剪成 169 个正方形，这是最多的正方形。这幅画可以剪成，比如，一个 6×6 的正方形（即 36 个小正方形）、一个 4×4 的正方形（即 16 个小正方形），或者一个 2×2 的正方形（即 4 个小正方形）。相同尺寸的正方形可以重复出现，但是所有的正方形的尺寸不能都相同。

提示：在我们的答案中，不同尺寸正方形的个数少于 20。

155 肖像画

女士们、先生们，约翰是莎士比亚风格的画猿高手，也是出色的肖像画家。他的吟游诗人画像很受欢迎。这个神奇的画是约翰一笔画下来的，线条无一重叠。你能做到吗？

156 切蛋糕

要求把这个顶上和四周都有糖霜装饰的蛋糕分成 5 块体积相等，并且有等量糖霜的小蛋糕。该怎么切？

如果蛋糕上没有糖霜或装饰，这个问题就可以用简单的 4 条平行线解决，但是现在问题有点麻烦，因为那样做将会使 2 块蛋糕上有较多的糖霜。

第五章

计算法

157 瓢虫

蝴蝶表演结束了，接下来桑蒂尼将带来精彩的瓢虫表演，这一有史以来最伟大的表演将展示昆虫如何准确前进的。在3分钟之内，将7只瓢虫排成一行，这样，它们外壳上的字母就会有很多的排列方式。那么，你能否判断出共有多少种排列方式呢？

158 数学表达式

普里西拉·孙珊女士就是那位出色的代课教师，她又来检测你们的数学才能了。

"同学们，现在注意了！黑板上的这个题是不正确的。但是，如果你在等式左边的某些数字中间添加两个减号（－）和一个加号（＋），就可以得出一个正确的数学表达式，并且可以使结果等于100。你们要在这堂课结束之前把符号放在正确的位置。"

$$123456789 = 100$$
添加两个减号（－）
添加一个加号（＋）

159 射击

慈善盛宴正在举行，巴尼·布朗德巴斯想在长廊上进行的射击比赛中赢得奖品。射击 3 次需要支付 10 元；如果击倒的 3 只鸟上的数字相加正好等于 50，那么，你将赢得 1 只喂饱了的短吻鳄。但是，巴尼却把钱输光了。那么，你有没有兴趣试试呢？

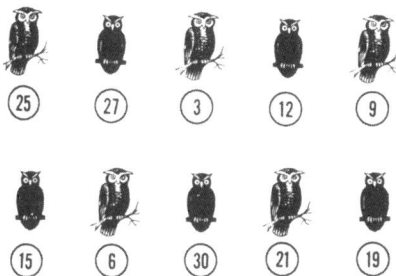

㉕ ㉗ ③ ⑫ ⑨

⑮ ⑥ ㉚ ㉑ ⑲

160 心算

潘奇在思考这个题时想把它清楚地表达出来。他必须在心里把从 1 到 100 的数字加起来，但是，他尝试了 10 分钟就宣布放弃，他抱怨说自己总是忘记前面加的那些数字。然而，潘奇却不知道有一个简单的方法可以让他快速解答这个题。那么，你知道这个方法是什么吗？

161 漂流速度

以斯拉·沃尔顿是湍流船队的船长，哈比·贝克维尔正搭乘他的船前往自己的新业务地区。船刚刚离开码头，哈比就睡着了。当船航行了 1 千米时，哈比的帽子被吹到了水里，并开始向下游漂去，而船却继续向上游前进。当哈比醒来发现自己的帽子不见时，已过了5分钟，他马上让以斯拉调转船头往下游走。他们最终找到了帽子，而帽子那时则刚刚到达他们原来出发的地方。无论上游还是下游，船航行的速度保持不变。那么，你能否根据这些信息计算出河流的漂流速度呢？

162 教授的难题

弗朗昆教授的学生都知道只要他们用粉笔在他研究室窗户外的墙上写一个有趣的问题，教授就会陷入其中并因此忘记自己的课。这会儿他正思考如何将5个4和一个加号重新排列使它们相加的结果等于55。但是，如果你想出来的话，请不要告诉教授，因为他的学生会让告密者难堪的。

163 五行打油诗

有种思维游戏叫作五行打油诗。人们总是对这种类型的思维游戏充满期待。下面我们就来看看其中的一个，这个题要求读者把一个只包括1和3的

8 个数重新排列，使它们最后组成的数学表达式的结果等于 100 万。那么，你准备好笔和纸了吗？

以前有一个卡斯蒂利亚人，
他虽然十分鲁莽，
但他却能把一个十分富有的西西里岛人赌赢了。
他可以把一个包含 1 和 3 的 8 个数轻而易举地排列，
并使它们的结果等于 100 万！

164 计算闯关

A 为 B 设计了一道游戏题，如下图所示。要求是由出发点开始，经过每一关时，从 ＋、－、×、÷ 中选一个符号，对相邻的两个数字进行运算，使到达目的地时，答案恰好是 1。B 想了半天，也不知道该怎么前进。你知道该怎样过关吗？

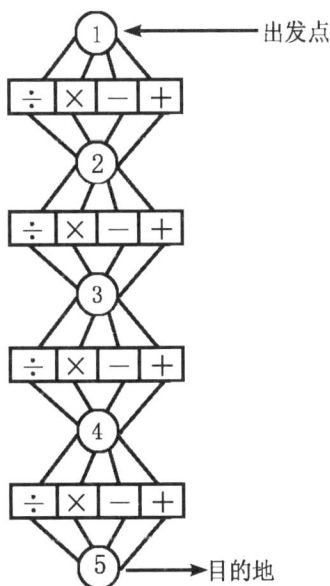

出发点

÷ × － ＋

÷ × － ＋

÷ × － ＋

÷ × － ＋

目的地

165 保险箱

在犯罪记录上,没有哪个贼比纳库克拉斯·哈
里伯顿更卑鄙。当他到别人家里行窃时,他会毫不
犹豫地去偷孩子们的存钱罐。看着他在下图中的样
子,就知道他肯定是历史上最矮的小偷了。他撬开
保险箱偷走了 125 枚硬币,一共有 70 元。其中没有
1 角的硬币。那么,你能否判断出他偷走的是哪些
硬币,而每枚硬币的面值又是多少吗?

166 开商店

哈丽和桃瑞斯正在做开商店游戏。哈丽花了 3.1 元从桃瑞斯那里买了 3
罐草莓酱和 4 罐桃酱。那么,你能根据上面说的情况计算出每罐草莓酱和每
罐桃酱的价钱吗?

> 桃瑞斯!我把这罐
> 桃酱拿回来了,我想换成
> 草莓酱。

> 好的,哈丽,给
> 你草莓酱。

167 车厢

小时候,爸爸给我买了一列玩具火车作为我的生日礼物。除了火车配备
的车厢之外,他又花了 20 元买了另外 20 个车厢。乘客车厢每个 4 元,货物

车厢每个 0.5 元，煤炭车厢每个 0.25 元。那么，你能否计算出这几种类型的车厢各有几个？

168 面袋

当塞·科恩克利伯核对自己的补给品时，他在面布袋上发现了一些有趣的东西。面布袋每 3 个放在一层，共有 9 个布袋，上面分别标有从 1 到 9 这几个数字。在第一层和第三层，都是一个布袋与另外两个布袋分开放；而中间那层的 3 个布袋则被放在一起。如果他将第一层上单个布袋的数字（7）乘以与之相邻的两个布袋的数字（28），得到 196，也就是中间 3 个布袋上的数字。然而，如果他将第三层的单个布袋的数字

（5）与之相邻的两个布袋的数字（34）相乘，则得到 170。

塞于是想出来一道题：你能否尽可能少地移动布袋，使得上、下两层上的每一对布袋上的数字与各自单个布袋上的数字相乘的结果都等于中间 3 个布袋上的数字呢？

169 灵长类动物

现在是动物园的午餐时间，我们在灵长类动物的观看亭所听到的叫声是它们在抢香蕉的声音。管理员每天都会分给这100只灵长类动物100个香蕉。每只大猩猩有3个香蕉，每只猿有2个香蕉，而狐猴因为最小，只有半个香蕉。

你能否根据上面所给出的信息计算出动物园里的大猩猩、猿、狐猴各有多少只？

170 幻方游戏

这位绅士正在解答一道设有奖项的幻方思维游戏。要解决这道题，需要将所有方格内的 X 换成数字，并使每一列、每一行以及两条对角线的数字相加的和都等于34。使用 1 到 16 之间的数字；同时，每个数字只能使用一次。

171 航行

巨轮出现在蒸汽运用的鼎盛时期，而纽约港便成了它们的停泊地。一天，有 3 艘轮船驶出纽约湾海峡并驶向英国的朴次茅斯。第一艘轮船 12 天后从朴次茅斯返回，第二艘轮船用了 16 天完成了航行，而第三艘轮船用了 20 天才回到纽约港。因为轮船在港内的恢复时间是 12 个小时，所以轮船抵港的日期就是它们返航的日期。那么，需要多少天这 3 艘轮船才能再次同一天驶出纽约港，同时，在这期间每一艘轮船将会航行多少次？

172 交叉的圆圈

在解答这个题之前，你也许会发现自己在"看圆圈"。下图是 7 个相互交叉的圆圈，也就有 14 个有限区域。现在，请你把图中的字母用数字代替，这样在图中就只剩下从 1 到 14 的数字。同时，要使每一个圆圈内的数字相加的和等于 21。

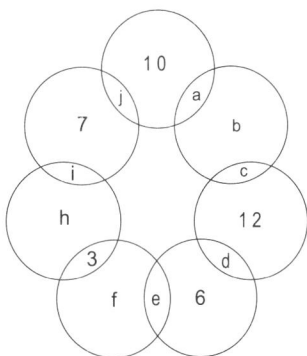

173 进球数

下面我们看到的是库申斯·哈利布尔顿即将打进制胜一球，他随后获得了 1903 年曼哈顿花式台球锦标赛的冠军。5 轮之后，他用球杆打进了 100 个球。而每轮他都要比前一轮多打进 6 个球。那么，你能否计算出他 5 轮中的各轮进球数吗？

莱克斯福德，谁把第 7 个球打进横袋谁就获胜！

174 数学题

普里西拉·孙珊女士今天是我们的代课老师，可得当心啊。

"同学们，我上次站在这里已是好几个星期之前了，这样吧，我给大家出一道题。大家需要把黑板上的这8个数字分成两组，每组各有4个数字，将每组的4个数字排列组合成2个数并相加，而两组相加后的结果必须一致。谁能把这个题解答出来呢？"

1234

5789

175 年度思维游戏大赛

如果你能答出来，那么，你也是英雄。

> 埃尔利达，那个太简单了。我需要做的只是将数字1,2,3,4,5,6,7,8,9按照某种方式排列，使它们相加之后的总数为99999。这做起来简直就是小菜一碟。

> 弗雷斯，你赢得了年度思维游戏大赛的冠军，你是我心目中的英雄！

176 神秘的正方形

让我们抽时间来解决另一个有趣而又神秘的正方形思维游戏吧。你所要做的就是将下图中正方形里的数字重新排列，使每个水平方向、垂直方向以及对角线上的数字相加的结果为 33。希望你用大约 5 分钟的时间把答案推测出来。

177 对角线间的角度

教授现在陷入了困境。他忘记了下图中题的答案，离上课只剩下 5 分钟了！线段 BD 和 GD 已经画在虚构的立方体的两个面上。两条线段相交于 D 点。那么，你能否帮教授计算出这两条对角线之间的角度呢？

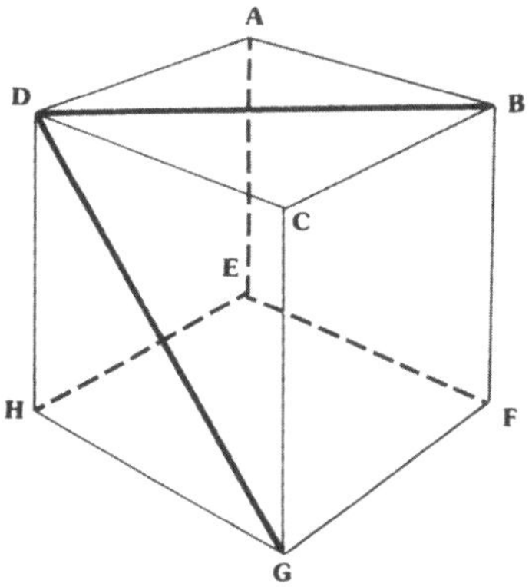

178 蜘蛛网

有一个雕像存放在格力姆斯力城堡的阴暗凹室里。凹室的部分入口被一张巨大的蜘蛛网挡住了，拱状的网的弧正好是圆周长的 $\frac{1}{4}$，长 20 厘米。那么，你能根据这些实际情况计算出蜘蛛网遮盖部分的面积是多少平方厘米吗？

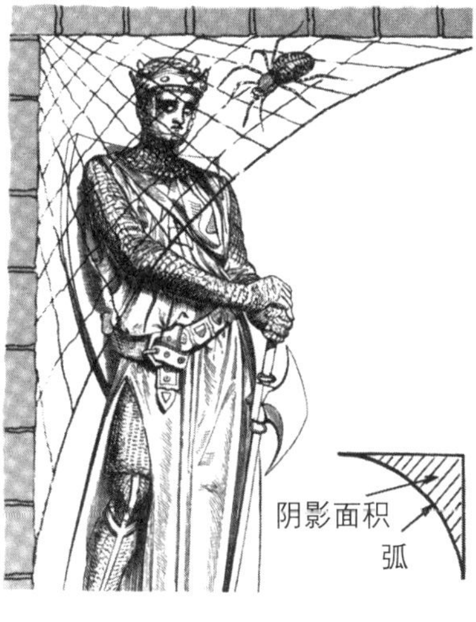

阴影面积
弧

179 财宝

戴佛尔·邓肯在一艘失事船里检查时，找到了一个保险库，而就在那一天，他赚了大钱。他先提出来4袋钱，里面各有60枚、30枚、20枚和10枚金币。当他数完剩下2个袋子里的钱时，他发现这6个袋子金币的个数形成一个特殊的递进关系。那么，你能否根据这个情况计算出第五袋和第六袋里的金币个数呢？

1. 60
2. 30
3. 20
4. 15
5. ?
6. ?

180 还原算式

在城堡里长大的孩子不只会格斗和打仗，他们也会做相当数量的学校作业。这里我们看到的是令人尊敬的兄长正在让这些孩子解答一个数字替换题。在这个乘法算式里，有些数字已经被星号所代替。那么，请你试试，看能否把这个算式还原回来。

181 加法题

这里我们看到的是查理·秦，他是一位著名的杂耍大师，他此刻正在解决由某位观众提出的一个加法题。查理必须将图中 5 个三位数中的 6 个数位上的数字删去并使删除后的数相加的结果等于 1111（当一个数位上的数字被删去后，这个数位的数字用零代替）。查理可以在 30 秒内把问题解决。那么，你呢？

$$
\begin{array}{r}
111 \\
333 \\
555 \\
777 \\
999 \\
\hline
2,775
\end{array}
$$

182 盒子的重量

你想听听哈肯布什先生回来时巴斯卡姆还记着哪些吗？同时，你能否计算出每一个盒子的重量呢？

好的，先生！等哈肯布什先生一回来我就转告他。盒子 1 和 2 的总重量是 12 千克，盒子 2 和 3 的重量是 $13\frac{1}{2}$ 千克，盒子 3 和 4 的总重量是 $11\frac{1}{2}$ 千克，盒子 4 和 5 的总重量是 8 千克，同时，盒子 1，3，5 的总重量是 16 千克。您让他计算出每一个盒子的重量，然后再打电话告诉您。别担心，先生！我已经把它们全部详细记在脑子里了！

183 南瓜先生的难题

　　对那些在万圣节前夕迷信的人来说，这是一个很好的思维游戏。南瓜先生给你 13 个 3，你怎样把这些数排列成一个等式并使结果等于 100？

今天晚上够黑的，天上还有蝙蝠。这些不吉利的数字会让你害怕的！嘻、嘻、嘻！

184 新式计算机

　　很好，亨利教授，我当然希望您的新式计算机能帮我一把。我的学生认为我无能，因为他们觉得我无法解答他们认为是很简单的题。他们向我提出了挑战，让我找出最小的那个数：如果被 2，3，4，5 或者 6 除，余数总是 1；如果被 7 除，那么就不会有余数。您能帮帮我吗？

　　当然了，我亲爱的朋友！我只需要把你这个问题的参数输进去，瞧，我们的答案打印出来了！现在有结果了！这个数字就是……

185 啤酒

很显然，这是发生在巴伐利亚的婚姻生活片段。但是，下面的对话中又出现一个有趣的问题。假如奥托没有跟他在一起，那么布伦希尔德自己喝光一桶啤酒要用多长时间呢？

186 数独格

在下面的空白格子里填上 1～9 这 9 个数字，使得横向或纵向上没有被深色格子截断的一条空白格子里的数字之和等于它左边的数字（横向）或上面的数字（纵向）。在同一条没有被截断的格子里每个数字只能使用一次。应该怎样填呢？

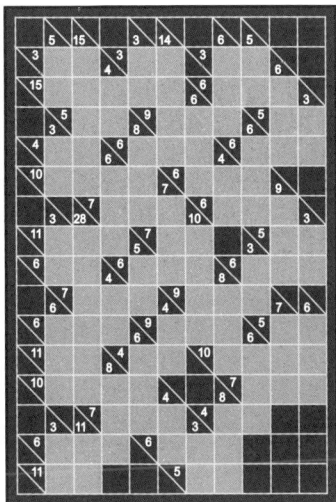

187 五角星游戏

19 世纪初的表演者当然有五花八门的表演。但是，他那个极瘦的助手看起来却对他的能力表示怀疑。下图的毕达哥拉斯之星思维游戏要求玩家把圆圈中的数字重新排列，使五角星内任意一条线上的 4 个数字相加的结果等于 24。那么，你准备怎么排列呢？

188 谁先越过终点

比赛路线从起跑线到老橡树长 14 米，所以，整个比赛路线的总长度就是 28 米。蚱蜢一下能跳 3 米，而小青蛙一下只能跳 2 米。蚱蜢每跳 3 次，青蛙可以跳 5 次，它们谁会首先越过终点线获胜呢？

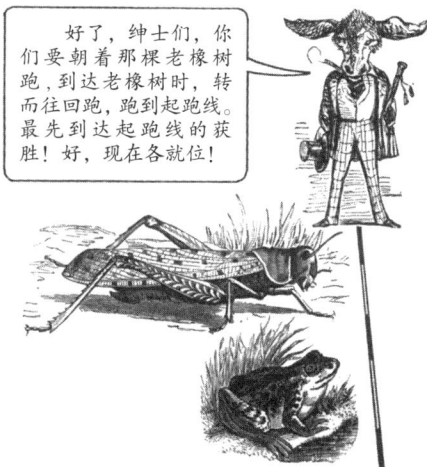

189 排列奇数

诺贝尔沃尔佛教授人如其名（他的名字意思为火箭发射器），5分钟后，伊克曼这对孪生兄弟将"升空"，教授会用独一无二的方法表达对笨蛋的不悦。汉斯和费德尔的惊慌失措都因下面的问题而起：将一个五位数的奇数重新排列，使其数位上数字相加的结果等于20，相同的奇数可以重新使用。你也有5分钟的时间解答这个问题。

不许转身！我已经给了你们两个傻瓜5分钟的时间将这个简单问题的正确答案写在黑板上！我可以再多给你们5秒钟！

190 点菜语言

欢迎参加新泽西州布卢姆菲尔德镇的美味晚宴。哈里特经济餐馆点菜时所使用的语言十分有趣，我们把字母编成了思维游戏。你在解答这个题时，要将所有的字母用数字来替换，相同的字母用相同的数字替换。而替换之后，你会将她所点的东西变成一个正确的数学表达式。

ONE
ON
THE
CITY

191 平均速度

麦德·曼·莫里提是早期的驾车兜风狂。下图中的他正从老秃山的山顶往下狂奔，崎岖的山路十分危险，幸好他的车很结实，他从自己在乎特维利的家里出来之后以每小时 10 千米的速度从老秃山的一侧爬上去，然后又以每小时 20 千米的速度从山的另一侧下来。如果这时莫里提再折回到乎特维利，那么他往返旅行的平均速度是多少呢？

192 古老的思维游戏

墨尔本教授正在思考一个古老的思维游戏，这个题是他的一个学生带到课堂上的。这个题是这样说的：将 12 个数字放在下图的 12 个圆圈内，要求是外圈的数字相加的结果必须是内圈数字相加结果的 2 倍，而内圈的 4 个数字必须是连续的数字。

193 牲畜

听完这 3 个马匹交易者所说的话，你应该有足够的信息计算出他们各自有多少牲畜。

苏巴克说："埃比尼泽，我用 6 头猪换你 1 匹马。这样，你的牲畜就是我的两倍。"

押沙龙说："等等，苏巴克，我用 14 只绵羊换你 1 匹马。这样，你的牲畜就是我的 3 倍。"

埃比尼泽说："我有个更好的主意，押沙龙，我用 4 头母牛换你 1 匹马。这样，你的牲畜就是我的 6 倍。"

194 房顶上的数

你能找出房顶处所缺的数值为多少吗？门窗上的那些数字只能使用1次，并且不能颠倒。

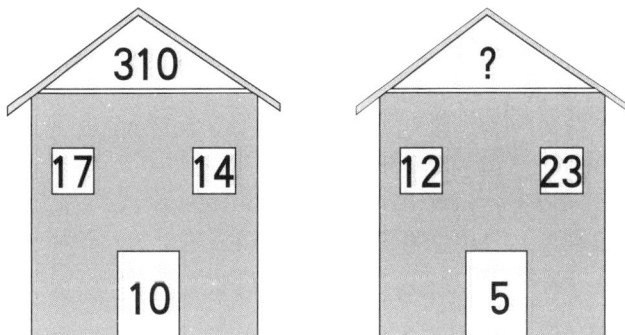

195 最后的格子

动动脑筋，最后那一格中需要填上什么数字？

4	1	6	2
16	10	20	6
3	9	11	4

12	8	3	0
7	10	17	6
4	2	17	6

3	8	1	7
13	14	6	13
6	6	3	1

9	11	2	5
9	14	4	8
4	3	4	?

196 阴影面积

从绕地球轨道运行的人造卫星上可以看到任何种类的事物。例如，间谍卫星上配备有功能强大的镜头，足以"读取"到地球上汽车牌照上的数字。而其他类型的人造卫星则可以"看透"地球表面。所获取的这些影像能为人类的研究工作带来帮助——其中有些影像被用于那些已在滚滚黄沙中埋葬千年的失落文明的探索工作。

在这个问题中，我们将利用人造卫星来俯瞰一块土地进行调查。这块土地基本上呈正方形，边长为 20 米。假设将每一条边的中点都作为标记，把整块土地分割成 9 块大小、形状各不相同的土地。你能算出中间正方形阴影部分的面积是多少吗？注意：不要得意得太早，先告诉你，答案可不等于 100 平方米哦！

197 切割立方体

任何立方体的表面积都等于立方体 6 个面单面面积相加的总和。例如，下边这块立方体干酪每一面的边长都是 2 厘米。因此，每一面的表面积就等于 2 厘米 ×2 厘米，即 4 平方厘米。由于总共有 6 个面，因此这个立方体的表面积就是 24 平方厘米。

现在，挑战来了。要求你将这个立方体切成若干块，使得切割后的形体的表面积之和等于原来这个 2×2 立方体表面积的 2 倍，需要几刀就切几刀。

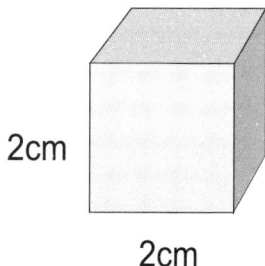

198 蜂群

蜂群总数的一半的平方根飞去了一丛茉莉花中，8/9 的蜂群也紧跟着飞去了；只有 2 只蜜蜂留下来。

你能说出整个蜂群里，一共有多少只蜜蜂吗？

199 射箭

费尔图克曾就一道古老的射箭难题向罗宾汉挑战。他把 6 支箭射在靶子上，这样他的总分就刚好达到 100 分。看样子，费尔图克好像知道答案而且可以摘得奖牌了。

提示：有 4 支箭射在了相同的靶环上。

200 **真实年龄**

你能帮助罗杰猜出马奇的真实年龄吗?

> 罗杰,只有无赖才会问一位女士的年龄。但是,为了满足你这一病态的好奇心,我给你一个提示:
> 我出生在一个大家庭。5年前,我的年龄是我最小那个妹妹维罗妮卡的5倍;而现在,我只是她年龄的3倍。我只能给你这些信息。我可知道你在数学方面的能力,所以我敢肯定你还是无法知道这个秘密的。

> 说真的,马奇,我们现在都交往一年多了。你不觉得应该告诉我你的年龄吗?

201 **三角形组**

你能否将数字 1 ~ 12 填入多边形的 12 个三角形中,使得多边形中的 6 行(由 5 个三角形组成的三角形组)中,每行(每组)的和均为 33 ?

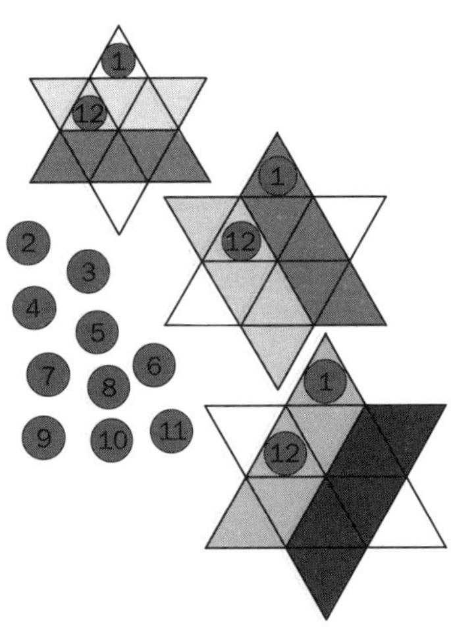

202 巨型鱼

下图中的渔夫上岸后肯定会把这个刻骨铭心的故事告诉给他的朋友们。好像他的祈祷真的应验了,那个庞然大物从他身边经过。那条鱼有多大呢?据他猜测,这条巨型鱼的头有 60 米长,它的尾巴是身体长度的一半与头的长度的总和,而它的身体又是整个长度的一半。那么,这个深水动物各部分的长度该如何计算呢?

203 游戏者

这个游戏者的运气并不总是很好。但是,他的问题也没什么不好。欢迎读者朋友积极解答这个题。

我找不到答案。你说这个难题要求把 3 个 1、3 个 3、3 个 5、3 个 7 这 12 个数字组成 6 个数字,使它们相加的结果等于 20。这是个愚蠢的问题,没人愿意花时间把它想出来。现在,何不编一个好点儿的"找词语"题呢?

戈弗雷·丹尼尔!我为什么不是会计呢?

204 伪钞

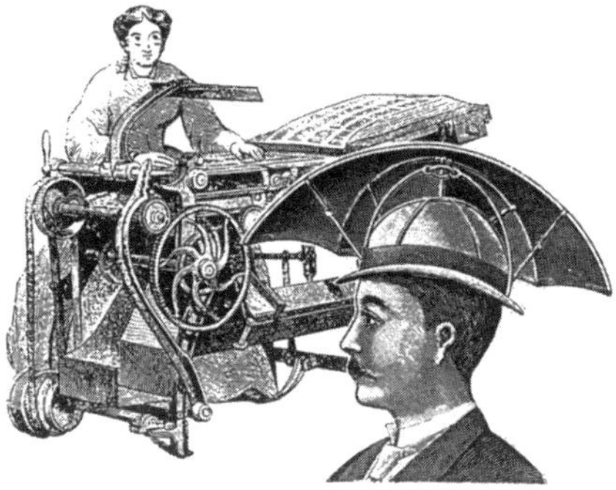

私人侦探——"帽子"哈利·哈伯森又被称为伞人，下图中的他曾经在 19 世纪 90 年代破获纽约最大的一个造假集团。当记者问他在房子里发现了多少伪钞时，他回答：

"为了清算，我们把造假太太印制的全部伪钞堆放在桌上。我们发现 5 元的伪钞数量是 1 元伪钞的 10 倍，而 50 元的伪钞数量是 10 元伪钞的 2 倍，一共有伪钞 1500 元。那么，现在，请你根据上面的信息作出判断，各种面值的伪钞分别有多少？"

205 对角线路径

在 10×14 长方形中，对角线穿过了几个小正方形？
你可以概括这个问题，并且总结出对于任何长方形都成立的规则吗？

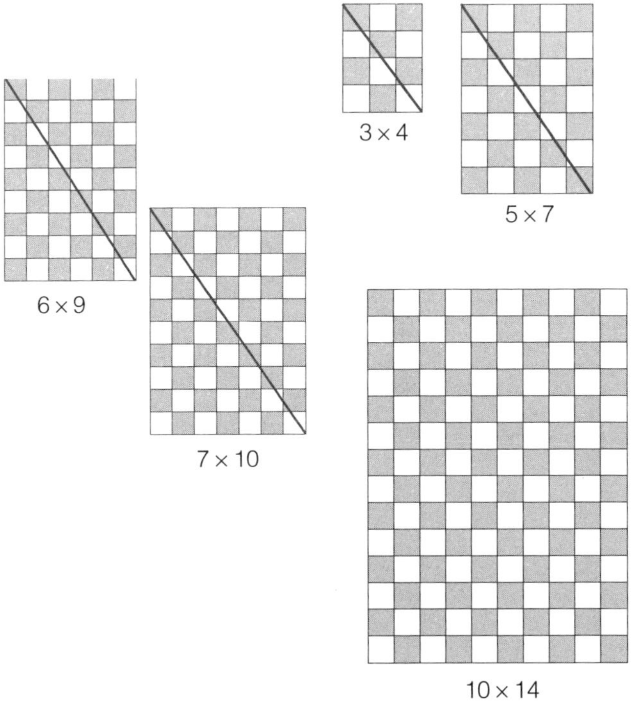

3×4

5×7

6×9

7×10

10×14

第六章

分析法

206 图形变身

如果 A 变身为 B，那么 C 应变身为哪个呢？

A   B   D   E

C   F   G

207 机车

在考伦喀斯特铁路展览馆里有 3 辆曾经服役于大盎格鲁人车站的机车。根据下面的信息，你能说出每辆机车的名字、颜色、各自所属的类型以及制造时间吗？

1. 顾名思义，沃克斯·阿比属于阿比类发动机。

2. 外面被漆成深红色和白色的亚历山大曾被应用于制造

名字	类型								
	阿比	商务车	越野车	深红/白色	橄榄绿	猩红/黄色	1909 年	1926 年	1942 年
亚历山大									
罗德·桑兹									
沃克斯·阿比									
1909 年									
1926 年									
1942 年									
深红/白色									
橄榄绿									
猩红/黄色									

机载导弹，而亚历山大不是越野类发动机。

3. 罗德·桑兹不是那辆制造于 1942 年外表为橄榄绿的机车。

4. 越野类型的机车直到 1909 年还没有被设计出来。

208 洗车工

为了赚些外快，比尔和他的两个朋友约定每个人清洗一辆邻居的车。根据下面的信息，你能找出他们各自为谁洗车、车的品牌及颜色吗？

1. 比尔清洗一辆红色的车，但不是福特车。

2. 派恩先生的车是蓝色的。

3. 在他们所洗的几辆车中有一辆是黄色的普乔特。

4. 罗里清洗了斯蒂尔先生的车。

		科顿先生	派恩先生	斯蒂尔先生	福特	普乔特	沃克斯豪	蓝色	红色	黄色
男孩	比尔									
	卢克									
	罗里									
	蓝色									
	红色									
	黄色									
	福特									
	普乔特									
	沃克斯豪									

车主

209 在购物中心工作

3 位年轻的女性刚刚到新世纪购物中心的几个店面打工。根据所给的线索，你能找出雇佣她们的商店的名字、类型，以及她们各自开始工作的具体时间吗？

1. 和在面包店工作的女孩相比，安·贝尔稍晚一些找到工作，那家面包店不叫罗帕。

2. 艾玛·发不是 8 月份开始在万斯店工作。

3. 卡罗尔·戴不在零售店工作。

4. 其中一个女孩不是从 9 月份开始在赫尔拜的化学药品店工作。

	赫尔拜店	罗帕店	万斯店	面包店	化学药品店	零售店	7月	8月	9月
安·贝尔									
卡罗尔·戴									
艾玛·发									
7月									
8月									
9月									
面包店									
化学药品店									
零售店									

210 不同颜色的马

3个女孩各自拥有一匹不同颜色的小马。从所给出的线索中，你能说出每个女孩的全名和她们各自的马的名字、颜色吗？

1. 贝琳达的褐色小马不叫维纳斯。

2. 姓郝克斯的那个女孩有一匹黑色小马。

3. 灰色小马的名字叫邦妮。

4. 费利西蒂姓威瑟斯。

		姓			马					
		郝克斯	梅诺	威瑟斯	邦妮	潘多拉	维纳斯	黑色	褐色	灰色
名	贝琳达									
	凯蜜乐									
	费利西蒂									
	黑色									
	褐色									
	灰色									
马	邦妮									
	潘多拉									
	维纳斯									

211 长长的工龄

昨天，如同往常所有的工作日一样，3位女士在大学食堂的服务台上工作。从以下给出的线索中，你能推断出她们的名字、年龄、工龄和每个人的职责吗？

1. 那位54岁的女士工作的时间没有内尔长。

2. 提供主菜的那位女士今年有56岁了。

3. 洛蒂已经有18年的工作经验，她的工作不是分配饮料。

4. 布里奇特的职责是提供餐后甜点。

	52岁	54岁	56岁	16年	18年	20年	主菜	餐后甜点	饮料
布里奇特									
洛蒂									
内尔									
主菜									
餐后甜点									
饮料									
16年									
18年									
20年									

212 婚礼

3个兄弟在教堂和他们的新娘举行了婚礼。从以下给出的线索中，你能分别说出三对新人的名字和他们举行婚礼的教堂吗？

1. 在圣三教堂结婚的那对不包括罗德尼或黛安娜，他们两个不是一对。

2. 威廉跟贝尔弗莱结婚了。

3. 琼的婚礼在圣约翰教堂举行。

4.梅格的新婚丈夫不是肖恩，肖恩妻子结婚前不姓希尔斯。

		女名			姓					
		黛安娜	琼	梅格	贝尔弗莱	希尔斯	佩	万圣教堂	圣三教堂	圣约翰教堂
男名	罗德尼									
	肖恩									
	威廉									
	万圣教堂						
	圣三教堂						
	圣约翰教堂						
姓	贝尔弗莱			
	希尔斯			
	佩			

213 课程研究

那什利浦高中二班的学生分别要进行一项研究。从给出的线索中，你能推断出 3 个学生的全名、所选的主题和得到的评分吗？

1.哈里特不姓布兰得弗德，她的作业得了个 A–。

2.选内战主题的女孩得分比海伦·罗伯茨高。

3.克伦威尔是姓埃文斯的那个女孩的研究对象。

		姓								
		布兰得弗德	埃文斯	罗伯茨	内战	伦敦大火	克伦威尔	A	A–	B+
名	艾玛									
	哈里特									
	海伦									
	A						
	A–						
	B+						
	内战			
	伦敦大火			
	克伦威尔			

214 快乐家庭

住得很近的 3 对夫妇各有不同数目的孩子。从所给出的线索中，你能将每对丈夫和妻子对应起来，并推断出他们的姓名和他们拥有的孩子数目吗？

1. 比尔和他的妻子拥有的孩子人数比贝尔家少。

2. 艾伦的孩子比朱蒂多。

3. 迪波拉·维克斯不是瑞克的妻子。

4. 梅格是 3 个孩子的母亲，她不姓皮尔森。

		妻子			姓					
		迪波拉	朱蒂	梅格	贝尔	皮尔森	维克斯	2	3	4
丈夫	艾伦									
	比尔									
	瑞克									
	2									
	3									
	4									
姓	贝尔									
	皮尔森									
	维克斯									

215 十字路口

假设拿破仑正站在十字路口。一天晚上，一个十字路口的路标被供给马车破坏了。拿破仑军中没有人能把路标放好并使它指向正确的方向。拿破仑沉思片刻之后，发布了命令并把路标放回到了原处。但是，拿破仑以前不曾到过这个十字路口，那么，他是如何做到的呢？

216 卡车

这个故事发生在很多年前。当时，有名卡车司机在警察举旗示意下停下来，警察要检查卡车是否超载。当司机把车开到量重器上后，他从驾驶室跳下来，然后拿起一根木棍敲打卡车的一边。一个旁观者不解地问他为什么要这样做。

"是这样，"他回答，"我的卡车里装了 2000 千克的金丝雀。我很清楚，卡车会超载，但是，如果我使鸟在车里飞起来的话，那么秤上就无法显示它们的重量了。"

请问，司机说得对吗？如果车内的鸟保持飞的状态，那么卡车的重量真的会比鸟栖止于卡车上时的重量小吗？

217 瓶子和钥匙

这是一份充满魅力的魔术杂志的封面，封面上有一个十分迷人的古老思维游戏。在一根绳子的一端系一个钥匙，然后使绳子的另一端从瓶塞钻的洞内穿过并系好。接着，把钥匙放到瓶子里，并且把瓶颈上的瓶塞固定。如果你愿意接受挑战的话，你就得把钥匙从绳子上取下来，但是你不能接触瓶塞、绳子、瓶子或者瓶子所在的桌子。

月刊

专门刊载魔术、催眠术以及人类进步科学

魔术师

于每月 20 日发刊

218 双关语

迈克和他的朋友们正在思维游戏俱乐部的图书馆里研究一个问题。我们也来试试，看能不能给他们帮上忙。

219 渡河

渡过小河唯一的办法就是小心翼翼地踩着一块块石头，一旦踩错了石头，就会掉进河里。从 A 开始，每一排只能踩一块石头，你会沿着什么顺序走呢？

220 寄出的信件

根据所给出的线索，你能说出位置 1 ~ 4 上的女士的姓名和她们要寄出的信件的数目吗？

1. 埃德娜和鲍克丝夫人是离邮筒最近的人；前者寄出的信件数比后者少。

2. 1 号和 2 号女士寄出的信件数与 3 号和 4 号女士寄出的信件数一样多。

3. 克拉丽斯·弗兰克斯所处位置的编号，比邮筒对面寄出 3 封信的那个女人小。

4. 博比不是斯坦布夫人，她不在 3 号位置。

5. 只有一个女人所处的位置编号和她要寄的信件数是相同的。

名：博比，克拉丽斯，埃德娜，吉马

姓：鲍克丝，弗兰克斯，梅勒，斯坦布

信件数：2，3，4，5

221 柜台交易

有两位顾客正在一家化学用品商店买东西。从以下所给的线索中，你能正确地说出售货员和顾客的姓名、顾客各自所买的东西以及找零的数目吗？

1. 杰姬参与的买卖中需要找零 17 便士，而沃茨夫人不是。

2. 朱莉娅是由一个叫蒂娜的售货员接待的，但她不是买洗发水的奥利弗夫人。

3. 图中的 2 号售货员不是莱斯利，而莱斯利不姓里德。

4. 阿尔叟小姐卖出的不是阿司匹林。

5. 2 号售货员给 4 号顾客找零 29 便士。

名：杰姬，朱莉娅，莱斯利，蒂娜

姓：阿尔叟，奥利弗，里德，沃茨

商品：洗发水，阿司匹林

找零：17 便士，29 便士

222 春天到了

某个小村庄的学校里，4个男孩正坐在长椅1，2，3，4的位置上上自然科学课，在这堂课中，每位同学都要把前段时间注意到或做过的事情告诉老师和同学。从以下所给的线索中，你能辨别出这4个人并推断出他们各自在这堂课中所说的事件吗？

名：亚瑟，比利，埃里克，汤米
姓：诺米，普劳曼，波特，史密斯
事件：听到布谷鸟叫，看到山楂开花，看到翠鸟，玩鳟鱼

1   2   3   4

1. 从你的方向看过去，那个看到翠鸟的男孩就坐在汤米的右边，他们中间没有间隔。

2. 听到今年第一声布谷鸟叫的是一个姓史密斯的小伙子。

3. 从你的方向看过去，比利坐在埃里克左边的某个位置上，其中普劳曼是埃里克的姓。

4. 图中位置3上坐着亚瑟同学。

5. 位置2的男孩告诉了大家周末他和父亲玩鳟鱼的事，他不姓波特。

223 业余赛马

下图中向我们展示了业余赛马骑师的一场点对点比赛，其中一场的照片展示在田径运动会的宣传卡片上。从以下所给出的线索中，你能说出每匹马的名字以及各骑师的姓名吗？

马的名字：蓝色白兰地，艾塞克斯女孩，海员赛姆，西帕龙
骑师的名字：埃玛，约翰，麦克，萨利
骑师的姓：阿彻，克里福特，匹高特，理查德

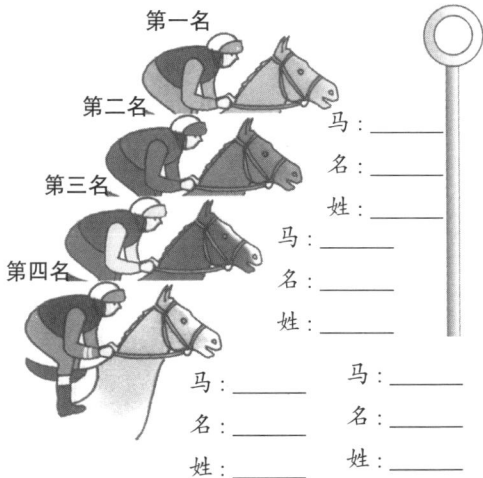

第一名
第二名
第三名
第四名

马：_____
名：_____
姓：_____

马：_____
名：_____
姓：_____

马：_____
名：_____
姓：_____

马：_____
名：_____
姓：_____

1. 第二名的马名叫艾塞克斯女孩。

2. 海员赛姆不是第四名，它的骑师姓克里福特，但不叫约翰。

3. 蓝色白兰地的骑师，他的姓要比萨利的姓少一个字。

4. 麦克·阿彻骑的马紧跟在西帕龙的后面，西帕龙不是理查德的马。

224 扮演马恩的 4 个演员

马恩是 20 世纪最伟大的人物之一，最近，不列颠电视台将上演休·马恩的自传，电视台的新闻办公室公布了分别扮演马恩各个时期的 4 个演员的照片。从以下所给出的线索中，你能说出 4 个演员的名字以及所扮演的时期吗？

1. C 饰演孩童时代的马恩，他不姓曼彻特。

2. 安东尼·李尔王不饰演晚年的马恩，马恩在晚年时期已经成为哲学家。

3. 理查德紧贴在哈姆雷特的左边，哈姆雷特饰演的是那个正谈论他伟大军事理想的马恩。

4. A 是朱利叶斯。

名：安东尼，约翰，朱利叶斯，理查德
姓：哈姆雷特，李尔王，曼彻特，温特斯
时期：孩童，青少年，士兵，晚年

A　　B　　C　　D

225 五月皇后

考古学家最近在一个小村镇里挖掘出了一张关于五月皇后的名单，在 18 世纪早期，五月皇后连续 7 年被推选出来执政。从以下所给的线索中，你能说出 1721 ～ 1727 年分别推选出的五月皇后的全名是什么、她是谁的女儿吗？

1. 萨金特在教区长女儿之后两年、汉丽特之前两年成为五月皇后。

2. 布莱克是在 1723 年 5 月当选的。

3. 安·特伦特是偶数年份当选的五月皇后，她的父亲不是箍桶匠。

4. 安德鲁是在织工的女儿之前当选为五月皇后的，她不是比阿特丽斯。

5. 铁匠卢克·沃顿的女儿也是其中一位五月皇后，在沃里特之后当选，而且不是在 1725 年当选的。

6. 木匠的女儿苏珊娜是在索亚之前当选的五月皇后。

7. 米尔福德，在箍桶匠的女儿当选之后两年成为五月皇后，她的前任是旅馆主人的女儿，旅馆主人的女儿在玛丽当选的两年之后当选。

8. 教区长的女儿紧接在简之后当选为五月皇后。

名：安，比阿特丽斯，汉丽特，简，玛丽，苏珊娜，沃里特
姓：安德鲁，布莱克，米尔福德，萨金特，索亚，特伦特，沃顿
父亲：铁匠，木匠，箍桶匠，旅馆主人，教区长，茅屋匠，织工

226 年轻人出行

某一天，同一村庄的4个年轻人朝东、南、西、北4个方向出行。从以下所给的线索中，你能推断出他们各自走的方向、出行的方式以及出行原因吗？

1. 安布罗斯和那个骑摩托车去上高尔夫课的人走的方向刚好相反。

2. 其中一个年轻人所要去的游泳池在村庄的南面，而另外一个年轻人参加的拍卖会不是在村庄的西面举行。

3. 雷蒙德离开村庄后直接朝东走。

4. 欧内斯特出行的方向是那个坐巴士的年轻人出行方向逆时针转 90° 的方向。

5. 坐出租车出行的西尔威斯特没有朝北走。

姓名：安布罗斯，欧内斯特，雷蒙德，西尔威斯特
交通工具：巴士，小汽车，摩托车，出租车
出行原因：拍卖会，看牙医，上高尔夫课，游泳

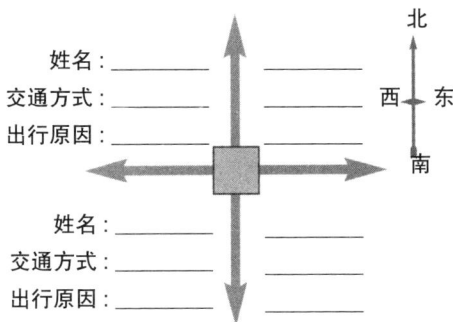

北

姓名：_____
交通方式：_____   西━┼━东
出行原因：_____

南

姓名：_____
交通方式：_____
出行原因：_____

227 交叉目的

上星期六，住在4个村庄的4位女士由于不同的原因，如图所示，同时朝着离家相反的交叉方向出发。从以下所给的线索中，你能指出这4个村庄的名字、4位女士的名字以及她们各自出行的原因吗？

1. 波利是去见一位朋友。

2. 耐特泊村的居民出去遛狗。

3. 村庄4的名字为克兰菲尔德。

4. 西尔维亚住的村庄靠近参加婚礼的人住的村庄，并在这个村庄的逆时针方向。

村庄：克兰菲尔德村，利恩村，耐特泊村，波利顿村
名字：丹尼斯，玛克辛，波利，西尔维亚
原因：参加婚礼，遛狗，见朋友，看望母亲

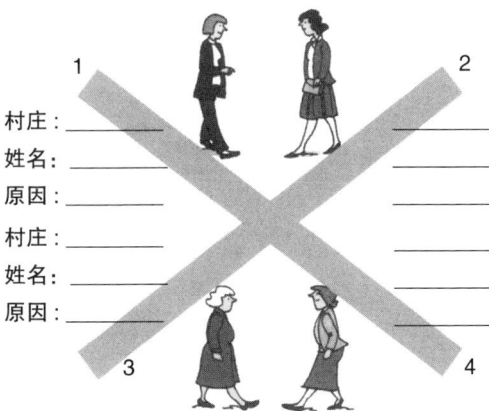

1   2

村庄：_____
姓名：_____
原因：_____
村庄：_____
姓名：_____
原因：_____

3   4

5. 丹尼斯去了波利顿村，它位于举行婚礼的利恩村的东面。

228 可爱的熊

我妹妹在她梳妆台的镜子上摆放了4张照片，这4张照片展示的是她去年去动物园时所看到的熊。从所给的线索中，你能说出这4只熊的名字、种类以及各个动物园的名字吗?

熊名：布鲁马，帕丁顿，鲁珀特，泰迪
种类：灰熊，极地熊，眼镜熊，东方太阳熊
动物园：布赖特邦，格林斯顿，诺斯丘斯特，天鹅湖

A   B   C   D

熊名：_____ _____ _____ _____
种类：_____ _____ _____ _____
动物园：_____ _____ _____ _____

1. 布鲁马的照片来自它生活的天鹅湖动物园。

2. A照片上的熊叫帕丁顿，它不来自秘鲁。

3. 格林斯顿动物园的灰熊的照片在一张正方形的明信片上。

4. 眼镜熊的照片在鲁珀特的右边，鲁珀特熊不穿裤子。

5. 泰迪的照片紧靠来自布赖特邦动物园那只熊的左边，后者不是东方太阳熊。

229 下一个出场者

乡村板球队正在比赛，有4位替补选手正坐在替补席上整装待发。从以下给出的线索中，你能说出这4位选手的名字、赛号以及每个人在球队中的位置吗?

姓名：艾伦，乔希，尼克，帕迪
赛号：6，7，8，9
位置：万能，快投，旋转投手，守门员

A   B   C   D

姓名：_____ _____ _____ _____
赛号：_____ _____ _____ _____
位置：_____ _____ _____ _____

1. 6号是万能选手，准备下一个出场，他坐的位置紧靠帕迪右侧。

2. 尼克是乡村队的守门员。

3. 旋转投手的位置不是7号。

4. 图中C位置被乔希占了。

5. 选手A将在艾伦之后出场。

6. 坐在长凳B位置的选手是9号。

230 囚室

下图中的Ⅰ，Ⅱ，Ⅲ，Ⅳ分别代表了4个囚室，你能依据线索说出被囚禁者以及他或她父亲的名字等细节吗？

被囚禁者：阿姆雷特王子，沃而夫王子，卡萨得公主，吉尼斯公主

国王：阿弗兰，恩巴，西福利亚，尤里

王国：卡里得罗，尤里天，马兰格丽亚，欧高连

被囚禁者：_____   _____
国王：_____
王国：_____

被囚禁者：_____   _____
国王：_____
王国：_____

1. 在房间Ⅰ里的是国王尤里的孩子。

2. 禁闭阿弗兰国王唯一的孩子的房间，是尤里天的郡主所在房子的逆时针方向上的第一间，后者的房子在沃而夫王子的对面。

3. 禁闭欧高连统治者孩子的房间，是国王西福利亚的孩子所在房间逆时针方向上的第一间。

4. 勇敢的阿姆雷特王子，在美丽的吉尼斯公主所在房间顺时针方向的第一个房间，即马兰格丽亚国王的小孩所在房间逆时针方向的下一间。

5. 卡萨得公主在一位优秀王子的对面，前者的父亲统治的不是卡里得罗。卡里得罗也不是国王恩巴的统治地。

231 多面体环

8个正八面体可以组成1个多面体的环，如图1所示。
请问其他的几种正多面体用同样的方法能否组成这样的多面体环？

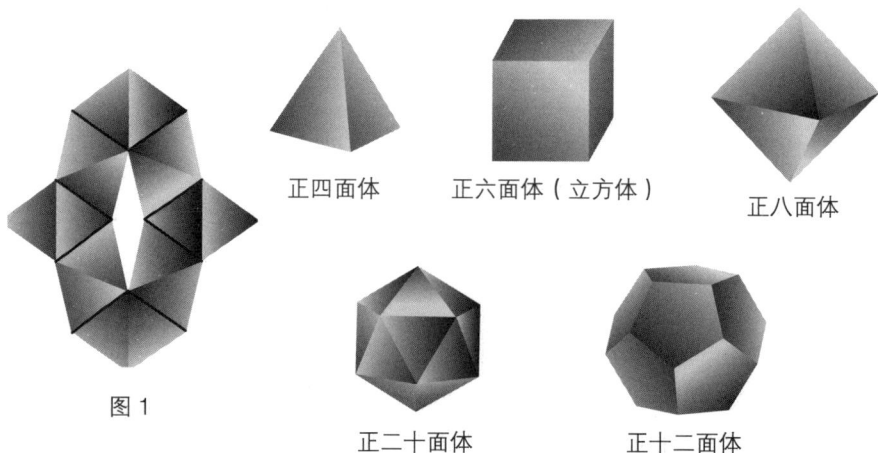

图1

正四面体   正六面体（立方体）   正八面体

正二十面体   正十二面体

232 签名售书

伦敦展览中心举办的签名售书会上，6位作者（分别位于1，3，4，6，7，10号签售点）正在为读者签名。根据下面的线索，你能推断出每名作家的姓名及每个人是签售哪本书吗？

作者：拜伦·布克（男），大卫·爱迪生（男），卡尔·卢瑟（男），曼迪·诺布尔（女），保罗·帕内尔（男），坦尼娅·斯瓦（女）

著作：《自己动手做》，《英式烹调术》，《乘车向导》，《超级适合》，《业余占星家》，《城市园艺》

1. 离大卫·爱迪生的书摊最近的是拜伦·布克的书摊，它就在大卫的右边，而其中一位女作家在大卫的左边。

2. 坦尼娅·斯瓦不是在3号摊签售，《乘车向导》一书是在3号摊的右边签售，而《超级适合》的作者曾经是一名运动员，他的签售摊位在3号摊的右边的某个地方。

3. 靠电视节目成名的一位厨师签售《英式烹调术》一书，他紧挨在卡尔·卢瑟的右边，而卡尔又紧挨在拜伦·布克的右边。

4. 《城市园艺》一书的签售书摊号码与曼迪·诺布尔的书摊号码相差2，并且曼迪写的不是《超级适合》。

5. 《自己动手做》一书的作者是拜伦·布克。

233 牛奶送错了

送奶工出去度假了，他的亲戚瓦利早上替他去送奶，结果把某街道中的1，3，5，7号人家的牛奶送错了，从所给的线索中，你能说出这4户人家分别住的是谁、他们本该收到的和实际收到的牛奶瓶数吗？

家庭：布雷特，克孜，汀斯戴尔，劳莱斯
定购：1，2，3，4
收到：1，2，3，4

家庭：_____ _____ _____ _____
定购：_____ _____ _____ _____
收到：_____ _____ _____ _____

1. 那天早上布雷特一家定购了4瓶牛奶。

2. 1号人家收到的要比劳莱斯定购的牛奶瓶数少一瓶，劳莱斯一家那天收到的不是2瓶牛奶。

3. 克孜太太那天早上发现门口放着3瓶牛奶，她和汀斯戴尔家中间隔了一户人家，克孜每天要的牛奶比汀斯戴尔家多。

4. 瓦利在 5 号人家门口只留了一瓶牛奶。

5.7 号人家应该收到 2 瓶牛奶。

234 别尔的行程

别尔·来格斯是英国摄政时期最活跃的英雄之一，有一次他去拜访 4 个熟人，并在熟人那里都过了夜。从以下所给的线索中，你能说出别尔的每个熟人的名字和他们各自房子的名字以及相邻两地间的距离吗？

距离（英里）:20, 22, 25, 28

房子：考克斯可布，福卜利会馆，斯沃克屋，丹得宫

主人：别尔·里格林，别尔·笑特，别尔·斯决，别尔·温蒂后

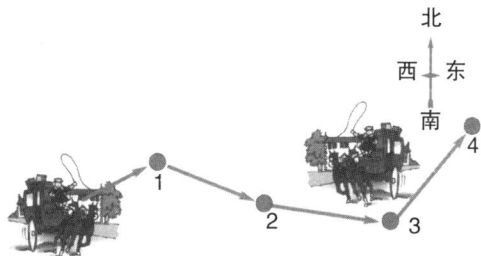

1. 待在温蒂后家里过夜是在去了福卜利会馆之后，接着他需要骑马 22 英里到达下一个目的地。

2. 考克斯可布是别尔·笑特的房子。

3. 别尔·来格斯去丹得宫骑了 25 英里，在那过夜之后他接着去拜访别尔·里格林。

4. 最短的马程是去别尔·斯决的房子，它不是斯沃克屋。

235 巫婆和猫

中世纪时期的一个小乡村里，4 个巫婆分别霸占了村里的 4 幢别墅。根据下面的线索，你能说出每幢别墅中巫婆的名字、年龄以及巫婆的猫的名字吗？

巫婆：格里泽尔达，马乔里，罗赞娜，塔比瑟
年龄：71，75，80，86
猫：凯特，尼克，颇里安娜，托比

1. 马乔里住在那个 86 岁的老巫婆的东面，这个巫婆有只猫叫颇里安娜。

2. 罗赞娜刚过 80 岁。

3. 凯特的主人住在村里池塘

后面的 2 号别墅里，她总是用诡异、甚至可以说是邪恶的眼神从她密室的窗口向外窥视。

4.3 号别墅的主人 75 岁，她的猫不叫托比。

5. 人们把塔比瑟的那只老猫叫作尼克。

6. 和格里泽尔达住得最近的巫婆已经 71 岁了。

236 女英雄希拉

女英雄希拉·戈尔踏入了巫师的城堡，来到了地下室，那里有 4 扇门，每一扇门后面都有一座金雕像以及一个致命陷阱。根据下面的信息，你能说出每扇门的颜色、门后是什么雕像以及所隐藏的陷阱吗？

1. 一扇门后面的雕像是一只鹰和一个绊网陷阱，一旦触发此陷阱，房间就会陷入一片火海。

2. 红门后面的那个陷阱会在人毫不察觉时扔下一块一吨重的大石头，其逆时针方向上挨着的那扇门后面是一个跳舞女孩像，但这扇门不是绿色的。

门的颜色：蓝色，绿色，红色，黄色

雕像：跳舞女孩，鹰，狮子，战士

陷阱：石头陷阱，断头台，地板陷阱，绊网陷阱

颜色：_____

雕像：_____

陷阱：_____

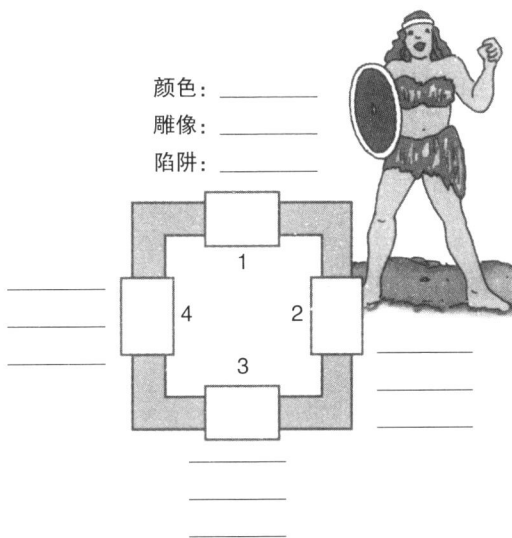

3. 与实物一样大小的金狮子像在 2 号门后面。

4.3 号门不是黄色的，黄门后面有一个战士金像，一旦你走进去，就会直接走到一个断头台上。

237 改变形象的染发

4 位女士在美发沙龙内坐成一排等着染头发。根据下面的信息，你能说出每位顾客的名字、现在的头发颜色以及各自想染的颜色吗？

1. 莫利右边的女士头发是棕色的。

2. 一位女士想把头发染成白色，另一位现在的头发是金黄色，霍莉坐在她们两人之间。

3. 坐在 1 号位置上的女士的头发是红色的。

4. 颇莉坐在想把头发染成黑色的女士旁边，而多莉坐在偶数位置上。

5. 灰头发的妇女想把她的头发染成赤褐色，她不在 3 号椅子上。

名字：多莉，霍莉，莫利，颇莉

现在的头发颜色：棕色，金黄色，灰色，红色

想染的颜色：赤褐色，黑色，白色，红色

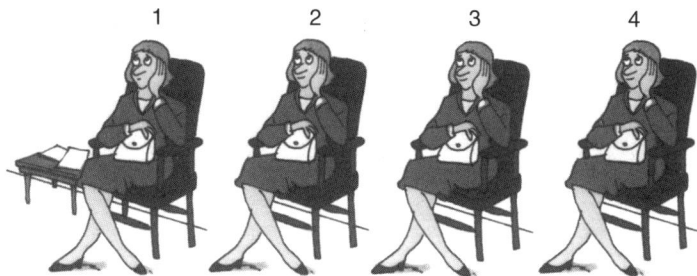

238 帕劳旅馆之外

在一个明媚的夏日，4 位老绅士坐在班吉斯·格林镇帕劳旅馆外的长凳上，享受着啤酒，回忆着往事。根据下面的信息，你能推断出图中每位老人的名字、年龄以及在那段让他们念念不忘的美好时光中从事什么工作吗？

名字：乔·可比，来恩·摩尔，珀西·奎因，罗恩·斯诺

年龄：72，74，76，78

过去的工作：牧场主人，马医，机修工，邮递员

1. 乔·可比大约做了 50 年的牧场主人，在少女农场上照顾牧群。

2. 现年 74 岁的退休邮递员坐在他的老朋友珀西·奎因的左边。

3. 坐在 C 位置上喝酒的那位是罗恩·斯诺，D 位置上的老人的年龄已经超过 72 岁了。

4. 现年 76 岁的来恩·摩尔在 75 岁后的生活很充实，没有虚度光阴，他不是班吉斯·格林镇上给马钉掌或者照看那些笨拙马匹的老马医。

5. 坐在 B 位置上喝酒的人不是那位过去经常帮助别人维修拖拉机和农场设备的前任机修工。

239 杰克和吉尔

无论杰克和吉尔去哪里或者做什么，他们都喜欢为自己找些借口，比如为了取一桶水而爬上山。根据下面的信息，你能说出星期一到星期四他们从小屋出发所走的方向、目的地以及去每个地方的原因吗？

1. 在沿 2 号方向前进的第二天他们爬了山，说是为了打水。

2. 星期四他们去了草地，对昏昏欲睡的小男孩布鲁也视而不见。

3. 他们说朝 4 号方向前进是去清理茶匙。

4. 他们为星期三的旅行找的借口是去喂猫，那天他们走的不是 1 号方向。

5. 他们为去河边找的借口不是割卷心菜。

日期：星期一，星期二，星期三，星期四
位置：河边，草地，树林，山上
活动：割卷心菜，清理茶匙，喂猫，取水

北
西　东
南

240 曼诺托 1 号

下图展示了太空船曼诺托 1 号控制舱中的 4 名工作人员的位置。根据下面的线索，你能找出每名成员的名字、军衔以及在曼诺托 1 号中做何种工作吗？

1. 弗朗茨·格鲁纳工程师坐在陆军少校的对面。

2. A 位置上的军官是罕克·吉米斯，他不是军医。

3. 空军上校在 B 位置上。

4. 萨姆·罗伊斯的顺时针方向上是尤瑞·赞洛夫。

5. 坐在 C 位置上的宇航员不是海军司令官。

名字：弗朗茨·格鲁纳，罕克·吉米斯，萨姆·罗伊斯，尤瑞·赞洛夫

军衔：空军上校，陆军少校，海军司令官，海军上尉

工作：宇航员，工程师，军医，飞行员

名字：_____
军衔：_____
工作：_____

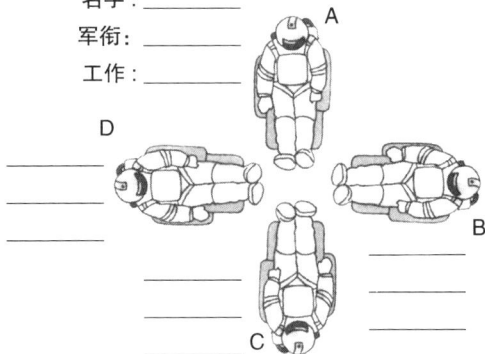

241 谁的房子

始建于 17 世纪的别墅风格别具特色。根据下面的线索，你能分别说出 1 ~ 4 号每栋别墅的名字、建造时间，以及现在主人的名字吗？

1. 佛乔别墅现在属于丽贝卡·德雷克，2 号房产在该栋别墅之后建造。

2. 巴兹尔·布立维特拥有的别墅沿顺时针方向与狗和鸭建筑相邻，而后者至今仍然是一家酒吧。

3. 詹姆士·皮卡德那栋始建于 1685 年的别墅不是曼纳小屋。

4. 在最东面的不是建于 1708 年的瑞克特立建筑。

5. 最晚建造的那所房子不是史密塞斯上校的财产。

房子：狗和鸭建筑，佛乔别墅，曼纳小屋，瑞克特立建筑

时间：1610，1685，1708，1770

主人：巴兹尔·布立维特，史密塞斯上校，詹姆士·皮卡德，丽贝卡·德雷克

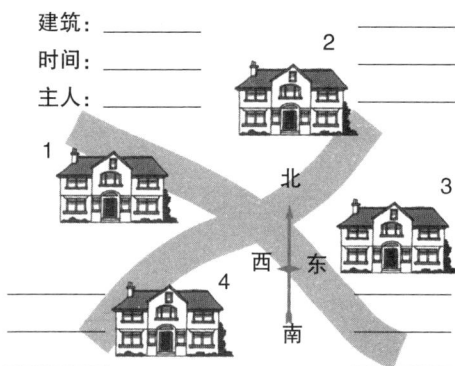

建筑：
时间：
主人：

242 神像

英国著名的考古学家琼斯在南美考古时，发现了一尊公元前 700 年的四面神像。根据下面的线索，你能填出神像上每个面的动物面孔、所代表的神，以及在莱曼尼特克文化中掌管的领域吗？

1. 神像的一面是南美洲的一种水怪，它的名字叫乌卡特克斯赖特。或许你听说过，那是一种大型啮齿动物。

2. 以美洲虎为面孔的神像在叫爱克斯卡克斯特的神像的反面，后者是莱曼尼特克的战神。

3. D 面上的神像拥有水蟒的面孔。

4. 神像的 A 面代表莱曼尼特克的气候神，B 面的面孔不代表他们的爱神，这

面孔：水蟒，蝙蝠，水怪，美洲虎

名字：埃克斯特里卡特尔，爱克斯卡克斯特，奥克特拉克斯特，乌卡特克斯赖特

所管领域：事业，爱情，战争，气候

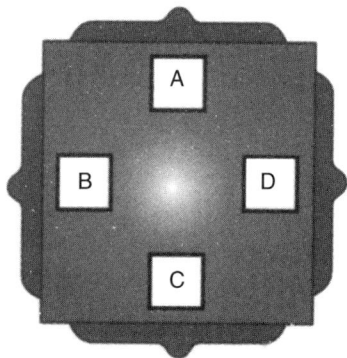

两个神都不叫奥克特拉克斯特。

5. 事业神不叫埃克斯特里卡特尔，与事业神在逆时针方向上相邻的那尊神像是以一只特别丑陋的蝙蝠为面孔。

243 新来的人

泰克斐尔德·圣·安德鲁是萨福克郡上一个有趣的镇，它的居民非常保守——他们始终认为几年前搬来的退休的伦敦人是"新来的人"。从以下给出的线索中，你能推断出这些"新来的人"来自伦敦哪里、在镇里住了多久、现在的家在哪里吗？

	前住址						现住址		
	柏特斯	艾林特	帕丁顿	8年	11年	16年	牧场	罗斯村	怀特盖茨村
艾伦·布拉德利									
梅维斯·诺顿									
沃尔特·杨									
牧场									
罗斯村									
怀特盖茨村									
8年									
11年									
16年									

1. 住在牧场的沃尔特·杨，不是那个以前在艾林特居住和工作的伦敦人。

2. 以前家在帕丁顿火车站后面的那个人，居住在泰克斐尔德·圣·安德鲁的时间比艾伦·布拉德利的要长。

3. 怀特盖茨村的那个"新来的人"居住时间已经超过8年了。

4. 其中一个"新来的人"已经在罗斯村住了16年了。

244 退货

百货商店里，有4位不满意的顾客排队等在退货柜台边。从以下给出的线索中，你能将图中每位女士的全名和所要退的货填写出来吗？

1. 希拉·普里斯不是那位排在第三位、并要求退一条牛仔裤的女士。

2. 想退有问题的烤箱的那位女士不是夏普夫人。

3. 马里恩退的是一个一点都不能旋转的旋转式剪草机。

名：马里恩，希拉，卡罗尔，希瑟
姓：特威德，普里斯，克拉普，夏普
退货：剪草机，烤箱，牛仔裤，手提箱

1　　　2　　　3　　　4

4.希瑟排在第四位，她不是克拉普夫人。

5.特威德夫人排在第一位。

245 租车

在出租车公司外面的停车场停着5辆顾客预订的车。从以下给出的线索中，你能说出每辆车的品牌、颜色和它的位置数吗？

1.罗孚停在位置5。

2.红色汽车停在福特旁边，福特不是停在位置4。

3.菲亚特是黄色的，在位置3的车是白色的。

4.中间3辆车的生产商名字都不是5个字母的。

5.丰田不是停在位置2，棕色汽车在丰田的相邻位置，且停在其左面。

颜色：棕色，绿色，红色，白色，黄色

牌子：罗孚，菲亚特，丰田，福特，沃尔沃

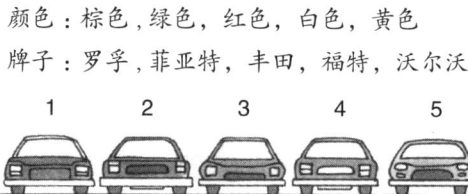

246 书报亭

位于巴黎塞纳河左岸的公开市场里有4家书亭，4位顾客正在向各家书亭购买不同种类的书。从以下给出的线索中，你能说出书亭主人的名字、在1~4号书亭购书的顾客的名字以及他们买的是什么书吗？

亭主：艾兰恩，雅克，玛丽安，波莱特

顾客：阿曼裕，乔·埃尔，斯尔温，威廉

书：传记，字典，小说，诗集

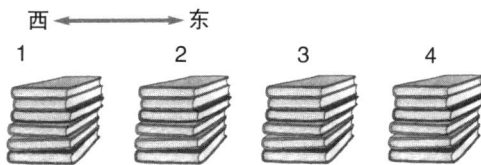

1.威廉正在买书的那个书亭在波莱特经营的书亭的西边某个位置、卖字典的书亭的东边。

2.乔·埃尔刚买了诗集，但不是从艾兰恩那里买来的。

3.小说是在3号书亭购得的。

4.雅克的顾客是阿曼裕。

5.传记是在玛丽安的书亭购得的，她的书亭在斯尔温买书的那个书亭的西边。

247 小镇

有 10 个距离很近的小镇，从以下给出的线索中，你能把每个镇名都写出来吗？

1. 亚克斯雷镇在科尔布雷杰镇的北方某处，在布赖圣特恩镇的西南方，而且其在地图上标示的是一个偶数。

2. 波特菲尔得镇在勒索普镇的东北方。

3. 德利威尔镇比欧德马克科特镇位置更偏南。

4. 图上标号 3 的是肯思费尔德镇。

5. 摩德维尔镇在威格比镇的西边。威格比镇在另外一个镇的正北方向。

镇名：布赖圣特恩镇, 科尔布雷杰镇, 德利威尔镇, 肯思费尔德镇, 勒索普镇, 摩德维尔镇, 欧德马科特镇, 波特菲尔得镇, 威格比镇, 亚克斯雷镇

248 美好记忆

爱丽丝经常翻阅她那些老照片，那是她以前去度假时拍的 3 组照片。从以下给出的线索中，你能推断出照片分别是在哪里拍的、爱丽丝是乘坐什么交通工具、在什么时候去的吗？

1. 长途汽车旅行的月份比 1971 年那次旅行的月份小。

2. 爱丽丝在科茨沃尔德开着小汽车观光，但不是在 8 月份去的。

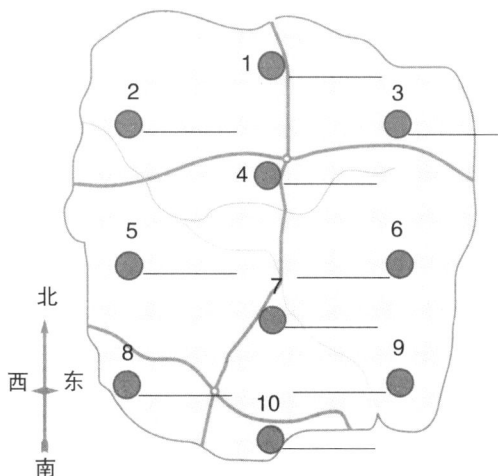

3. 爱丽丝曾去英国的湖泊地区度假，坐的不是火车。时间上则在 5 月份的假期之后。

249 环行线路

一条环行路线连着4个村庄，它的起始点即下图中标1的地方。开车的4位驾驶员分别住在4个村庄里。根据给出的线索，你能叫出每个村庄住的驾驶员的名字，并推算出环线上各村之间的距离吗？

北
西 东
南

村庄：提姆布利，格里斯特里，桑德莱比，托维尔
驾驶员：阿诺德，德莫特，吉姆，罗莉
距离：4千米，5千米，6千米，7千米

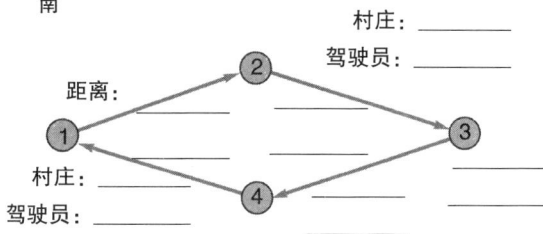

1.格里斯特里村是最北边的村庄，在环线上它与前面或后面的村庄的距离都不是7千米。

2.驾驶员德莫特是提姆布利村的住户。提姆布利村不是最东面的村庄。

3.6千米长的那段路程起始在桑德莱比村，阿诺德不住在那里。

4.环行车在5千米长的那段路上是朝往西南的方向开的，起始自罗莉住的村庄。

250 修理店的汽车

汽车修理店停着4辆汽车，其中汽油泵旁边有2辆汽车，另外2辆在使用其他设备。从下面所给的线索中，你能说出司机的名字、每辆车的颜色和品牌吗？

司机：阿尔玛，杰拉尔丁，哈森，蒂莫西
颜色：深蓝色，绿色，灰色，浅蓝色
品牌：宝马，美洲豹，流浪者，丰田

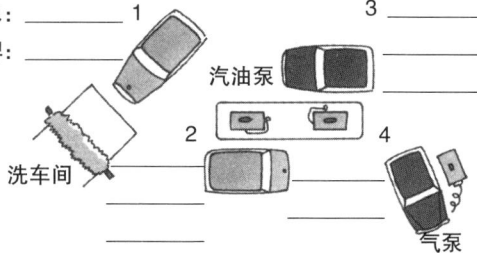

1.灰色美洲豹比哈森的汽车停得更靠右边。

2.蒂莫西驾驶的汽车不是蓝色的。

3.阿尔玛的汽车不是宝马，它也不停在2个汽油泵的前面。丰田汽车停在了汽油泵的前面，但它不是绿色的。

4.4号汽车是深蓝色的，但它不是流浪者牌。

251 遍地开花

小镇教堂举行了一年一度的花节，其中4个成员准备的展览受到好评，她们在图中所示1～4的位置。从以下给出的线索中，你能说出4位女士的名字、她们的职业和她们的展览的主打颜色吗？

1. 夏洛特的黄色鲜花展览比由牙科接待员筹备的展览位置更靠东北。

2. 在圣餐桌上的展览不是由小镇的蔬菜水果商设计的。

3. 卢斯的花被放在南耳堂展示。

4. 艾里斯的工作是健康访问员，她展示的基本颜色不是粉红色。

5. 蓝色花展是一位家庭主妇展示的。

名字：夏洛特，艾里斯，米兰达，卢斯
职业：牙科接待员，蔬菜水果商，健康访问员，家庭主妇
颜色：蓝色，粉红色，白色，黄色

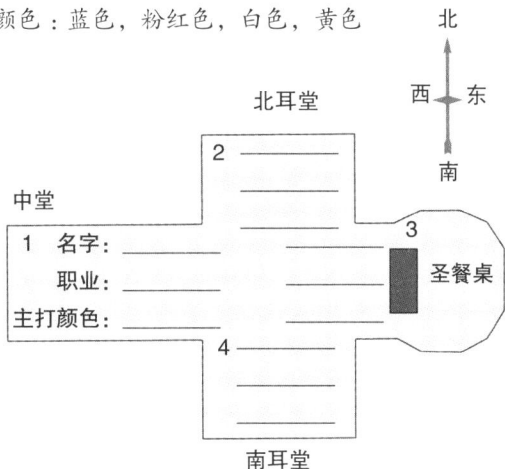

北

西 ← → 东

南

北耳堂

中堂

2

1 名字：
职业：
主打颜色：

3 圣餐桌

4

南耳堂

252 博物馆的展品

在20世纪初期，苏塞克斯的百里香小镇有一位喜爱考古的乡绅，他把几样在他的土地上发现的东西赠给了附近的一家博物馆。现在摆在展台上的东西是其中的4件。从以下给出的线索中，你能推断出每件东西是在哪个些

艺术品：银胸针，银匙，银剑，银酒杯
制造日期：9世纪，10世纪，11世纪，12世纪
赠送日期：1912年，1929年，1936年，1948年

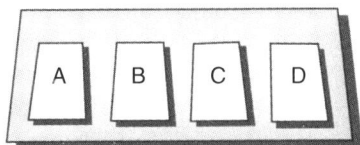

A B C D

艺术品：_____ _____ _____ _____
制造日期：_____ _____ _____ _____
赠送日期：_____ _____ _____ _____

纪制造的、在哪年赠给博物馆的吗？

1. 那件银匙不是产自9世纪。物品C不是在1936年赠送给博物馆的。

2. 在1948年，乡绅去世的前一年，他将出产于12世纪的一件人工制品捐献给博物馆。那时乡绅89岁。

3. 物品B是一枚银胸针，它不是第一件赠送给博物馆的艺术品。

4. 那把剑紧靠在大概出产于10世纪的东西的右边。

5. 银酒杯的制造时间紧靠在1912年赠出物的制造时间之前。两者在展示橱上相邻排在一起。

253 偶然所得

某天，3个少年在不同地点各捡到了一枚硬币。从以下给出的线索中，你能说出每个人的年龄、硬币的面值和捡到它的地点吗？

1. 韦斯利捡到的硬币面值比在公园捡到的那个要大，在公园捡到硬币的人年纪比韦斯利大。

2. 阿曼达捡到了一枚面值为20便士的硬币，但不是在停车场捡到的。

3. 6岁小孩是在人行道上捡到那枚硬币的。

	5岁	6岁	7岁	5便士	10便士	20便士	停车场	公园	人行道
阿曼达									
约瑟夫									
韦斯利									
停车场									
公园									
人行道									
5便士									
10便士									
20便士									

254 盾形徽章

4位世袭的贵族拥有如图所示的盾形徽章。从以下给出的线索中，你能说出字母编号为A，B，C，D的盾形徽章的所有者及每个徽章上的图案和颜色吗？

1. 莱可汉姆领主的盾形徽章以火鸡图案为特征，用以见证自己某位祖先在对抗异教徒的宗教战争中的英勇行为。这

领主：伯特伦领主，莱弗赛奇领主，曼伦德领主，莱可汉姆领主

图案：鹰，狮子，牡鹿，火鸡

颜色：蓝，绿，红，黄

A	B	C	D

贵族：＿＿＿＿　＿＿＿＿　＿＿＿＿　＿＿＿＿

图案：＿＿＿＿　＿＿＿＿　＿＿＿＿　＿＿＿＿

颜色：＿＿＿＿　＿＿＿＿　＿＿＿＿　＿＿＿＿

个火鸡图案的徽章排在蓝色徽章的左边。

2. 黄色的盾形徽章在描刻有鹰的徽章的右边。鹰徽章是在代表伯特伦领主徽章的邻旁。

3. 狮子不是曼伦德领主徽章上的图案。

4. 盾形徽章 C 的背景颜色是绿色。

5. 盾形徽章 A 的图纹是莱弗赛奇领主的外衣徽章。

255 宠物

4 个毗邻而居的家庭各自拥有一条不同品种的狗。从以下给出的线索中，你能说出编号 17 ~ 23 的房子住户和每家宠物的品种和名字吗？

1. 阿尔萨斯犬住在萨姆的隔壁人家，萨姆是利德家的狗。

2. 17 号的住户的宠物是一只拳师犬。

3. 克勒家有一只吉娃娃狗。

4. 弗雷迪住的房子是 21 号。

5. 19 号的那户人家不姓肯内尔。

6. 马克斯是一只约克夏小猎犬。

家庭：波尼家，可勒家，肯内尔家，利德家

品种：阿尔萨斯犬，拳师犬，吉娃娃狗，约克夏小猎犬

狗名：迪克，弗雷迪，马克斯，萨姆

17　　　19　　　21　　　23

256 罗希的玫瑰花结

在一年一度的障碍马术赛上，罗希·兰姆斯勃特和她的马再次在比赛中获胜。5 年里她已经赢了 4 次。每次比赛她都骑着不同的马上场。从以下给出的线索中，你能说出她所骑的马的名字、比赛地点和比赛年份吗？

1. 在 1998 年罗希获胜之前，她骑着"爵士"赢得了象征胜利的玫瑰花结。这两场比赛都不是在切尔特娱乐中心举行的。

2. 在切尔特娱乐中心的那次比赛，是在她骑着"小鬼"赢了比赛的两年之后举行的，并且罗希赢得的不是 D 玫瑰花结。有关"小鬼"的玫瑰花

小型马的名字："花花公子"，"小鬼"，"爵士"，"斯玛特"

比赛地点：切尔特娱乐中心，梅尔弗德公园，斯特克农场，提伊山

年份：1996，1998，1999，2001

A　　B　　C　　D

结紧靠在来自切尔特娱乐中心的那次比赛的玫瑰花结的左边。

3. 罗希骑着"花花公子"赢得的玫瑰花结在骑着"斯玛特"赢的玫瑰花结的右边某个位置。

4. 罗希在梅尔弗德公园的那场比赛赢的玫瑰花结紧靠在她最近一次比赛中赢的花结的右边。

5. 罗希在1996年赢的玫瑰花结紧靠在斯特克农场那场比赛中赢得的玫瑰花结的左边。

257 加油

4个开车的人同时到加油站加油，并在付油钱的同时都在店里买了东西。从以下给出的线索中，你能叫出每位驾驶员的名字、他或她开的车的品牌和所买的东西吗？

驾驶员：伯特，尤妮斯，彼得，萨利

车：福特，标致，丰田，沃克斯豪尔

买的东西：书，杂志，报纸，糖果

驾驶员：_____   _____

车：_____   _____

买的东西：_____   _____

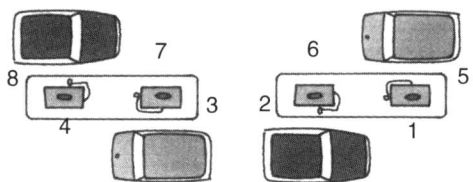

1. 彼得和标致车车主站在同一组加油泵的对面。那个车主买了一袋糖果。

2. 买杂志的那个车主不是萨利，开的也不是沃克斯豪尔车。

3. 伯特在5号泵加油。

4. 买报纸的车主在3号泵加油。

5. 在2号泵加油的女士没有买书，福特车的主人也没买书。开福特车的不是尤妮斯。

驾驶员：_____   _____

车：_____   _____

买的东西：_____   _____

258 迟到

我一位年长的朋友艾丽丝曾经在一个礼拜里预约了3次出租车，但每次车都迟到。从以下给出的线索中，你能推断出她是在哪天预订的、车分别迟到了多少分钟和她要去的目的地吗？

1. 预订在上午9：20的出租车迟到的时间少于15分钟。此次预约是在预订在上午11：15那次之后。

2. 星期四艾丽丝去她的皮肤科医生那里，等车不是等了10分钟。

3. 她去中心公园时，出租车迟到了5分钟。

4. 去医院时预约了下午 2：40 的车，那天不是星期五。

	上午 9:20	上午 11:15	下午 2:40	5 分钟	10 分钟	15 分钟	皮肤科医生	中心公园	医院
星期二									
星期四									
星期五									
皮肤科医生									
中心公园									
医院									
5 分钟									
10 分钟									
15 分钟									

259 遮住眼睛

4 个小女孩在生日派对上玩"遮住眼睛"的游戏。从以下给出的线索中，你能推断出 4 个女孩的名字以及她们所戴帽子的颜色吗？

1. 杰西卡在派对上戴着粉红色的帽子。

2. 爱莉尔在戴着黄色帽子的女孩的右边。

3. 戴着绿色礼帽的曼尼斯在莎拉左边的某个地方。

4. 3 号女孩戴着白色帽子，她不姓修斯。

5. 路易丝紧靠在肯特的左边或右边。

名：爱莉尔，杰西卡，路易丝，莎拉
姓：巴塞特，休斯，肯特，曼尼斯
帽子：绿色，粉红色，白色，黄色

1   2   3   4

名：_____ _____ _____ _____

姓：_____ _____ _____ _____

帽子颜色：_____ _____ _____ _____

260 雕像交易

20 年前，当加尔文·克莱克特伯尔刚开始经营他的古董店时，他总是很骄傲地把这两尊小雕像摆放在橱窗的前面。就在上个星期，它们还放在那里。

而在两天之内，他先把第一个雕像以 198 元卖掉，赚了 10%，然后又把第二个雕像以 198 元卖掉，这次赔了 10%。那么，加尔文在这两个雕像交易中是赚了还是赔了？

261 卖小鸡

艾米和贝茜是邻居，她们每天都去集市上卖小鸡。贝茜每天卖30 只，两只卖 1 元，回家时她可以卖 15 元；艾米每天也卖 30 只，3 只卖 1 元，一共可以卖 10 元。有一天，艾米生病了，于是她请贝茜帮她卖小鸡。贝茜带了 60 只小鸡去了集市，并以 5 只 2 元的价钱卖。当她回家时，她一共卖了 24 元。因此，这个要比两人分别卖所赚的钱少了 1 元。那么，为什么会少 1 元呢？是贝茜拿走了吗？

可是，艾米，我今天只卖了 24 元！

别再骗我了，贝茜。你又欠了我 5 角！

262 密码

在世纪之初，那个放在大厅内的存有贵重物品的保险箱被采取了严密的保护措施。下图中的这个保险箱的主人是泰门尼·奥谢，他虽然十分富有，可记性却不怎么好。他这辈子总是记不住自己保险箱上的由 3 个数字组成的密码。但是，他却可以利用贴在保险箱上的线索提醒自己：

"第一个数字乘以 3 所得结果中的数字都是 1；第二个数字乘以 6 所得结果中的数字都是 2；第三个数字乘以 9 所得结果中的数字都是 3。"如果下图中的保险箱窃贼上过学的话，他们很可能会将这些线索转变成现金。那么，你能将这几个数字依次呈现吗？

263 提起火柴

这是一个验证移动的思维游戏。做这个游戏时，你需要准备 4 根火柴。按照下图的样子，将其中的 3 根火柴摆成一个金字塔形状。接着，把第 4 根交给你的"受害者"。你来挑战他，看谁能只凭借第 4 根火柴就可以把那 3 根竖直放置的火柴提起来并且在保持金字塔形状的情况下把它们抬起来拿到屋子的对面并放在另一张桌子上面。

五金器具店的几个好朋友整个下午都在研究这个题。

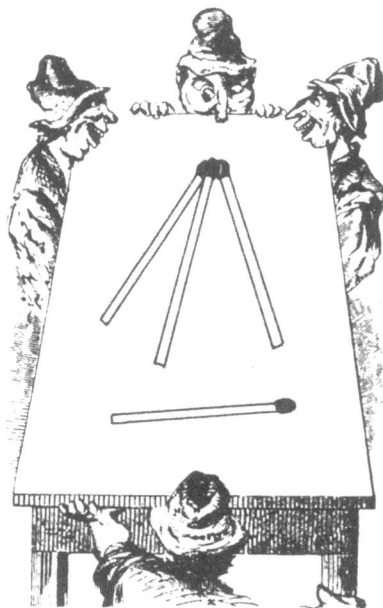

264 浴缸

威拉德·沃兹沃斯教授居住在马·巴斯卡姆的奇宿公寓里。二楼浴室有一个维多利亚燃气式浴缸，而他观察到了一些有关它的事情：如果打开凉水的水龙头，浴缸放满水需要6分40秒；如果打开热水的水龙头，放满水需要8分钟；如果拔掉塞子，放完水需要13分20秒。

现在，威拉德的题是：如果拿开塞子，并同时打开热水和凉水的水龙头，那么，将浴缸放满水需要多长时间呢？

265 泰迪玩具熊

下图中的3个女人在最近的教堂节日期间共同投资经营一家泰迪玩具熊店。在开业的当天上午，她们先将相同数量的玩具以10元出售；下午的时候，她们更改了玩具熊的数量，但仍以10元出售。有趣的是，一天结束的时候，她们虽然卖了不同数量的玩具熊，但是赚的钱数却相同。那么，你能知道这是怎么回事吗？

266 岔轨

当彼得·库珀造出他那个著名的火车"大拇指汤姆"时，美国只有 13 千米的铁路。在巴尔的摩附近有一个岔轨，它经常引起混乱。在下面的图中，T 表示火车头，A 和 B 是岔轨上的两节车厢，C 处只能容纳一个车厢或者火车头。你的任务是利用最少的步数将车厢 A 和车厢 B 交换位置，并最终使火车头位于最初的位置。

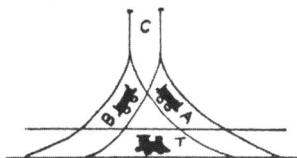

267 钟

为了把你难住，牧师斯皮尔在做最后一次尝试。牧师为自己的教堂买了一口新钟，不知为何，他叫多朗格·基德来帮忙。这口钟的重量和基德的体重相同。当基德开始拽绳子时，令人吃惊的事情发生了。那么，请你猜猜看：

1. 如果基德保持原地不动，钟会不会升上去呢？

2. 如果钟保持原地不动，基德会不会升上去呢？

3. 基德和钟会不会一起升上去呢？

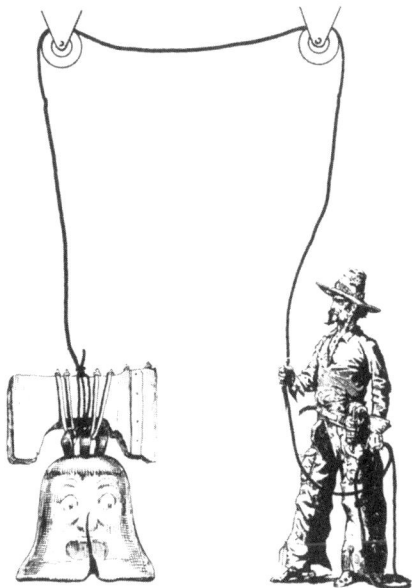

268 孩子的年龄

以前过圣诞节是多么美好！妈妈和孩子们围在圣诞树周围，爸爸在他喜爱的椅子上打盹儿，而对其中的 3 个孩子来说，这一天不同寻常，因为圣诞节是他们的生日。我们来看看你能否判断出他们的年龄。今天巴顿的年龄是温德尔和苏珊年龄相加的总和。去年圣诞节时，温德尔的年龄是苏珊的 2 倍。如果从现在算，那么两年后，巴顿的年龄将是苏珊的 2 倍。

那么，你能否在火鸡和菜肴摆在桌子上之前猜出他们的年龄呢？

269 跨栏

欢迎参加"跨栏迷宫"大赛。为了完成比赛，选手必须找出最短的路线并且跨过偶数数量的跨栏。同时，所跨栏上的数字相加必须是最大值。下图中每个正方形盒子各代表一个跨栏。

270 隧道

弗瑞德是廉价小说中的英雄，他现在急需你的帮助！弗瑞德和他的朋友们抓住了一伙火车打劫者，现在他必须解救午后乘车的旅客。他想打信号使刚刚从死人隧道中出来的火车停下，但是距离太远。正好，有辆日常客车正从隧道另一端的入口进入，它的行驶速度是 75 千米 / 小时，隧道长 0.5 千米，火车需要 6 秒钟才能完全进入隧道。如果弗瑞德以最快的速度跑，他到达隧道的出口需要 27 秒的时间。那么，要使火车司机在看到信号后停车，他是否足够快呢？

271 纺织女

5 个女人经常聚在一起编织。根据所给的信息，你能否说出她们的名字、她们分别织的是什么、她们喜欢喝什么，以及喜欢吃什么？

1. 丽丝喜欢黄油饼干，但是不喜欢喝汤。

2. 正在织披肩的女人喜欢喝橙汁。

3. 喜欢吃生姜饼干的女人正在织毛衣；她不是凯伊，也不是尼斯萨。

4. 正在织围巾的女人喜欢喝汤。但她不是格瑞特，格瑞特喜欢吃消化饼。

5. 凯伊喜欢喝水，她不喜欢吃朱古力饼干。

6. 喜欢吃果酱饼干的女人正在织的不是袜子。

	毛衣	袜子	披肩	围巾	围裙	水	茶	汤	橙汁	咖啡	朱古力饼干	黄油饼干	果酱饼干	生姜饼干	消化饼
格瑞特															
艾达															
凯伊															
丽丝															
尼斯萨															
消化饼															
生姜饼干															
果酱饼干															
黄油饼干															
朱古力饼干															
咖啡															
橙汁															
汤															
茶															
水															

7.喜欢喝咖啡的既不是艾达，也不是丽丝。

8.有一个女人喜欢喝茶。

9.有一个女人正在织围裙。

272 母亲节

就要到母亲节了。根据所给的信息，你能否说出每位母亲将会从她的儿子那里收到什么颜色的什么花?

1.安特尼特会收到蓝色的花。

2.乔治准备送给母亲黄色的花，但不是菊花。

3.塞宾不是蒂第尔的母亲，她收到的花不是红色的。

4.罗恩特准备给母亲买玫瑰，但既不是粉色也不是白色的。

5.玛克西是华森特的母亲，她不会收到红色的兰花。

6.蒂第尔的母亲不是多米尼克。

7.艾丝泰勒会收到康乃馨，但不是粉色的。

8.有一位母亲会收到百合花。

	玫瑰	百合	兰花	菊花	康乃馨	白色	黄色	红色	粉色	蓝色	华森特	乔治	罗恩特	蒂第尔	巴斯坦
安特尼特															
多米尼克															
艾丝泰勒															
玛克西															
塞宾															
巴斯坦															
蒂第尔															
罗恩特															
乔治															
华森特															
蓝色															
粉色															
红色															
黄色															
白色															

第七章

假设法

273 碑铭

斯皮尔牧师在去做晚祷的路上碰到了图中的墓碑。而碑铭中的某些东西让他很烦恼。他思考了一会儿发现里面有个错误。那么，你能否找出牧师发现的那个错误呢？

悼念该教区的爱德华·方丹先生，他于 1823 年 10 月 28 日逝世，享年 66 岁；同时，也悼念莎拉·方丹太太，方丹先生的寡妇，她于 1812 年 9 月 23 日逝世，享年 82 岁。

274 一样的小马

下边方框内的哪一个图形与给定的图形完全相同？

275 最适合

图中标注问号的地方应该填上一列数字,从下列选项中选出合适的填上去。

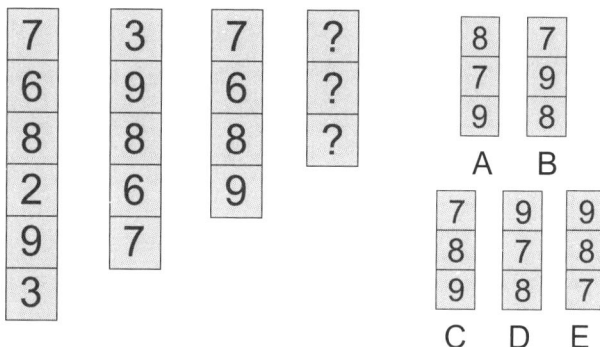

7	3	7	?		8	7
6	9	6	?		7	9
8	8	8	?		9	8
2	6	9			A	B
9	7					
3						

7	9	9
8	7	8
9	8	7
C	D	E

276 堆积

下面的砖堆并不是孩子们玩耍时随意堆砌的,而是暗示了右边空白砖堆的最终结果,和其他砖堆一样,空白的一堆内有 6 块砖,每块上标有字母 A,B,C,D,E,F 中的一个,且各不相同。砖堆下面的数字告诉你两个信息:

1.每堆内符合以下条件的砖对数:这堆中相邻的砖对在结果中仍相邻且顺序相同。

2.每堆内符合以下条件的砖对数:这堆中相邻的砖对在结果中仍相邻,但顺序颠倒。

如:

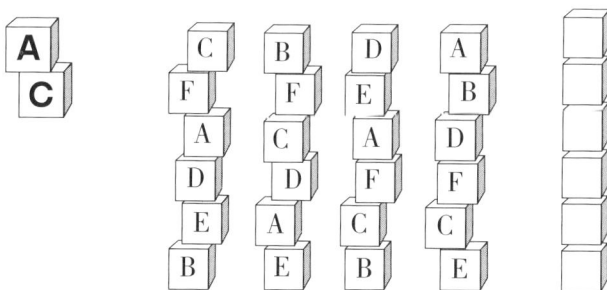

| 正确 | 0 | 2 | 1 | 0 | | 5 |
| 颠倒 | 1 | 0 | 0 | 0 | | 0 |

一堆内如有 AC,结果堆内包含相同的相邻的两块砖,若 A 在 C 上面,就在该堆下面的"正确"栏内标 1,相反,如果结果堆内相邻两块砖中 C 在 A 上面,就在相应的"颠倒"栏内标 1,根据所给信息,你能标出结果堆上面的字母序列吗?

277 商业调查

从表面上看，可以说西尔威斯特的
调查结果越来越让人担心了。我们先不
说芥末账目的出入。火山芥末公司委托
他们调查有多少人喜欢辛辣的芥末、有
多少人喜欢清淡的芥末。下面是他们呈
交的报告：

接受调查的人数 ....300 人

喜欢辛辣芥末的人数 ....234 人

喜欢清淡芥末的人数 ....213 人

既喜欢辛辣芥末又喜欢清淡芥末的

人数 ....144 人

从来不使用芥末的人数 ....0 人

当火山芥末公司认真研究这份报告之后，公司十分生气并立刻解除与西
尔威斯特调查公司的合作关系，原因是总数计算不正确。那么，你能否找出
报告中的错误呢？

278 隐藏的图形

下面的表格被分成了多个不同的图形，每个图形的中心都有一颗星星，
而且所有这些图形都是中心对称的—旋转 180° 图形保持不变。这些图形分
别是什么样的？

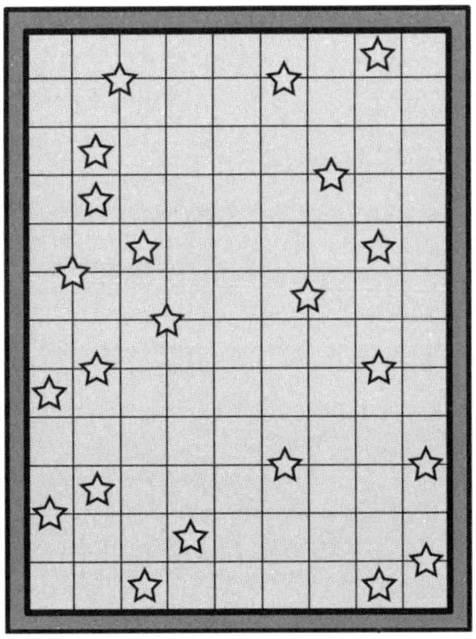

279 小丑

有 3 个小丑，约翰、迪克和罗杰，他们每个人在冬季都扮演两个不同的工作。这 6 个工作分别是：卡车司机、作家、喇叭手、高尔夫球手、计算机技术员和理发师。请根据以下 6 条线索确定这 3 个小丑各自的工作。

1. 卡车司机喜欢高尔夫球手的妹妹。

2. 喇叭手和计算机技术员在和约翰骑马。

3. 卡车司机嘲笑喇叭手脚大。

4. 迪克从计算机技术员那里收到一盒巧克力。

5. 高尔夫球手从作家那里买了一辆二手汽车。

6. 罗杰吃比萨饼比迪克和高尔夫球手都要快。

280 玩具

有一天，加尔文·克莱克特伯尔碰到了一些铁制的机械玩具收藏品，他因此大花了一笔。其中，包括自动倾卸卡车、蒸汽挖土机以及农用拖拉机，我们把他的发现编成了一个题。他买了下面 4 堆玩具：

第一堆有 1 辆拖拉机、3 辆挖土机以及 7 辆卡车，它们花了 140 元。

第二堆有 1 辆拖拉机、4 辆挖土机以及 10 辆卡车，它们花了 170 元。

第三堆有 10 辆拖拉机、15 辆挖土机以及 25 辆卡车。

第四堆有 1 辆拖拉机、1 辆挖土机以及 1 辆卡车。

问题就是计算出加尔文为第三堆和第四堆玩具花了多少钱。

281 卡兰德手表

克兰西三兄弟是纽约市古老的熨斗大楼里最出色的清洁工，为了对他们的准时表示感谢，业主们送给他们每人一块卡兰德手表。但是，麻烦也随之而来。布莱恩那块表很准时，巴里那块表每天都慢 1 分钟，而帕特里克的表则每天都快 1 分钟。如果兄弟三人在收到手表的那天中午同时把手表调到准确时间并且此后不再调整手表的话，那么这 3 块手表需要过多少天才能再次在中午显示正确时间呢？

282 考古

霍金斯和皮特里这两位刚毅的考古学家又挖掘出一个古代文物。我们来听听他们说了什么：

"皮特里，我们终于发现了举世闻名的'斯芬克司思维游戏'墓碑，它都有 3500 年的历史了！"

"我们？什么意思？"皮特里语无伦次地说，"别把我也扯进去！我不相信造金字塔的思维游戏大师会把它写下来！"

这个墓碑当然是假的，但是这个思维游戏的确很好。看看你能不能在他们向别人打听之前把它解答出来。

"什么东西早上有四条腿，下午有两条腿，晚上有三条腿？"

283 埋伏地点

8个士兵必须埋伏在森林中，并且他们每个人都不能看到其他的人。

如图，每个人都可以埋伏在网格中的白色小圆处，通过夜视镜只能看到横向、竖向或斜向直线上的东西。

请你在图中把这8个士兵的埋伏地点标出来。

284 猜纸牌

下图的迈克·米勒、琳达·凯恩和比夫·本宁顿正在思维游戏俱乐部的游戏室里玩。迈克刚刚把扑克牌正面朝下放好，现在他向他们挑战，让他们找出这些扑克牌的数值。欢迎读者朋友一起玩（为了表达清楚，假设读者看到的线索与扑克相一致）。

这4张正面朝下的扑克是黑、红、梅、方4种扑克，它们的数字是A、K、Q、J。下面有5条线索，它们会帮你确定每张扑克：

1. 扑克A在黑桃的右边。
2. 方块在扑克Q的左边。
3. 梅花在扑克Q的右边。
4. 红桃在扑克J的左边。
5. 黑桃在扑克J的右边。

285 左撇子，右撇子

一个班级里的学生有左撇子、右撇子，还有既不是左撇子也不是右撇子的学生。在这道题目里，我们把那些既不是左撇子也不是右撇子的学生看作既是左撇子又是右撇子。

班上 1/7 的左撇子同时也是右撇子，而 1/9 的右撇子同时也是左撇子。

问班上是不是有一半以上的人都是右撇子？

286 选票

当尼德斯沃斯先生为格拉德汉德尔定做新衣服时，你可以计算一下这 4 位候选人各获得了多少张选票吗？

恭喜您，格拉德汉德尔先生，我知道您现在是我们市的新议员！

是啊，尼德斯沃斯先生，最出色的人总是能够获胜。在 5219 张选票当中，我的选票比墨菲多 22 张、比霍夫曼多 30 张、比唐吉菲尔德多 73 张！要是按这个速度，总有一天我会成为你的市长的！

287 假币

一共有 8 个金币,其中 1 个是假币。其余的 7 个重量都相等,只有假币比其他的都要轻。

请问用天平最少几步能够把假币找出来? 称重量的时候只能使用这 8 个金币,不能使用其他砝码。

288 黄金产权

这几个人是如何完成他们父亲的遗愿的呢?

"爸爸说如果他有什么不测,我们就可以平分他的黄金产权!"

"那个简单。产权所在地就是一块正方形的地!"

"等等! 爸爸还说每块儿地必须与其他 3 块地分别接壤!"

"还得记住,爸爸说土地必须是真正的边界接壤,土地在角落处的接壤是不算数的。"

289 红白筹码

在 20 世纪 20 年代,有许多令人愉快的书,它们价钱虽然很低,但却能带来无限的乐趣。一本 5 角的副本就可以让你学到有关魔术、思维游戏、国际象棋以及拳击的知识。这里就有一个从这些书当中找出来的有趣的题。

在一大张纸上画出 10 个表格(如下图所示)。然后,把 4 个白色扑克筹

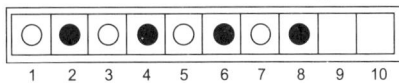

码和4个黑色扑克筹码放在前8个方格内，按照图中的样子，将各颜色的筹码交替放置。现在，要把筹码变成下图的顺序，在这个过程当中，每一次要将相邻的两个筹码移动到2个空方格内。而你只能通过4步来完成。

290 煮鸡蛋

艾伯特是一个很有名的男管家，从未引起争论的他这次又成功了。他连续两年因设计烹饪决赛的思维游戏而获得尊重。他的问题是，"如果你只有2个沙漏——一个11分钟的、一个7分钟的，那么你如何把鸡蛋煮15分钟呢？"他因此得到长时间的热烈掌声并获得一瓶香槟酒。读者朋友欢迎你们加入这个宴会，并把这个题解答出来。

291 假砝码

你爸爸凯恩教授给我们出的这道思维游戏真的很不错。我们必须从这9个铅制砝码当中找出哪个是假的。其中的8个砝码每个重300克，而第9个砝码只有$280\frac{3}{4}$克！

是啊，迈克，而我们在找那个假砝码时只能用这个称。如果我们一次称2个，问题就简单了，我们就可以找到那个假砝码。但是，爸爸说我们只能称2次。现在该发挥你过人的直觉了！

292 水下答题人

这是娱乐节目历史上最奇特的表演。广告中的尼莫教授和水下答题人米兰达环游过北美洲和欧洲，他们还解答了那里的观众提出的每一个思维游戏。

米兰达面对的只有问题，她别无选择，要么快速找到答案要么面临溺水而亡的危险。你能帮她弄清楚拜罗斯夫人现在的年龄吗？

不是，米兰达，她的年龄不是 38 岁。你得再加把劲儿。记住，5 年前拜罗斯夫人的年龄是她女儿塞西莉的 5 倍。可是现在，她的年龄只是塞西莉的 3 倍。拜罗斯夫人现在多大呢？

是 38 岁吗？

293 古董车

事情发生在 1948 年，斯威夫特·阿姆特维斯特正在跟慕洛格先生通电话，他可真会给人出难题。那么，当他与慕洛格先生通话时，你能否从他的话语中判断出每辆古董车各自的年龄呢？

你好，慕洛格先生，我是阿姆特维斯特，我正在萨姆以前的汽车市场。刚刚收到 4 辆轻型轿车，我就马上想到了你……它们有多少年的历史呢？艾塞克斯轿车比第二旧的林肯敞篷车年长 4 年，后者又比第三旧的杜森伯格汽车年长 4 年，而再后者又比最新的考特 812 型汽车年长 4 年，同时，考特汽车的年龄是艾塞克斯轿车的一半。那么，慕洛格先生，你在听吗？

294 城镇

在如图所示的地图中，A，B，C，D，E，F分别代表6个城镇。C在A的南边、E的东南边，B在F的西南边、E的西北边。

1. 图中标注1处的是哪个城镇？
2. 哪个城镇位于最西边？
3. 哪个城镇位于A的西南边？
4. 哪个城镇位于D的北边？
5. 图中标注6处的是哪个城镇？

295 狂欢大转盘

狂欢小丑英勒斯说得很对。这个老板是个非常迷信的人，他总是把1到11这几个数字写在转盘上并使每条线上的3个数字相加后等于18。那么，你能否把这些数字正确填写吗？

"老板好像真的快疯了。他们把数字放错地方了！"

296 硬币置换

罗索姆·乔治虽然努力解题但仍无法得到答案，我们来帮帮他吧。将2枚1分硬币放在1号和2号位置，然后把2枚1角硬币放在8号和10号位置。

我们只能通过 18 步把这 4 枚硬币交换位置。在移动硬币时，要遵循下面的规则：你一次可以将一枚硬币移动到任意一条直线上的任何一个带数字的圆圈之内；相同的硬币不能在某条直线上移动 2 次；不允许 1 分硬币和 1 角硬币同时停止在同一条直线上。你有 15 分钟的时间来解答这个题。

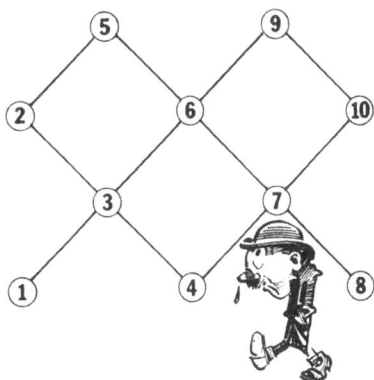

297 牌点

这是为数不多的多米诺骨牌思维游戏中的一个，而且你完全可以把它做出来。下图是 4 个空白的多米诺骨牌。你要做的就是按照下面的规则将 18 个点放在多米诺骨牌上：

4 个多米诺骨牌的上半部分点的总个数等于下半部分的个数。同时，第一个多米诺骨牌上的点数要等于最后一个牌的 2 倍。另外 2 个中的一个只有一个点，而另一个则有 2 个点（上下两部分各有一个）。有 3 个多米诺骨牌的上半部分的点数相同，有两个多米诺骨牌的下半部分的点数相同。

这听起来让人很迷惑，但是，我赌你用不了 15 分钟就可以解答这个题。

298 铁皮

时间要回到 1776 年，约克人蒂莫西是波士顿最好的铁匠。每次他做完一件酒杯，都会去路南边的布拉迪·马林·格罗格商店为这家店的老板解决高难度的思维游戏。长凳边放着一大块儿铁皮，蒂莫西把它切成 5 小块儿后组成了一个正方形。那么，你能推断出他是如何做到的吗？

299 蜂箱

下图中的蜜蜂正在设法将蜂箱中从1到14这几个数字重新排列。它们要使相邻的两个蜂房内的数字彼此不连续；同时，排列完之后，任意一个数字都不能与可以整除它的数字相邻（数字1排除在外）。

300 热狗

如果你可以解决这个思维游戏，那么就可以免费得到一个热狗。

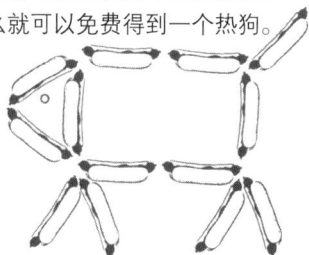

你们好，孩子们，这次我给你们带来另外一个莫尔博斯难题。我已经把13根热狗摆成了一只面朝西的狗。那么，你们能不能只移动其中的两根热狗使这只狗面朝东呢？那只狗的尾巴要保持向上翘。它的眼睛是1枚硬币，你可以自由移动。谁先做到谁就会得到涂了芥末酱的莫尔博斯热狗！

301 玻璃杯难题

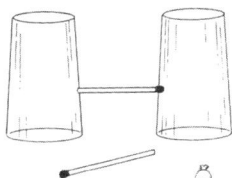

威灵顿·曼尼拜格斯是赌场中的名家，他身后就是一道"玻璃杯"难题。现在，将一根火柴支撑在两个颠倒的玻璃杯的中间部位。威灵顿打赌说他即使将其中的一个玻璃杯拿走也可以使那根火柴悬在空中。你只能拿桌子上的第二根火柴与那根火柴接触。那么，谁对他的这个赌感兴趣呢？

302 换位置

这纯粹是一个"换位置"的题。将3个白色的棋子分别放在1、2、3号位，3个黑色棋子分别放在10、11、12号位。你只能通过22步将它们的位置互换。

每个颜色的棋子轮流沿着直线从一个圆圈移动到另一个圆圈。任何一个棋子都不可以放在对方棋子下一步可以移动到的圆圈内；每一个棋子只能在它所在的圆圈内停留一次。

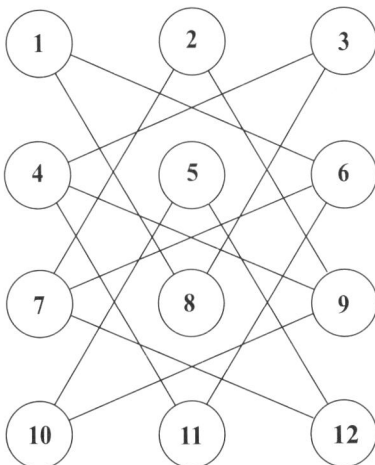

303 筹码

下次如果你碰到纸牌游戏并为此提心吊胆时，不妨用这个题使你紧张的神经放松下来。按照下图的样子，画一个有 16 个方格的棋盘，然后，将 10 个扑克筹码放在棋盘上的 10 个方格内。你的任务是将它们分布在最多行列内，并使每行的筹码个数为偶数。你可以将这些筹码水平、垂直或者沿斜线分布在行列之内。

304 标志牌

"波普，你说得不对！那个标志牌才是思维游戏呢！你的任务就是把它解答出来，即把标志牌上所有的相同字母用相同的数字来代替。如果正确完成的话，那么你会得出一个正确的数学表达式。你试试，看能不能在我们到达海滩之前把它解答出来！"

"小心，斯梅德利！前面十字路口有一个思维游戏！我们可不想错过啊！"

CROSS + ROADS DANGER

305 棋盘上的硬币

在下图的棋盘上将3枚5角硬币放在1、2、3号方格内，然后将3枚1角硬币放在5、6、7号方格内，接着再将它们的位置互换。在这个过程中，你可以将硬币移动到与之相邻的空格内或将其从与之相邻的硬币上跳到后面的空格内，你可以沿水平或者垂直方向移动。请设法在15步之内将硬币相互交换位置。

306 撞球

波齐兹·普兰德加斯特是闲暇时刻台球社团的经理，他总是千方百计地赚取顾客的钱。他将8个撞球排成一条直线，一个彩色目标球和一个白色主球交替放置。他打赌说你在4步之内不可能使直线上的4个白色球移动到左边、使4个花球移动到右边。每次移动时，你必须将任意相邻的两个球移动到直线上的其他位置。那么，让我们看看你能否在波齐兹连续将所有的球都打入袋中之前把这个难题解答出来。

307 可可豆盒

在这个甜味题当中，你遇到的是一个密封的贝克早餐可可豆盒，里面装满了可可豆。另外，还有一把15厘米长的尺子。那么，你能否在不打开盒子的情况下，测量盒子内部的尺寸并计算出盒子主要对角线的长度呢？

比如这条从底部右侧前角（B）到顶部左侧后角（A）的直线，盒子内有4条这样的直线。盒子侧面、底顶部以及底部的厚度可以忽略不计。通过数学计算你可以得出结果，但是有一个更为简单的方法，即只利用尺子直接测量，我们要找出这个方法。

我们已经将体积因素排除在外，因为它们并不是找出这个方法的关键所在。那么，你能否找到这个题的解答方法吗？

308 硬币游戏

许多移动硬币的思维游戏都可以使人愉快，而这就是其中之一。你要用5步将图1的H变成图2的O形，每一步都要使一枚硬币在不打乱其他硬币位置的情况下移动一次。当这枚硬币移动到新位置后，它必须与另外2枚硬币相接触。

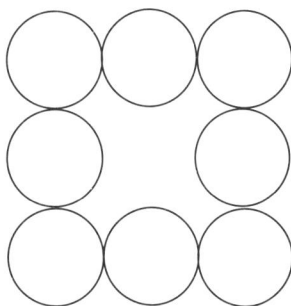

图1

图2

309 盐和胡椒粉

格温多林又一次看到她的老板在玩这个把戏。赫伯特很喜欢用这个游戏，它总是令朋友很吃惊。他先在桌子上放一些盐，然后在盐上撒一些胡椒粉。接着，他让客人把胡椒粉从盐里分离出去，但是不能接触盐或胡椒粉。尽管这个听起来好像是不可能的，但是聪明的赫伯特很快就把胡椒粉分离出来。你能发现其中的奥妙吗？

310 扑克牌点

这次，我们的英雄智穷力竭了，我们来帮帮他吧。题是这样说的：从一副牌中挑出 4 张 5，然后，把它们正面放在桌上，你如何使 20 个牌点只显示出 16 个。你有 10 分钟的时间来解答这个题。

"哦，我放弃！这个讨厌的题根本没法解决！"

311 蜘蛛的路线

你不能被这个问题难倒。下图的玻璃圆柱体高 4 厘米、周长为 6 厘米。圆柱体外面有一只蜘蛛，距离圆柱底部 1 厘米；里面有一只苍蝇，距离圆柱顶部 1 厘米。蜘蛛看到苍蝇后，找出了到圆柱最近的路线，然后猛扑向苍蝇。那么，蜘蛛的行走路线是什么？同时，它走的路程有几厘米呢？

312 寄钱

"请多寄些钱过来。"这个大学生已经把钱花完了，他在向家要——而他的请求只有当他的爸爸解读之后才能得到回复。信中的每一个字母代表一个数位上的数字——数字是从 0 到 9，其中的一些数字被重复使用。那么，这个大三学生想要多少钱呢？

亲爱的爸爸：

S E N D
+ M O R E
MONEY

小明

313 逃出高塔

很多年以前，格力姆斯力城堡的高塔顶内关押着 3 个人：一个老国王、他的儿子以及女儿，他们的体重分别是 97.5 千克、52.5 千克以及 45 千克。他们与地面唯一的交流工具就是一根绳子，绳子绕在滑轮上，绳子两端各系着一个篮子。一个篮子落地时，另一个篮子刚好到他们窗户的对面。如果一个篮子比另一个篮子重，那么很自然，重的那个篮子就会下降；但是，如果两边的重量差超过 7.5 千克，那么它在下降时就会很危险，因为速度太快的话，哪个犯人都无法控制，他们只能在这个塔里找到一颗重量为 37.5 千克的炮弹。如果他们想逃走，那么，他们应该怎么做呢？

314 滑行路线

一个男孩为了考验自己的滑冰技巧，滑完所有的白色方块共走了 17 条直线（有些方块重复，但最多只在某处方块上重复了4次），没有经过任何黑色方块。请你画出他的滑行路线，起点是黑点，终点在右下角。

315 烈酒

在禁酒时期，斯威夫特·奥布莱恩是芝加哥北部最聪明的烈酒走私者。现在我们看到斯威夫特正把班尼最好的20箱烈酒送到他选出的4个客户那里。他是这样分配的：

汉拉迪的酒吧获得的酒比荷兰人的咖啡厅多2箱。

埃德娜的海德威酒吧比萨尔的酒吧少了6箱。

萨尔的酒吧比汉拉迪的酒吧多2箱。

荷兰人的咖啡厅比埃德娜的海德威酒吧多2箱。

那么，这几个酒吧各自获得几箱酒呢?

316 打赌

"这副扑克牌的确冷酷无情，而你也没有胜算，我想你此刻心情很不好。但是，这个赌你用不着去怀疑，就看你手头的钱能不能多起来！"

一个好的赌注很难找，但是如果对方从来没见过下面这个赌的话，那么它就是必打的赌。把一副扑克分成两堆，确保其中一堆扑克全是红色，另一堆扑克全是黑色。然后，把这两堆扑克放在一起，彻底进行洗牌，最后把整副扑克牌放好。接下来，你宣布说你将一次从顶部拿走 2 张牌，并打赌：如果这 2 张扑克牌的颜色相同，你要输 2 元；如果这 2 张扑克的颜色不一样，那么，你要赢 1 元。

如果打这个赌，那么，这副扑克在每次玩完之后你至少会赚多少钱呢？

317 吹翻书

第一个学者："亨利·德朗普斯所著的《自然力奇术解密》的未删节版本上说如果你吸足气就完全可以把很重的物体吹倒（比如，他举了魔术师派尼蒂的例子：这位魔术师在一本字典的顶部放了一大本书，然后只用了几口气就把两本书都吹翻了）。"

第二个学者："他肯定不只是用气吹的，也许他还用了托盘呢！"

那么，你能帮这两位学者找出这个秘密的奥妙所在吗？

318 牙签游戏

我们正在打赌，赌注是土泥路的松果！

不许耍赖，说吧，伙计，什么规矩！

我们已经把24根牙签拼成了7个正方形。现在要把其中的3根牙签换到其他位置并使所有的牙签拼成14个正方形。但是，不能把牙签折断！

319 奇怪的装饰品

"罗莎琳德，那边塔顶上的奇怪装饰品究竟是从哪里弄来的呢？"

"怎么了，这个结构由18根棍子焊接而成，里面有9个三角形。有一个关于它的思维游戏，如果去掉其中的3根，那么可以剩下7个三角形。如果你能完成的话，我就让你在明天格斗的时候带着我的手帕。"

那么，你能不能帮这个年轻人完成呢？

320 圣诞老人

这个很棒的思维游戏你可以等到下次圣诞派对时再使用。下图的正方形里有 2 个圣诞老人，把这个正方形打印 12 份，然后交给你的客人。告诉他们这个圣诞老人思维游戏要求把这个正方形切成 4 份，然后把它们重新拼成 2 个独立的正方形，而且每个正方形里各包括一个完整的圣诞老人。你能解决这个问题吗？

321 海马

6 只顽皮的海马排成队玩起一个小游戏。前面 3 只海马的尾巴是浅色的，而后面 3 只的尾巴则是深色的，它们要做的是用 10 步来互换位置。海马可以向前或者向后移动，它可以移到与之相邻的位置，只要那个位置是空的；它也可以从另外一只或者两只海马旁边经过，游到一个空位置上。当它们互换位置之后，原来前 3 个位置上应该是 3 只深色尾巴的海马，而后面 3 个位置上则应该是 3 只浅色尾巴的海马；同时，第 7 个位置应该是空的。

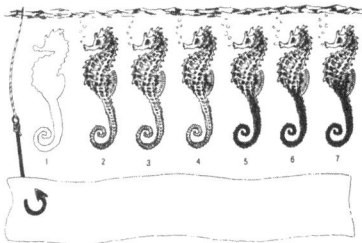

322 作弊

图中我们看到的是火车纸牌作弊老手——"牌王"爱丽丝·艾夫斯，她把一个来自东方的花花公子的钱赢光了。当这个受骗者对老输钱感到厌倦时，爱丽丝又跟他打了一个机会均等的赌：她拿出 13 张扑克并把它们摆成一个圆圈放在桌上，然后说她可以在"围着玫瑰丛绕圈子"游戏中击败他。在游戏时，每个人轮流从圆圈中按顺序拿走一张或者两张扑克牌，谁拿到最后一张扑克牌谁就获胜。那么，爱丽丝在这个所谓机会均等的游戏中采取了什么制胜战略呢？

323 为难人的扑克牌

在"为难人的扑克牌"当中，玩家对对方解答扑克难题的能力下注。佐伊用从1到9这9张方块牌在桌上摆成了一个扑克三角形，她让萨比拉把这几张扑克牌重新排列，使组成三角形的三个边上的任意4张扑克相加的结果都等于23，三角形三个角上的每张扑克牌同时出现在两个边上。那么，你能解答这道题吗？

> 萨比拉，我跟你打100元的赌，你不可能在5分钟内解决这个三角形扑克牌思维游戏！

> 是吗，佐伊，我看不见得吧！我倒要看看你那100元，我再加200元！

324 长袜里的玩具

现在，大家可以发现我们今年为孩子们准备了两种尺寸的长袜。一种是"我很棒"，另一种是"我非常棒"！哦，我的天哪！我注意到一个思维游戏。那只大的长袜里的玩具数和小的长袜里一样，都是由相同的数字组成的。同时，两个数的差是两个数相加的和的1/11。

那么，每只长袜里各有多少个玩具呢？

325 纽扣图形

在世纪之交，没有哪个纽扣店
能比巴顿的纽扣店好。下图是他们
的快递货车，它正在运货的途中。
尽管车已经过去了，很明显，货车
一个侧面上的纽扣图形可以编成一
个思维游戏。10个纽扣排成3行、每行有4个纽扣（其中，一行在水平方向、
两行在垂直方向）。现在你要将2个纽扣移到新的位置使纽扣排成4行、每行
有4个纽扣。看看你能不能在10分钟之内快速解答这个题。

326 抢劫计划

威尔休斯·威利既是臭名昭著的保险箱
窃贼，也是最吝啬的骗子。为了省钱，他买
了一叠打折建筑平面图，他不打算让人看出
来他将抢劫商店的哪间房子。售货员告诉他
整个建筑是个正方形，主室的门朝外，商店
平面图被分成了6个正方形房间，4个小房
间的门都通向主室，第5个小房间里有一个
保险箱。另外，售货员还说他要完成平面图，
所要做的就是在下图所示的平面图内的正方
形上画4条直线。那么，直线应该怎么画呢？

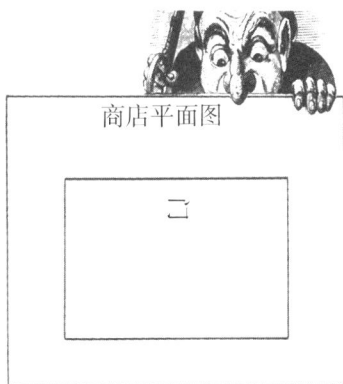

商店平面图

门

327 跳棋

看看你能不能跨过这个思维游戏并取得
胜利。拿出一个小棋盘（如图所示），然后，
在每一个标有数字的正方形内放一个棋子。
现在的问题是：从9号正方形开始，将棋盘
上其他棋子都拿走，只剩下一个；而剩下的
那个棋子最后要回到从9号正方形最初跳到
的地方。你可以沿任意方向（斜向、上下，
或者对角线）将一个棋子从另一个棋子上跳
过，所有被跳过的棋子就要从棋盘上拿走。

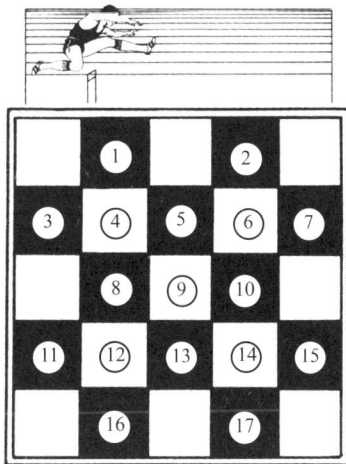

但是，棋子在跳过去之后必须落在空的正方形内。你可以用一个棋子连续跳，连续跳跃被看作是一步。你能只用 4 步就把这个题解答出来吗？

328 合理安排

当施工人员将 3 座房子盖好之后，他们遇到了十分麻烦的建筑法规。现在要将水、煤气和地下电线通到每座房子，但是施工人员被告知任何一条线路都不能从其他线路的下面、中间以及上面穿过。其中一个施工人员想了一个星期才想出来不触犯法规可以把任务完成的办法。那么，他是如何摆脱城市建设中的困境的呢？

水厂　　　煤气公司　　电厂

329 冰激凌棒

这个思维游戏一定会吸引大家的注意。你所需要的就是 36 个冰激凌棒以及足够的耐心。按照下图的样子将冰激凌棒摆好，这样，里面就有 13 个小正方形。现在，从中拿走 8 个冰激凌棒使最后只剩下 6 个正方形。

330 玩具火车

有 8 个老式莱昂内尔玩具火车头和车厢，我们用 6 节铁轨将它们连接起来，这样就给大家献上一个有趣的转移车厢思维游戏。首先，在 1 号和 3 号车厢上各放 1 枚 1 角硬币，然后，在 6 号和 8 号车厢上各放 1 枚 5 角硬币。现在要使硬币交换位置，一次只能在铁轨上移动 1 枚硬币。任意 2 枚硬币不能同时出现在同一个车厢上，并且你只能用 16 步解决这个思维游戏。

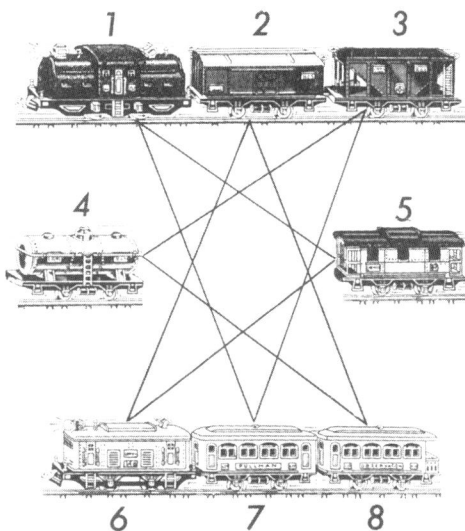

331 线轴

那是 1902 年的圣诞节，巴塞洛缪家的孩子们把家按照富兰克林杂货店的样子布置好了。既有做游戏用的钱，也有出售的商品，他们的头顶上还有送款机。内维尔负责找零钱，而巴斯卡姆在接待他的妹妹弗勒莱特。那个时候，8 元钱可以买很多东西。那么，你知道她在上面的交易中每种线轴各买了多少吗？

我们现在来看看。虽然我只能花 8 元，但我想我可以买到一批颜色各异的细线。给我几个价值 2 角的蓝色线轴，10 倍于蓝色线轴的价值 1 角的红色线轴，用剩下的钱买价值 5 角的绿色线轴，请快点啊，我的马车并排停在路边呢！

332 黄金之城五角星

下图中的巫师来自另一个时代，他正准备解答那个著名的"黄金之城五角星"思维游戏。这个题要求将硬币放在任意一个标有数字的圆圈内然后将它沿着其中的一条线跳过下一个圆圈，最后放在接下来的一个空圆圈内；依此类推，直到从1号到9号圆圈内都放有硬币。

333 法拉比奥手表比赛

要解决这个令人难以置信的法拉比奥手表比赛，你要做的就是将六边形手表面上从1到12这几个数字重新排列，使每个边上的3个数字相加的结果等于22。如果解答出来的人不止一个，那么法拉比奥兄弟将会宣布"结束营业大减价"。

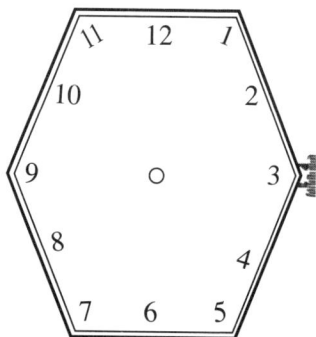

第八章

推理法

334 他绝不是自杀

探长被人发现在自己办公室内自杀，他所用的是自己的佩枪。到现场调查的探员，在佩枪上发现了探长的指纹。探长平时习惯用右手握枪，自杀时用的也是右手。因此，现场调查的探员推断他是自杀无疑。但探长的好友卡特却认为探长性格坚强，不可能自杀。他经过观察、分析后，提出有力证据，证明探长是被人谋杀。

请你细心观察下图，你能指出卡特提出的证据是什么吗？

335 栅栏

地主查普曼准备在自己房子外边的路上围一个新栅栏。这段路长99米，每对栅栏柱相隔3米，柱子之间有3个横杆。西姆斯拿来33根栅栏柱、99

> 对不起，先生！不够的那部分，我已经让蒂莫西到城里去买了。

> 西姆斯！时间就是金钱，而你把这两样东西都丢了。如果再这样，你就给我走人！

根横杆以及99米长的围栅栏用的铁丝，但他却不能完全围成栅栏。那么，西姆斯错在哪里了呢？

336 名字

一天，尼德尔瓦勒先生骑自行车外出时碰到了一个老朋友。

"打上次见到你，现在都好几年了。"他说。

"是啊，"他的朋友回答说，"自从上次我们在缅甸见面之后，我就结婚了，我和我的爱人都在仰光工作。你肯定不认识，这是我们的小女儿。"

"好漂亮的孩子，"尼德尔瓦勒先生回答说，"你叫什么名字？"

"谢谢您，先生，我和我妈妈同名。"

"哦，是吗，你和埃莉诺长得真像。这也是我很喜欢的一个名字。"尼德尔瓦勒先生回答说。

那么，尼德尔瓦勒先生是如何知道这个小女孩的名字是埃莉诺的呢？

337 感染病毒的计算机

我们这台著名的游戏计算机好像感染某种黑客病毒了。程序应该使计算机在水平方向、垂直方向以及对角线的数字相加结果为6。可是，却出现了图中的现象。那么，你能否重新排列显示屏上的数字使这个幻方显示正确呢？

338 绳管道

一条管道坐落于一段奇特的绳圈的中央。假设从开放的两端拉动这条绳子，那么这条绳子究竟是会和管道彻底分离，还是会和管道连在一起呢？

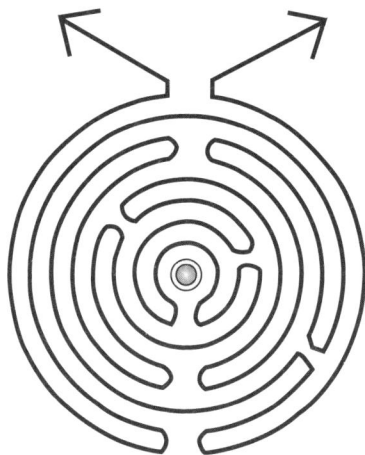

339 相同符号

你能在以下立方体中找到含有相同符号的两个面吗？

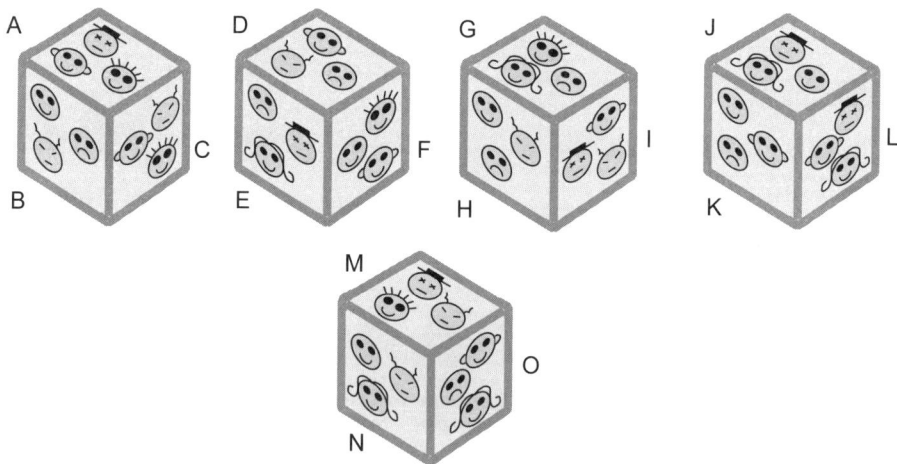

340 抢劫

当布莱克·巴特第十三次袭击丹佛公共马车时，他实在是不走运。唯一的现金是他在一个推销员的旅行包里发现的，这些硬币总计5元。而这5元正好是由丹佛铸币厂铸造的 100 枚硬币组成。那么，你能否判断出各种硬币的面值以及包内各种硬币的个数吗？

341 遗嘱

这份遗嘱是易斯特维奇伯爵在几个世纪之前留下的，内容十分生动。那么，你能否从中推断出他想要给自己的后人留下什么东西吗？

> 致我挚爱的家人，他们为此已经等待了很长时间，现将以下东西留给后人：
> 一个人对什么爱得胜过自己的生命，
> 而恨得却胜过死亡或者致命的斗争。
> 这个东西可以满足人的欲望，
> 它是穷人所有的、却是富人所求的，
> 它是守财奴所想花费的、却是挥霍者所保留的，
> 然而，所有人都要把它带进自己的坟墓。

342 置换棋子

这个思维游戏需要准备黑、白棋子各4个,然后放在棋盘上(如图所示)。你所面临的挑战是要用10步将这8个棋子交换位置。

游戏规则很简单,即:黑棋向下移动,白棋向上移动。所有的棋子要么向前移动到空格内要么跳过一个或者两个棋子跳到空格内。你有10分钟的时间解答这个题。

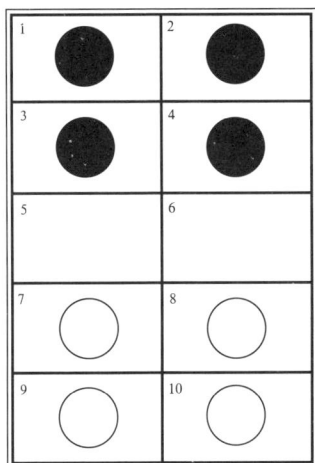

343 顶针

托马斯·萨克利是顶针奇术的大师,他出了下面这个难题:把7个顶针放在下图星星中的7个点上,每一个顶针在放到一个点时应滑向对面另一个空点上。从如图所示的位置开始,顶针最后可以停在X点或者Y点。千万不要被这个题难住。

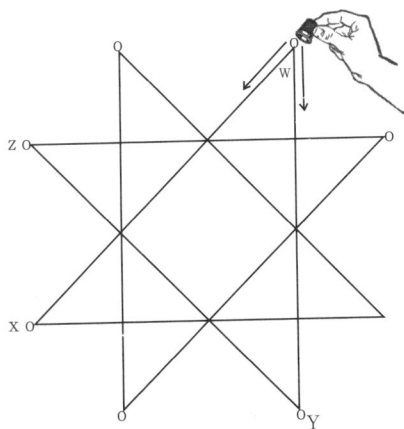

344 人物关系

下面这位先生很高兴，他对自己的新艺术品非常满意。但是，有一个大问题，这幅画上的人是谁呢？同时，这位艺术鉴赏家和这幅杰作上的主人公之间是什么关系呢？

> 达芙妮，你觉得怎么样？这是我拜托威廉·法卡帮我画的。这幅肖像画不错吧，你说呢？这让我想出一首诗：
> 我没有兄弟姐妹，
> 但是这个人的父亲是我父亲的儿子。

345 大厦

街道上的大厦从 1 开始按顺序编号，直到街尾，然后从对面街上的大厦开始往回继续编号，到编号为 1 的大厦对面结束。每栋大厦都与对面的大厦恰好相对。

若编号为 121 的大厦在编号为 294 的大厦对面，这条街两边共有多少栋大厦？

346 家庭关系

爷爷汤森曾经讲过这个故事。在他的一次生日宴会上，有 10 位家庭成员，此外还有许多客人。其中，有 1 个祖父和 1 个外祖父、1 个祖母和 1 个外祖母、3 个父亲和 3 个母亲、3 个儿子和 3 个女儿、1 个婆婆和 1 个岳母、1 个公公和 1 个岳父、1 个女婿、1 个儿媳、2 个弟兄、2 个姐妹。

那么，你能否判断出参加祖父生日宴会的家庭成员的家庭关系吗？

347 不同的路线

奥托·凡·斯普洛奇特是位怪才，在自行车的鼎盛时期，奥托是高飞自行车厂的首席工程师。每天早晨，奥托骑车从下图中 A 点出门到 B 点的自行车厂，奥托喜欢每天从不同的路线走。那么，你能否计算出在他家与工厂之间有多少不同的路线吗？他骑车总是先向上，再向右。

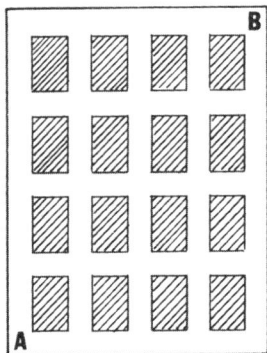

348 立方体

在把大立方体分成 27 个小立方体之前，先把它的 6 个面涂成灰色。然后，检测你自己能否回答出以下有关这 27 个小立方体的问题：

（1）这个大立方体的 3 个面上的灰色小立方体有多少？

（2）这个大立方体的 2 个面上的灰色小立方体有多少？

（3）这个大立方体的 1 个面上的灰色小立方体有多少？

（4）这个大立方体的无色小立方体有多少？

349 冬日受伤记

去滑雪的 3 个朋友不幸都摔了一跤，导致某个部位骨折。从以下给出的线索中，你能确定他们的名字、所去的旅游胜地和骨折部位吗？

1. 泊尔在法国滑雪。

2. 去澳大利亚的那位女子摔断了一条腿。

3. 斯塔布斯夫人选的度假地点不是瑞士，她也没有把手臂摔断。

4. 索尼亚摔断了她的锁骨，她不姓霍普。

		姓								
		费尔	斯塔布斯	霍普	澳大利亚	法国	瑞士	手臂	锁骨	腿
名	迪莉娅									
	泊尔									
	索尼亚									
	手臂									
	锁骨									
	腿									
	澳大利亚									
	法国									
	瑞士									

350 纽扣

这是一道非常有趣的"替代类型"的思维游戏。进行这个游戏时，你只需要准备 2 个白色的纽扣、2 个灰色的纽扣以及图中所示的游戏棋盘。现在，你必须把这些纽扣交换位置，但是只能移动 8 次。白色的纽扣要移到右边，而灰色的纽扣则移到左边。纽扣可以滑到邻近的空位置内。你也可以把一个纽扣从另一个纽扣上跳过去。但是，跳过去的位置上不能有其他的纽扣。

351 绳梯

一艘豪华巨轮于上周驶入纽约港，它的船体需要修理。一个绳梯从甲板放下，一直到达水面。绳梯的各条横档之间相距 30 厘米。当海水落潮时，水面上的横梯一共有 50 条横档。纽约港的水位每小时会上升 15 厘米。那么，

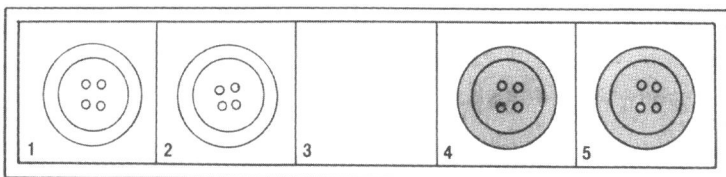

179

你能否计算出 6 个小时过后当海水处于高潮时水面上的横档的个数吗？

352 扑克筹码

了不起的龚德尔斐魔镜可以看到一切、知道一切、可以说明一切……只要花 25 元买一张票。当他表演时，龚德尔斐在屏幕上展示了他在全世界搜集来的著名思维游戏题。图中所放映的正是恶名昭彰的、置人于困境的拉斯维加斯扑克筹码。人们为了解答这道难题花费了许多钱。这个题是指将 5 个扑克筹码排成两行，其中一行有 3 个筹码，而另一行要有 4 个筹码。这个题最难的地方就是你只有 60 秒的时间来解决这个问题。

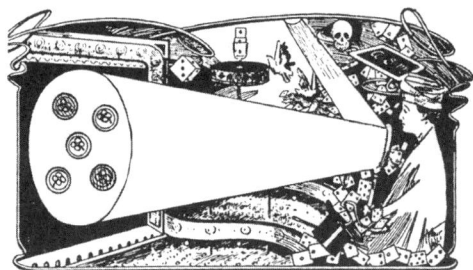

353 正方形木板

杂务工人海勒姆·鲍尔皮尼刚刚参加完木匠学院的聚会回来，而在聚会上他新创作的胶合板思维游戏把每个人都给难住了。他向大家展示了一块由 5 个大小相同的正方形组成的木板。首先，你要沿直线在木板上切两下，将它分成 3 块，然后，把这几块儿木板拼在一起组成一个正方形。那么，海勒姆是怎么做到的呢？

354 三位数

虽然你不是魔术师但同样可以解决这个题，而你的朋友们会认为你是魔术师。告诉他们，你可以向他们展示一个快速计算的思维游戏。除去扑克牌中所有"有脸"的牌（J、Q 和 K），并再拿出另外 10 张牌，将剩下的扑克牌每 3 张为一组放在桌子上。然后，对你的观众说，每一组的 3 张牌可以组成一个三位数，并且它们都可以被 11 完全整除。你要以最快的速度将这些三位数排列出来。

我们的例子是数字 231，它正好是 11 的 21 倍。那么，这一壮举是如何完成的呢？

355 多米诺骨牌

当你下次坐下来玩多米诺游戏时，你就可以下一个不错的赌注。准备 7 个多米诺骨牌，然后把它们搭建成一个小塔（如图所示）。再拿一个骨牌放在塔的前面，你可以在塔不塌的情况下利用这个骨牌将 A 骨牌从塔上移开吗？除了用 B 骨牌之外，你不可以用其他东西接触塔。

356 魔术硬币

当你尝试一下这个游戏时，也许你会认为只有求助某种魔术才能把它解决。这里放了 5 枚魔术师使用的硬币，我们要使它们彼此相接触。如果你手头没有这种硬币，你也可以使用 1 角硬币。我们这只爱为难人的小兔子认为解决这个题最多用 10 分钟。

357 拿走硬币

克拉姆兹·卡拉汉是巴伐利亚花园餐厅里行走最快也是最邋遢的服务员，正是由于他快如飓风的步伐，他总是把客人的衣服弄脏。一天，一位愤慨的顾客只给了卡拉汉 1 角钱的小费，并说："你把我的衣服给毁了，我就给你 1 角钱的小费。但是，如果你能够在不接触桌子、盘子以及硬币的情况下把硬币拿开，我就赏你 25 元的小费。"然而，克拉姆兹却没能解决。那么，你呢？

358 绳索

图中的这位大师让大家完成他自己的"印度绳索戏法"。在他的平台上有一根普通的绳子，把这根绳了的两端分别放在两只手上，然后在绳子中间系一个结。但是，你在系结时不能使绳子的两端从手上松开。

359 拿走扑克牌

把一张扑克牌水平放在你的右手拇指上，然后，把一枚硬币（1元硬币或者5角硬币）放在牌上，使它们保持平衡。接下来的这个就很难了。请不要接触硬币把这张扑克牌拿走。如果你一次就可以完成，那么你将得到热烈的掌声。

360 移动钉子

年迈的查理·克罗斯卡特·卡拉威是当地木场的地方长官，他早上刮脸的时候遇到了一个麻烦。仓库里男孩子跟他打赌，说他不可能将下图构造中的4根钉子移到别的地方使原来的5个正方形变成6个。那么，你来试试，看能否把答案想出来。

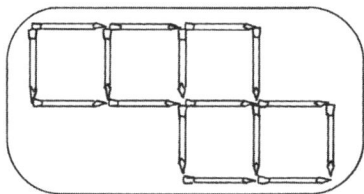

361 圈地

地主默多克是附近很有声望的农场主，他极富绅士风度，同时，他也十分古怪。下图中的他正在研究平面图，他准备把他9头良种小母牛重新圈起来，他让手下的农夫必须用栅栏圈出4块地，每块地里要有奇数数量的母牛。那么，你知道农夫是如何解决这个问题的吗？

362 路径逻辑

运用你的逻辑推理能力，推导出符合以下条件的一条路径：从"开始"一直到"结束"，这条路径可以沿水平也可以沿垂直方向。各行各列起始处的数字代表这行或这列所必须经过的格子数（如下图例）。

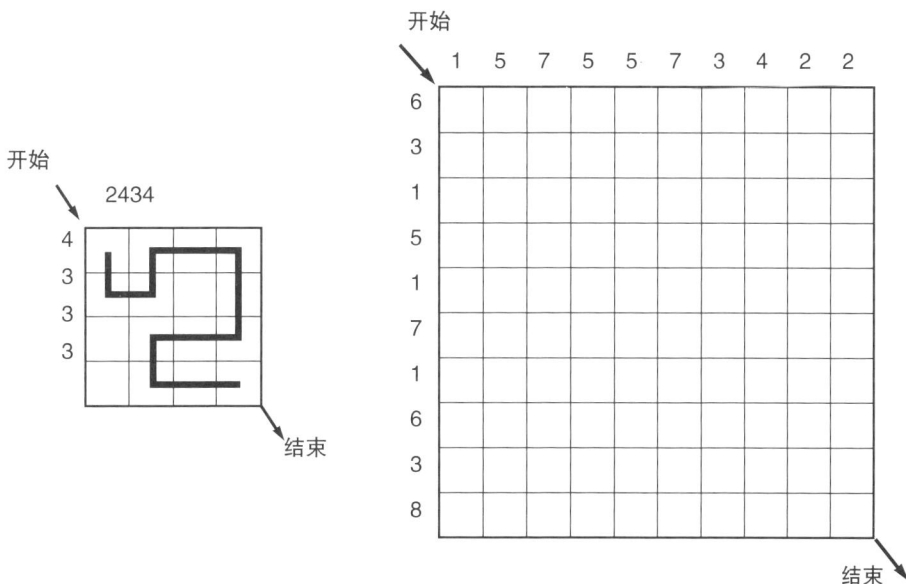

开始

	1	5	7	5	5	7	3	4	2	2

开始

2434

4			
3			
3			
3			

结束

6										
3										
1										
5										
1										
7										
1										
6										
3										
8										

结束

363 房间之谜

第二次世界大战期间，西班牙保持中立，马德里的一个旅馆经常有战争双方的间谍居住，而在那里，西班牙的一个便衣警官也会监视着他们。以下是 1942 年的某天晚上旅馆第 1 层的房间房客分布情况，你能说出各个房间被间谍占用的情况以及他们都分别为谁工作吗？

1. 英国 M16 特务的房间在加西亚先生的正对面，后者的房间号要比罗布斯先生的房间小 2。

2. 6 号房间的德国 SD 间谍不是罗佩兹。

3. 德国另一家间谍机关阿布威的间谍行动要非常小心，因为房间 2，3，6 的人都认识他。

4. 毛罗斯先生的房间号要比苏联 GRU 间谍的房间大 2。

5. 法国 SDECE 间谍的房间位于鲁宾和美国 OSS 间谍的房间之间，美国 OSS 间谍的房间是三者中房间号最大的。

姓名：戴兹，加西亚，罗佩兹，毛罗斯，罗布斯，鲁宾

间谍机构：阿布威，GRU，M16，OSS，SD，SDECE

姓名：	1	3	5
间谍机构：			

姓名：	2	4	6
间谍机构：			

364 女运动员

5位年轻的运动员正在伦敦机场等出租车，她们都刚从国外回来。从所给的线索中，你能说出她们的姓名、分别从哪里回来以及都从事什么运动项目吗？

姓名：黛安娜·埃尔金，格丽尼斯·福特，凯特·肯德尔，莫娜·洛甫特斯，斯特拉·提兹
离开地：布里斯班，卡萨布兰卡，洛杉矶，罗马，东京
运动项目：射击，羽毛球，高尔夫，滑冰，台球

1. 从来没去过东京的凯特·肯德尔紧靠在滑冰者之后，并在刚从洛杉矶飞回来的女士之前。

2. 高尔夫球手紧跟在斯特拉·提兹之后。

3. 射手在图中3号位置，羽毛球手紧靠在刚从卡萨布兰卡回来的旅客之前。

4. 台球手在莫娜·洛甫特斯之前，中间隔了不止一个人，刚从东京飞回来的女士排在格丽尼斯·福特之后的某个位置。

5. 黛安娜·埃尔金不是队列中的第一位也不是最后一位。图中1号不是刚从罗马回来的，图中2号不是从东京回来的。

365 巴士停靠站

巴士停靠站已经被图中所示的1~7号双层巴士停满了，其中1号靠近入口处。从所给的线索中，你能说出每个司机的名字和这些车子的车牌号码吗？

司机：戴夫，埃迪，肯，赖斯，雷，罗宾，特里
巴士车牌：253，279，286，324，340，361，397

1. 324号巴士要比司机雷停靠的巴士远离入口2个位置，并且雷的牌号要比324号大。

2. 2号和7号位置的车牌号末位都是奇数，但是首位数字不同。

3. 特里的巴士的车牌号是361。

4. 图中3号位置的巴士不是戴夫驾驶的巴士，它的车牌号要比相邻的两辆巴士小。

5. 5号位置的巴士车牌号是340，车牌号为286的巴士没有停在图中6号位置。

6. 肯停靠的巴士刚好紧靠在车牌号为253的巴士左边。

7. 赖斯把双层巴士停在图中 4 号位置。

8. 埃迪把巴士停在罗宾的巴士左边某个位置，但不在它的旁边。

366 说谎的女孩

图中描述的 4 个女孩恐怕都是彻头彻尾的撒谎者。你要牢牢记住，她们所说的每一句话都是不正确的。你能根据所提供的线索说出图中各位置上女孩的真实年龄以及她们所拥有的宠物吗？

姓名：杰迈玛，詹妮，杰茜，朱莉娅
年龄：8，9，10，11
宠物：虎皮鹦鹉，猫，小狗，龟

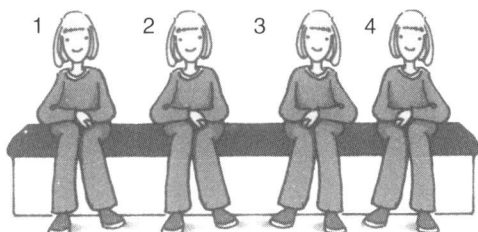

姓名：_____
年龄：_____
宠物：_____

1. 詹妮说："大家好，我今年 9 岁，我坐的是第 4 个位置。"

2. 杰茜说："大家好，我坐在我朋友的隔壁，我的朋友有一只猫。"

3. 杰迈玛说："大家好，我坐在朱莉娅边上，她的宠物是龟，而另一个养猫的朋友今年 9 岁了。"

4. 朱莉娅说："我的宠物是虎皮鹦鹉，今年 8 岁，坐在 2 号位置。"

5. 为了帮助你解题，我告诉你以下信息：位置 3 上的女孩今年 10 岁，杰茜的宠物是一条小狗，图中 4 号位置上的女孩的宠物是虎皮鹦鹉。

367 邮票的面值

在弗来特里刚刚发行了一套新邮票，下面就是其中 4 种不同面值的邮票。根据给出的线索，你能找出每张邮票的设计方案（包括它们的面值、边框及面值数字的颜色）吗？

图案：大教堂，海湾，山峰，瀑布
面值：10 分，15 分，25 分，50 分
颜色：蓝色，棕色，绿色，红色

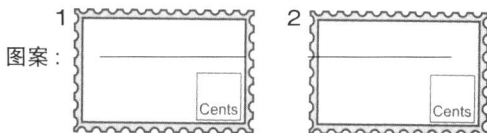

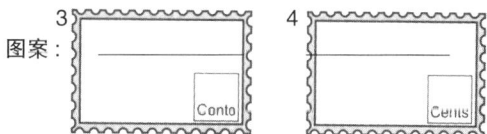

1. 每张邮票中的数字 5 都不是棕色的。

2. 画有大教堂的那张邮票面值中有个 0，它在有棕色边框邮

票的右边。

　　3.第四张邮票的面值中有个 1，而第三张邮票上画的不是海湾。

　　4.面值为 15 分的邮票在蓝色邮票的正上方或正下方。

　　5.画有山峰的不是第一张邮票，它仅比有红色边框的邮票面值大。

368 与朋友相遇

　　汤米在路上先后遇到了 4 位朋友，他们每个人所吃的食物都不相同。因为那天天很冷，所以每个人穿的都是毛衣。根据下面的线索，你能按相遇的先后顺序说出每位朋友的名字、他们各自所穿毛衣的颜色以及他们正在吃什么食物吗？

名字：丹尼，凯文，刘易丝，西蒙
毛衣：米色，蓝色，绿色，红色
快餐：苹果，香蕉，巧克力派，棒棒糖

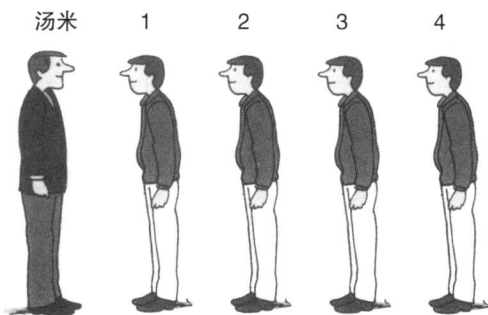

汤米　　1　　2　　3　　4

　　1.在汤米遇到穿蓝毛衣的凯文之前，他遇到了一位在吃棒棒糖的朋友。

　　2.汤米遇到的第 3 位朋友穿着米色毛衣。

　　3.在遇到穿绿毛衣的朋友之后，汤米遇到了正在吃香蕉的朋友，这个人不是西蒙。

　　4.在遇到吃巧克力派的刘易丝之后，汤米碰到了穿红毛衣的小伙子，这个人不是丹尼。

369 出租车

　　4 名妇女刚刚乘火车从北方到达国王十字站，她们将搭乘 4 辆出租车。根据下面的信息，你能认出 1 到 4 号出租车的司机和乘客的名字以及乘客上车时的站名吗？

司机：伯尼，克莱德，詹森，诺埃尔
乘客：安妮特，黛安娜，帕查，索菲
站名（按距离顺序，由远至近）：约克角，多恩卡斯特，格兰瑟姆，皮特博芮

4　　3　　2　　1

　　1.詹森所载的那名女乘客乘火车所走的路程比黛安娜长，黛安娜坐的是詹森后面的那辆出租车。

　　2.诺埃尔所载的乘客不是在皮特博芮上车。

3. 来自格兰瑟姆的那名妇女坐上了 1 号出租车，开车的司机不是伯尼，伯尼车上的乘客叫帕查。

4. 索菲是在多恩卡斯特上车。

5. 克莱德是 4 号出租车的司机。

370 电影制片厂

在好莱坞电影市场的鼎盛时期，会同时有 4 部电影在 4 个邻近的电影制片厂进行拍摄，这 4 个制片厂同属一家著名的电影公司。根据下面的信息，你能具体描述在每个制片厂拍摄的电影类型、导演以及美丽的女主角的名字吗？

电影类型：喜剧，警匪，言情，枪战
导演：奥尔弗·楞次，鲍里斯·旭茨，卡尔·卡马拉，沃尔多·特恩汉姆
女主角：多拉·贝尔，海伦·皮奇，拉娜·范姆帕，西尔维亚·斯敦汉姆

北
西 东
南

电影类型：
导演：
女主角：

A B

电影类型：
导演：
女主角：

C D

1. 那部言情电影的制片厂位于由海伦·皮奇担任女主角的那部电影的制片厂的东面。

2. 枪战电影的制片厂位于导演沃尔多·特恩汉姆所在的制片厂的北面。

3. 西尔维亚·斯敦汉姆是导演卡尔·卡马拉所拍摄电影的主角。

4. 拉娜·范姆帕在一部警匪片里担任女主角，其制片厂在奥尔弗·楞次导演所在制片厂的斜对面。

5. C 制片厂拍摄的不是喜剧片。

371 刺绣展览

几位女性刺绣爱好者正在举行她们的作品展，下面 4 幅作品是其中的一部分。根据所给出的信息，你能说出每幅作品的具体信息（包括作品的主题以及作者的全名）吗？

主题：《河边》，《村舍花园》，《雪景》，《乡村客栈》
名：以斯帖，赫尔迈厄尼，萨利，伊冯
姓：凯维丝，福瑞木，尼得勒，斯瑞德

题目：
名：
姓：

1 2
3 4

189

1.《雪景》在凯维丝夫人作品的斜对面。

2.伊冯为她的刺绣作品取名为《村舍花园》，而伊冯不姓福瑞木，福瑞木夫人的作品不在2号位置上。

3.赫尔迈厄尼的作品比《河边》挂的高。

4.萨利·斯瑞德的作品在《乡村客栈》斜对面，而后者的号码比2小。

5.以斯帖作品的号码比尼得勒夫人的小。

372 欢度国庆

在国庆这一天，4个住在法国相邻村庄的居民选择了不同的庆祝方式。根据下面的信息，你能分别说出每个村庄的名字、该村的居民以及他们的庆祝方式吗？

1.波科勒村举办了圣子埃特鲁米亚展览，该村与克里斯多佛的家乡相邻并在它的东面。

2.第2个村庄是丝特·多米尼克村。

3.丹尼斯住在第3个村庄，而村庄1不是以街道舞蹈为庆祝方式。

4.住在墨维里村的安德烈不是那个花整晚的时间在电视前看庆祝活动的懒汉，这个懒汉也不是住在4号村庄。

5.以烟花大会为庆祝方式的村庄比马丁的家乡更靠西面。

村庄:波科勒，格鲁丝莫，墨维里，丝特·多米尼克

居民：安德烈，克里斯多佛，丹尼斯，马丁

庆祝活动：街道舞蹈，烟花大会，圣子埃特鲁米亚展览，看电视

1

村庄：_____
居民：_____
庆祝活动：_____

北
西 — 东
南

2

村庄：_____
居民：_____
庆祝活动：_____

村庄：_____
居民：_____
庆祝活动：_____

4

村庄：_____
居民：_____
庆祝活动：_____

3

373 美好的火车旅行

在乘火车的旅行中，我从特洛斯坦特出发驶向哈格施姆，途中经过的 4 条河流各自有一座极富特色的桥。根据下面的线索，你能在地图上填出每座桥的名字、类型及其所跨河流的名字吗？

桥名：埃斯博格，斯杰普生德，托福汉姆，维斯吉格

河名：波罗特，科玛，戴斯尔，斯沃伦

桥的类型：拱桥，悬臂桥，吊桥，摆桥

1. 我们花费了 90 分钟跨过了托福汉姆桥，之后就来到了波罗特河上的吊桥。

2. 第二条河横穿斯杰普生德桥。

3. 横跨戴斯尔河的那座桥离哈格施姆的距离比大石拱桥离哈格施姆更近。

4. 我们在到达科玛河前，穿过了悬臂式建筑维斯吉格桥（因为它建在维斯吉格）。

5. 大摆桥在地图上的标示是偶数，每当有船只经过时它可以从中间开启。

374 沿下游方向

诺福克的洛特河是著名的波罗兹的一部分，4 个勇敢的海员家庭把他们的船停在了几家不同旅店的停泊处。根据下面的信息，你能填出图表中每个家庭的名字、所拥有的船只名，以及所停泊的旅店名吗？

家庭：德雷克，费希尔，凯斯，罗德尼

船名：罗特斯，南尼斯，帕切尔，斯恩费希

旅店：钓鱼者休息处，狗和鸭，挪亚方舟，升起的太阳

家庭：＿＿＿ ＿＿＿ ＿＿＿ ＿＿＿
船：＿＿＿ ＿＿＿ ＿＿＿ ＿＿＿
旅店：＿＿＿ ＿＿＿ ＿＿＿ ＿＿＿

1. 费希尔的船停泊在挪亚方舟处，斯恩费希的停泊处在挪亚方舟处的左边。

2. 帕切尔号停在狗和鸭码头。

3. C 位置上的旅店叫升起的太阳，停泊在那里的船不属于罗德尼家庭，也不是南尼斯号。

4. 在最右边的船属于凯斯一家。

375 穿过通道

在机动车道上的4辆汽车正要穿过通道。根据以下线索，你能说出1～4号每辆车的驾驶员姓名、车的颜色以及车牌号吗？

1. 黄车的车牌号是27，它在菲利普所开那辆车的前面。

2. 2号位置车的车牌号是15。

3. 曼纽尔的车在38号车的后面某个位置，38号车不在3号位置。

4. 汉斯的车紧跟在绿车后面。

5. 红车紧跟在安东尼奥的车后面。

司机：安东尼奥，汉斯，曼纽尔，菲利普
颜色：蓝色，绿色，红色，黄色
车牌号：9，15，27，38

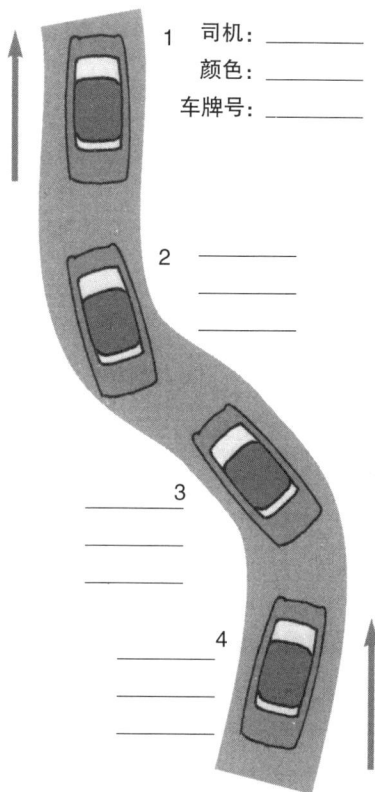

1 司机：_____
   颜色：_____
车牌号：_____

2 _____
   _____
   _____

3 _____
   _____
   _____

4 _____
   _____
   _____

376 叠纸牌

4个小朋友分别用不同颜色的纸牌成功地叠出了纸房子，但每个人叠的层数不同。从以下给出的线索中，你能叫出4个人的名字，并说出他们各自所用的纸牌背景颜色和分别叠了几层吗？

1. 使用绿色纸牌的夏洛特，坐在叠到5层的那个朋友对面。

2. 座位2的那个女孩用纸牌叠到4层高。

3. 安吉拉用的不是黑色的纸牌。

4. 在座位3用蓝色纸牌的女孩，她叠的房子没有用红色纸牌的女孩叠的高。

5. 罗斯是最成功的建筑师，在坍塌之前，她叠到第7层。她不是坐在座位4。

名字：安吉拉，夏洛特，罗斯，蒂娜
纸牌颜色：黑，蓝，绿，红
层数：4，5，6，7

名字：_____
牌：_____
层数：_____

_____
_____
_____

377 票

4个人正在售票亭前排队买票。从以下给出的线索中，你能叫出4个人的名字，并说出他们各自买的是哪个晚上的票、坐在剧院的哪个位置吗？

1. 要买星期六晚上包厢票的那个人排在珀西瓦尔后面。他看星期六晚上的演出来庆祝一个重要的周年纪念。

2. 马克斯紧排在买剧院花楼票的那个人前面，那张剧院花楼的票不是星期四演出的票。

3. 亨利排在队伍的第3个位子，在演出的上演日期上，他的票比正厅后排座位的票要早。

4. 威洛比买的是星期五晚上的票。

名字：亨利，马克斯，珀西瓦尔，威洛比

时间：星期三，星期四，星期五，星期六

位置：正厅后排座位，包厢，剧院花楼，正厅前排座位

378 加薪要求

4个工会的代表正在开会协议向W & S公司提交一份增加工资要求的声明。从以下给出的线索中，你能推断出图中每个人的名字、所代表的工会，以及代表的成员人数吗？

1. 思德·塔克坐在C位置，他代表的成员人数不是4人。

2. 阿尔夫·巴特坐在来自ABM的那个代表的对面。ABM有6个成员在W & S公司。

3. 有7个成员的工会不是BBT。

代表：阿尔夫·巴特，吉姆·诺克斯，雷·肖，思德·塔克

工会：ABM，BBT，BBMU，UMBM

成员数：3，4，6，7

代表：

工会：

成员数：

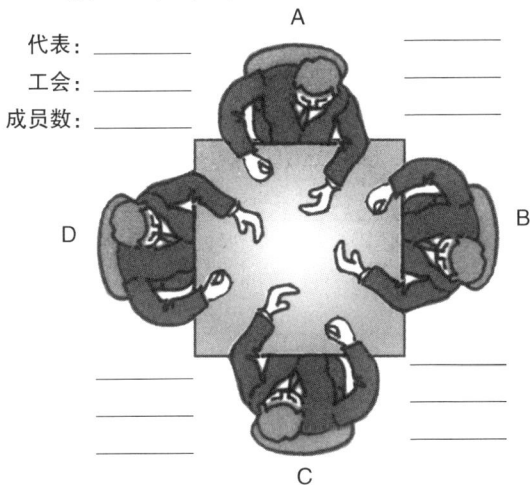

4.坐在 D 位置的人代表的是 BBMU。

5.UMBM 的雷·肖所代表的成员人数没有坐在 B 位置的人代表的多。

379 照片定输赢

最近一次在爱普斯高特的赛马比赛是根据照片上的差距定输赢的。从以下给出的线索中，你能说出每匹马的排名、它们的骑师和骑师所穿衣服的颜色吗？

1."矶鹞"马的后面紧跟着卢克·格兰费尔骑的马。卢克·格兰费尔穿着黑蓝两色的衣服。

2."国王兰赛姆"的骑师是马文·盖尔，他穿的衣服不是粉色和白色。

3.科纳·欧博里恩的马比杰姬·摩兰恩的马的排名靠前。

4.穿红色和橘黄色衣服的骑师和他的马排第 3 名。

5.裁判研究了拍下的照片，最后由于微小的领先，判定是名叫"布鲁克林"的马赢得了此次比赛。

马："蓝色闪电"，"布鲁克林"，"国王兰赛姆"，"矶鹞"

骑师：科纳·欧博里恩，杰姬·摩兰恩，卢克·格兰费尔，马文·盖尔

衣服颜色：黑色和蓝色，粉色和白色，红色和橘黄色，黄色和绿色

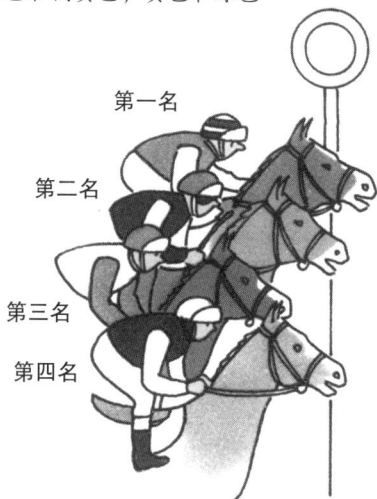

第一名
第二名
第三名
第四名

380 溜冰

4 位年轻的女士来到一个公园的湖上溜冰。从以下给出的线索中，你能确定图中 4 位溜冰者的名字和她们围巾的颜色吗？

1.伯妮斯·海恩在戴黄色围巾的朋友的右边某处。

2.叫肖特的溜冰者戴着红色的围巾。

3.戴着绿色围巾的溜冰者在路易丝左边的某处。

4.1 号溜冰者戴的是蓝色围巾。

名：杰姬，夏洛特，伯妮斯，路易丝

姓：特利尔，劳恩，海恩，肖特

围巾：蓝色，绿色，红色，黄色

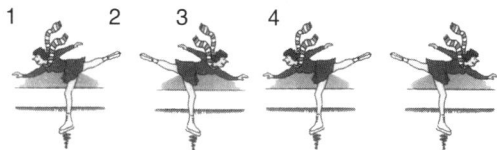

1　2　3　4

溜冰者：_____ _____ _____ _____

姓名：_____ _____ _____ _____

围巾：_____ _____ _____ _____

5. 杰姬不在 2 号位置，她也不姓劳恩。

381 服务窗口

下图向我们展示了一个繁忙的城市邮政局，分别有 4 位顾客在 4 个服务窗口前办理业务。从下述的线索中，你能说出今天在各个窗口上班的职员的名字、每个顾客的名字以及每位顾客办理的业务吗？

1. 艾莉斯正在提取她的养老金。

2. 某人正在办理公路收费执照，而亨利就站在此人左边第 2 个窗口处。亨利不在亚当的窗口前办理业务。

3. 路易斯在 3 号窗口处工作。

4.4 号窗口前的顾客不是玛格丽特，此处的顾客正在购买一本邮票集锦。

5. 某人正在寄一封挂号信，大卫就在此人的右边一个窗口工作。

职员：亚当，大卫，路易斯，迈根

顾客：艾莉斯，丹尼尔，亨利，玛格丽特

业务：邮票集锦，养老金，挂号信，公路收费执照

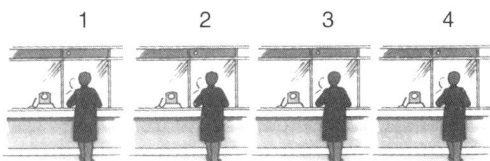

| 1 | 2 | 3 | 4 |

职员：＿＿＿ ＿＿＿ ＿＿＿ ＿＿＿

顾客：＿＿＿ ＿＿＿ ＿＿＿ ＿＿＿

业务：＿＿＿ ＿＿＿ ＿＿＿ ＿＿＿

382 学习走廊

在一条走廊上相邻的 5 个教室里，有不同人数的学生组成的 5 个班级，分别由 5 位教员授以不同的课程。从以下给出的线索中，你能说出班级、人数、正在上的科目及授课老师吗？

1. 拉丁语课在教室 4 上，上这门课的班级比汉森太太教的班级高两个年级。

2. 正在教室 5 上课的是 2B 班，班级人数不是 29 人。上历史课的教室位于培根先生上课的那个教室的右边。有 30 个学生正专心致志地听培根先生讲课，这个班级比海恩斯先生带的班级高两个年级。

班级：1A，2B，3A，4A，5B

课程：英语，地理，历史，拉丁语，数学

老师：培根先生，伯尔先生，汉森太太，海恩斯先生，史宾克斯小姐

班级人数：26，28，29，30，32

| 教室 1 | 教室 2 | 教室 3 | 教室 4 | 教室 5 |

3. 由 28 个学生组成了 5B 班，他们所在的教室在数字上比课程表安排的史宾克斯小姐上英语课的教室大一个数字。

4.4A 班人数比 1A 班少，4A 班上的是地理课。

5.3A 班的人数少于 30，给他们上课的不是伯尔先生。

383 善于针织的母亲们

作为对那斯利浦高中 100 周年纪念庆典的捐赠，各有一个女儿在读的 4 位母亲共同织就了一幅挂毯，这幅挂毯有 4 个主题，每位母亲负责其中的一个。从以下给出的线索中，你能说出每个部分作品的主题，以及相对应的母亲和女儿的名字吗？

主题：物理教育，科学技术，艺术类，人文学科
母亲：海伦，米歇尔，索菲，坦尼娅
女儿：哈里特，梅勒妮，莎拉，崔纱

1. 没有一位母亲和她女儿的名字有相同的首字母。

2. 描绘艺术类的作品放在梅勒妮的母亲负责的那部分作品的左边。最有可能负责描绘艺术类部分作品的母亲，她的名字在字母表顺序上排在其女儿的前面。

3. 米歇尔负责的那部分作品排在崔纱的母亲的右边某个位置，这两部分都不是关于物理教育方面的。而关于物理教育的那部分作品，它左边是海伦的作品，右边是哈里特的母亲的作品。

4. 莎拉的母亲和索菲都不负责科学技术部分的作品，负责这部分作品的母亲在最右边。

5. 阐述人文学科的作品在梅勒妮的母亲负责部分的左边某个位置；梅勒妮的母亲的作品不跟索菲负责的那部分作品相邻。

384 瓶塞

这是一个很好的瓶塞思维游戏，你可以在你下次葡萄酒品尝会上拿它来考考你的客人。接下来，我要请 19 世纪最好的思维游戏出题者——霍夫曼教授介绍这个题：

"准备 2 个葡萄酒瓶的瓶塞，然后

图 1

图 2

按照图 1 的样子把它们夹在手上（即：每个瓶塞都横着放在拇指的分岔处）。现在，用右手的拇指和中指抓住左手上的瓶塞（两根手指抓住瓶塞的两端），与此同时，再用左手的拇指和中指抓住右手上的瓶塞，然后，把两个瓶塞分开。"

上面的操作听起来很简单，但是初学者在尝试的时候会出现图 2 的情况。而这正是这个题要避免的，必须将 2 个瓶塞自然地分开。

385 吸血鬼

传说很久以前，在罗马尼亚有 5 个非常凶残的吸血鬼，他们有特殊的偏好。根据下面的信息，请你写出这 5 个吸血鬼的姓名、头衔、所在的城市，以及最喜欢的食物。

1. 统治苏恰瓦的吸血鬼最喜欢吃有钱人，但他不是叫乔治的公爵。
2. 图尔达的伯爵不是杰诺斯也不是弗拉德。最喜欢吃罪犯的吸血鬼不是兰克也不是米哈斯。
3. 扎勒乌的吸血鬼最喜欢吃外国人。
4. 阿尼纳的吸血鬼不是男爵。
5. 米哈斯是侯爵，他不喜欢吃有钱人。
6. 杰诺斯喜欢吃老人，他不是王子。
7. 有一个吸血鬼最喜欢喝女人的血。
8. 有一个吸血鬼在纳波卡。

	王子	侯爵	公爵	伯爵	男爵	扎勒乌	图尔达	纳波卡	阿尼纳	苏恰瓦	女人	有钱人	外国人	老人	罪犯
乔治															
兰克															
杰诺斯															
米哈斯															
弗拉德															
罪犯															
老人															
外国人															
有钱人															
女人															
苏恰瓦															
阿尼纳															
纳波卡															
图尔达															
扎勒乌															

386 粮食

磨坊主蒂莫西念过一些书，他总是喜欢为难他的邻居。每到秋天，他都会在自己的磨坊出一个思维游戏并承诺给第一个回答出来的农夫免费磨 10 袋粮食。问题是：在下面的 10 袋粮食中，如何把 4 袋粮食放到别的位置使所有的粮食排成 5 行、每行各有 4 袋粮食。

首先，你必须把 10 袋粮食排成两行、每行各有 5 袋粮食。

我可以做到，我敢打赌。

387 航空公司

5 家航空公司的业务范围都是欧洲的大城市，但是不同的价格所包含的服务差距是很大的。根据下面的信息，你能否说出这些航空公司的名称、各自的总部、飞往的城市，以及服务的主要问题？

1. Simplejet 公司的总部在荷兰或葡萄牙，飞往法兰克福或巴黎。

	葡萄牙	意大利	荷兰	丹麦	比利时	布拉格	巴黎	伦敦	法兰克福	巴塞罗那	不允许儿童乘坐	飞机上食物太贵	每两天才飞一次	飞机晚点	座位很狭窄
BabyAir															
Connor															
EFD															
Herta															
Simplejet															
座位很狭窄															
飞机晚点															
每两天才飞一次															
飞机上食物很贵															
不允许儿童乘坐															
巴塞罗那															
法兰克福															
伦敦															
巴黎															
布拉格															

2. Herta 航空公司飞往巴塞罗那或布拉格。

3. 比利时航空公司要么就是食物很贵，要么就是不允许儿童乘坐。

4. 座位很狭窄的航空公司不是 BabyAir 就是 EFD，不是葡萄牙的就是比利时的航空公司。

5. 总是晚点的航空公司不是飞往布拉格就是法兰克福。

6. 飞往伦敦的航空公司不是儿童不能乘坐，就是每两天才飞一次。

7. Connor 航空公司飞往巴塞罗那或法兰克福，它的总部不是在葡萄牙就是在意大利，不是飞机晚点就是食物很贵。

8. EFD 航空公司飞往伦敦或法兰克福，不是座位很狭窄就是飞机晚点。

9. 有一家航空公司的总部在丹麦。

388 减肥

5 个人因为不同的原因开始减肥。根据下面的信息，请你说出这 5 个人的名字、减肥所选择的运动、食疗方案，以及减肥的原因。

1. 斯坦尼斯勒没有选择游泳。

2. 路德米拉选择了网球，但是并不是为了做报告（为了做报告减肥的那个人选择了低卡路里疗法）。

3. 波瑞斯马上就要结婚了。

4. 选择了跑步的人也选择了低碳疗法，但她不是为了度假或者参加同学聚会。

5. 乐达卡没有选择游泳，她也不是为了做报告而减肥。

6. 选择骑自行车的人是听从了医生的建议开始减肥的，但是她没有选择低脂肪疗法。

7. 若斯蒂米尔选择了减食疗法，但不是为了度假。

8. 有人选择了低 GI 值疗法。

9. 有人选择了壁球。

389 结婚礼物

几个男人为他们的妻子买了结婚礼物。根据下面的信息，请你说出这几个男人的名字、他们的妻子分别是谁、他送她的礼物是什么、他们结婚多久了。

1. 蒂瑞斯和贝格特比买项链的那个男人结婚要早。

2. 恩格瑞德将收到一枚戒指。

3. 买耳环的男人已经结婚16年了，这个人不是沃尔克。

4. 米切尔买的是摄像机。

5. 罗兰德已经结婚14年了，但是他的妻子不是安妮特。

6. 卡罗蒂结婚5年了。

7. 贝特不会收到项链，也不会收到内衣，她的丈夫不是米切尔。

8. 其中有一对结婚7年了，有一对结婚3年了。

9. 有一个男人的名字叫库特。

	贝特	恩格瑞德	卡罗蒂	贝格特	安妮特	戒指	项链	内衣	耳环	摄像机	16年	14年	7年	5年	3年
蒂瑞斯															
库特															
米切尔															
罗兰德															
沃尔克															
3年															
5年															
7年															
14年															
16年															
摄像机															
耳环															
内衣															
项链															
戒指															

390 乘坐出租

5个女人在某城市坐出租车。根据下面的信息，请你分别说出她们的名字、她们要去哪里、去干什么，以及付了多少钱。

1. 泰娜比坐车去健身的女人付的车钱多。

2. 琳达和泰娜中有一个人去喝咖啡了，并且付的车钱比去见朋友的女人多5元。

3. 去中央公园的女人比去世纪中心车站的女人付的钱少，去车站的女人不是去

	苏豪公寓	阳光屋	自由岛	世纪中心车站	中央公园	观光	购物	见朋友	健身	喝咖啡	50元	45元	40元	35元	30元
格斯															
艾妮															
菲琳															
琳达															
泰娜															
30元															
35元															
40元															
45元															
50元															
喝咖啡															
健身															
见朋友															
购物															
观光															

购物的。

4. 要么是菲琳去苏豪公寓，泰娜去购物；要么是格斯去苏豪公寓，菲琳去购物。

5.艾妮去了阳光屋，而且她比去喝咖啡的女人多付了5元的车钱。

6. 泰娜和琳达中有一个人去观光了，总共付了45元的车钱。

7.有一个女人去自由岛了。

8. 这5个女人付的车钱分别是30元，35元，40元，45元和50元。

391 国外度假

5位女士去国外度假。根据所给的信息，请你说出她们的名字、她们去哪个国家、住在哪里，以及去那里是因为那里的什么。

1. 泰莎去毛里求斯或者印度尼西亚，为的是那里的商店或者沙滩。

2.莫娜是为了当地的森林或者寺庙去度假的。

3.在柬埔寨度假的女士住的既不是酒店也不是度假村。

4.别墅是在印度尼西亚或柬埔寨，选择住别墅的不是艾德瑞就是罗梅。

5.牧人小屋可能是在寺庙或者商店附近。

6.要么就是酒店，要么就是旅馆有一个游泳池。

7.杰娜要么去印度尼西亚，要么去泰国；她可能是为了那里的森林，也可能是去那里的商店购物；她可能待在牧人小屋或者度假村。

8.罗梅可能住在牧人小屋或者别墅里，她去度假是为了那里的游泳池或者商店。

9.有一位女士去了马来西亚。

392 糖果店

一群小孩躲雨进了一家糖果店。根据所给的信息，你能否说出她们的名字、她们分别买了什么糖、买了几个，以及她们穿着什么颜色的雨衣？

1. 沃里穿着一件黑色雨衣。

2. 穿蓝色雨衣的小孩（不是古恩娜）买了12个糖。

3. 何瑞莎比穿黄色雨衣的小孩多买两个糖。

4. 有一个小孩买了6个棒棒糖。

5. 买甘草糖的不是沃里，也不是穿黄色或者白色雨衣的小孩。

6. 穿紫色雨衣的小孩买的是巧克力。

7. 比亚妮买了10个糖，但不是太妃糖。

8. 有一个小孩买了4个糖，另一个买了8个。

9. 有一个小孩叫若哥娜。

	太妃糖	奶糖	棒棒糖	甘草糖	巧克力	12	10	8	6	4	黄色	白色	紫色	蓝色	黑色
比亚妮															
古恩娜															
何瑞莎															
若哥娜															
沃里															
黑色															
蓝色															
紫色															
白色															
黄色															
4															
6															
8															
10															
12															

393 邻居

5个邻居喜欢待在自己家的院子里。根据所给的信息，你能否说出他们的名字、他们家的门牌号、他们家的大门的颜色，以及他们各自喜欢在院子里干什么？

1. 大卫家的门牌号比喜欢野餐的人家的大。

2. 绿色大门房子的门牌号比黄色大门房子的小，黄色大门房子的主人不喜欢打篮球。

3. 要么是沃尔特喜欢打篮球，约翰的房子大门是蓝色的；要么是大卫喜欢打篮球，沃尔特的房子大门是蓝色的。

4. 迈克的房子大门是红色的，他家的门牌号比喜欢看报纸的人（不是别克就是大卫）家的大。他家的门牌号也比喜欢洗车的人家的大。

	2306	2305	2304	2303	2302	白色	黄色	红色	绿色	蓝色	洗车	晒太阳	看报纸	打篮球	野餐
别克															
大卫															
约翰															
迈克															
沃尔特															
野餐															
打篮球															
看报纸															
晒太阳															
洗车															
蓝色															
绿色															
红色															
黄色															
白色															

5. 门牌号是 2305 的人喜欢晒太阳，这个人不是大卫就是别克。

6. 有一座房子的大门是白色的。

7. 所有的门牌号为 2302 到 2306。

394 戏剧表演

新镇总有精彩的业余戏剧表演。今年，"面团表演队"上演了《麦克白》。"业余戏剧队"没有表演《奥赛罗》，《奥赛罗》的票价最低。《朱利叶斯·恺撒》是 3 月份上演的作品，虽然它是新镇上演的最好的戏剧，但是票价并不是最贵的。"真正的莎士比亚"公司的戏剧是在"面团表演队"的作品上演之后上演的。根据这些信息，你能否找出这些表演队伍分别上演了什么作品、票价以及作品上演的月份？

	业余戏剧队	真正的莎士比亚	面团表演队	3月	6月	10月	￥3	￥6	￥10
朱利叶斯·凯撒									
奥赛罗									
麦克白									
￥3									
￥6									
￥10									
3月									
6月									
10月									

395 失衡的天平

图 1：天平是平衡的。天平左端是一个装满水的容器，而右端是一个重物。

图 2：重物从天平的右端被移到左端，而且该重物完全浸入容器中的水里面。

很明显现在左端要比右端重。

请问：为了继续保持天平的平衡，现在天平的右端应该放上多重的物体？

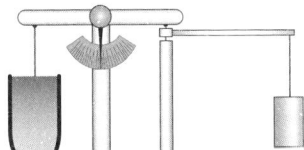

图 1

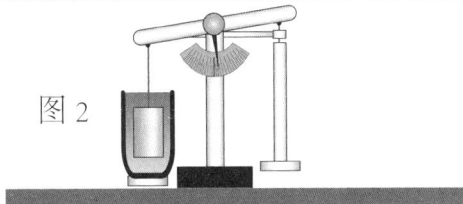

图 2

396 迷宫算式

从左上方的数字 7 出发，穿过迷宫并得出一个算式，使算式最后的得数仍然是 7。不可以连续经过同一排的 2 个数字或运算符号，也不可以两次经过同一条路线。

$= 7$

397 蜂窝

由 14 个小六边形组成了一个蜂窝状图形，每个小六边形都包含字母 A 到 N 中的一个，你能把各个字母按以下线索填进各个小六边形中吗？

1. 字母 A 在 F 的右下角，且紧挨着 F，并在 M 的左上方。

2. 六边形 1 中的字母是字母表中前 5 个之一。

3. 字母 H 在 D 的右上方，这两个字母的周围均不包含元音字母。

4. N 和 I 在垂直线上，N 在较高的位置。

5. 六边形 7 中的是字母 K。

6. 六边形 9 中的字母在字母表中的位置要比它上方六边形 4 中的字母前 2 位。

7. 六边形 14 中的字母是个元音字母，在字母表中，它紧排在六边形 5 的字母的前面。

8.G 和 L 相邻，L 更靠右边。

398 派对

家庭生日派对在过去很流行。当然，他们会做很多游戏。这是旧时的一个有名的派对游戏。在桌子上放 12 个盘子，然后在每个盘子里放 1 枚硬币。接着，将一个盘子里的硬币拿走，按逆时针方向移动，并跳过 2 枚硬币，然后放在下一个只放 1 枚硬币的盘子里。重复这个动作，并按逆时针方向从任意一个只放 1 枚硬币的盘子开始游戏。你所跳过的 2 枚硬币是在 1 个盘子里还是在 2 个盘子里都无关紧要。移动 6 次之后，桌子上必须有 6 个空盘子以及 6 个各有 2 枚硬币的盘子。同时，在 6 次之后，你要回到你刚开始的盘子边。这个游戏的目的是找出绕行桌子的最少圈数。

399 直线和正方形

好像沃尔多·奎勒已经把那个著名的直线和正方形游戏解决了。这个题要求用最少的直线画一个图形，这个图形要有 100 个正方形。在下图中，你

哇！我想我找到答案了。我会把它刊登在《绘图文摘》的封面上！

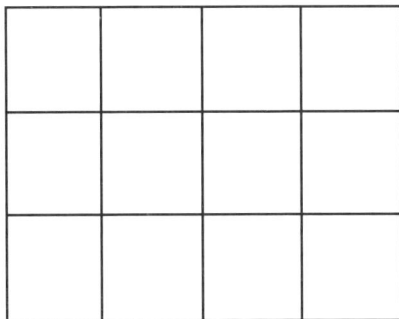

会找出20个正方形。如果你能解答这个题，那么你就有资格参加正方形比赛月。

400 "不可能"的纸张

这个看似不可能的纸张思维游戏只用一张纸就完成了。"内折边"是纸的一部分，它可以向前后移动，但是它并没有被剪掉也没有被粘住。内折边的面积正好与剪掉的两个部分的面积相等。尽管从图上看，这的确是不可能的，但是这个纸张思维游戏是如何完成的呢？

401 智慧之星

在古代埃及，每逢举行娱乐集会，人们总是在修建金字塔的闲暇时刻聚在一起做思维游戏。阿布辛贝神庙的祭司们把智慧之神斯塔姆尤莫斯特的巨大盾牌拿了出来，并把它放在拉美西斯二世雕像的对面。在这个六边形的盾牌上有9颗智慧之星。要想解答这个题，答题者必须在上面画出9条长度相同的直线并使每颗星单独享有自己的长方形。如果谁成功解答问题，那么他会受到埃及王室的邀请；但是如果失败，那么他将受邀参加鳄鱼赛跑。读者朋友们，你们有没有兴趣参加比试呢？

402 撒谎的肯特

　　肯特在圣诞之夜请他新结识的摩西小姐到一家旅店共进晚餐。摩西小姐聪明活泼，美丽动人，肯特十分爱慕。聊了一阵，肯特发现摩西小姐对自己不大感兴趣，不久两人就离开了旅店。心情沮丧的他在街上闲遛，遇见了名探罗克。

　　罗克问他为什么心情沮丧，独自一人在街上闲逛？肯特说了宴请摩西小姐的事。罗克问他在餐桌上同摩西小姐谈了些什么，肯特说："我向她讲了一个我亲历的惊险故事。那是去年圣诞节前一天的早上，我和海军上尉海尔丁一同赶往海军在北极的气象观测站执行一项特别任务。那是一项光荣的任务，许多人想去都争取不到的。但可惜的是，我们在执行任务的过程中，遇上了意外情况，海尔丁突然摔倒了，大腿骨折，伤势十分严重。我赶紧为他包扎骨折部位。10分钟之后，更可怕的事情发生了，我们脚下的冰层开始松动了，冰块脱离北极，顺着水流向远方的大海漂去。我意识到这时我们处在生死关头，随时随地都有生命危险。特别是当时天气异常寒冷，滴水成冰，如不马上生火取暖，我们都会被冻死的，但是火柴用光了。于是我取出一个放大镜，又撕了几张纸片，放在一个铁盒子上，铁盒子里装了一些其他取暖物。我用放大镜将太阳光聚焦后点燃了纸片，再用点燃的纸片引燃其他取暖物。感谢上帝，火燃烧起来了，拯救了我们的生命。更幸运的是，4小时后我们被一艘经过的快艇救了起来。人人都说我临危不惧，危急关头采取了自救措施，是个了不起的英雄。"

　　罗克听后大笑起来："你说谎的本事太差了，摩西小姐没有对你嗤之以鼻，就已经够礼貌的了。"你知道肯特讲的海上遭遇有什么地方不对头吗？

403 取怀表

　　温斯探长接到报案。在一家旅馆里发现一具男尸，他火速赶到现场，死者是被人用枕头闷住窒息而死的。经调查死者是C公司的经理阿曼。据秘书反映，死者的表弟阿莱最近跟阿曼争吵了几次，今天下午阿曼可能又去见他了。温斯探长掏出怀表看了看，决定去找阿莱。他临走时顺手将怀表放在桌上，并对警卫耳语了几句，便离开了旅馆。

温斯探长见到阿莱，便问他知不知道阿曼被人谋杀的事。阿莱说："不知道，我好几天都没见到他了，今天刚从一个朋友家回来。"

"我知道你和此事无关，找你只是想了解一点情况。"温斯探长一边说着一边伸手去掏怀表，"糟糕，我的表忘在了案发现场，请你帮我拿一下并送到警局好吗？我现在要去找一个有疑点的人。"阿莱犹豫了片刻，答应了。

阿莱大模大样来到旅馆，一进房门就看见温斯探长，不由大吃一惊，刚想逃走，却被警卫牢牢抓住。

温斯探长站起身说："果然不出我所料，你就是凶手！"阿莱这才知道自己自投罗网了。经审讯，阿莱为继承遗产，将表哥阿曼杀害了。

温斯探长为什么说他就是凶手呢？

404 邮轮上的日本国旗

英国豪华邮轮"伊丽莎白"号首次远航日本。"伊丽莎白"号是传媒大亨威廉花了3000万英镑，向西班牙造船厂订购的。这艘超豪华邮轮长260英尺，有3层舱体和双层甲板，能够为80名贵宾提供舒适惬意的旅程。

威廉邀请了世界传媒集团的大亨们乘坐"伊丽莎白"号远航日本，去享受最新鲜的生鱼片和鲑鱼大餐，大亨们对这艘"游艇之王"赞不绝口。德国传媒集团的总裁加伯德甚至用嫉妒的口吻说，把全世界报纸的利润加起来，也只够造两艘"伊丽莎白"号。

威廉得意地笑了，同时他还告诉大家现在已经进入日本领海的航程。大亨们听说已经来到日本领海，纷纷挤上甲板，想看看这个岛国的面貌。可让他们失望的是，别说白雪皑皑的富士山，就连小片陆地都看不到。

既然没有什么特别的风景，大家又重新回到客厅，讨论起如何提高数字电视技术的枯燥问题。忽然，加伯德惊叫起来，他的公文包不见了！

人们一下子全

都围拢过来，大家都知道公文包失踪对一个总裁来说意味着什么，那里面不但有大量现金、信用卡和空白支票，还有许多机密资料和信息，这些信息的价值是无法估量的。

威廉非常恼火，他找来船上所有的护卫，发誓要找出窃贼。经过仔细回忆，每个人都互相证明了自己刚才在甲板上。也就是说，偷走公文包的人只可能是船上的船员。

威廉立刻把船上的5名船员叫过来一一询问。船长说，刚才他在驾驶舱里一直没走开过，有录像带可以作证；技师说他一直在机械舱保养发动机，好让发动机能一直保持37节的速度，可是没人可以证明；电力工程师告诉威廉，他刚才在顶层甲板更换日本国旗，挂上去以后发现挂反了，于是重新挂了一次，有国旗可以作证；还有两名船员说他们在休息舱打牌，互相可以作证。

威廉听完，立刻指出了其中一个人在说谎，并且让他交出公文包。聪明的读者，你知道谁在说谎吗？

405 寻找放哨的人

在一个极冷的一月的夜晚，格里利巡警刚巡视到市里一家商店的门口时，一只猫突然从他身旁蹿过，进了一个胡同。格里利注意看那只猫时，发现柯林斯珠宝店橱窗里有手电筒的光线闪过。

格里利立即请求支援，一辆警车随后赶到。3个警官都拔出手枪，封锁了商店的前后门。但为时已晚，盗贼已经逃跑了。警官们发现展橱已被打开了一半，这就说明，有人报信给盗贼了。

"他们一定有放哨的。"格里利说。几秒钟后，他的判断得到了证实。警官们在珠宝店的地板上发现一部步话机，看来是盗贼丢掉的。"快！"格里利说，"刚才我看到有3个人在外面游荡，其中一定有那个放哨的……"

警察们迅速行动，搜查了10个街区，逮捕了3个在街上闲逛的人，格里利还能记住他们的样子。

"我正在等公交车。"第一个人拄着白手杖，戴着墨镜说道，"我是一个盲人，在柯林斯珠宝店隔壁做会计工作，今晚我工作到很晚，听到街上有动静，但我看不见。"

第二个人是一个妇女，她在夜晚的寒风中颤抖着对警官说道："我的车坏了。我走出来找地方修车，你们可以检查我的车，现在还是坏的。"

第三个人是一个无家可归的酒鬼，他手中拿着喝了一半的威士忌酒瓶，瓶中的酒已经有部分结冰了。"我正想着自己的事情。"他含糊不清地说，"想找一个暖和的地方睡觉。"

"一个盲人，一个陷入困境的开车的人，一个酒鬼。"格里利对他的同事们低声说，"我知道是谁在替盗贼放哨了。就是那个酒鬼。"

格里利为什么说酒鬼是放哨的呢？

406 女教师之死

贝尼卡是一名女教师，她为人善良大方，别人有什么困难，她总是热情地帮助。在学校里，她深受学生和同事们的爱戴，年年被评选为先进。她有一个姐姐，要比贝尼卡大5岁，可是贝尼卡的爸爸总是说："贝尼卡比她的姐姐更懂事呢！"

有一天早上，上课的时间已经过了，贝尼卡却没有到教室里来。学生们都觉得奇怪，这可是从来没有过的呀！他们去找教务主任，教务主任打电话到她的家里，电话没有人接。教务主任不放心，赶到贝尼卡的家里，拼命按门铃，却没有人来开门。

教务主任觉得有些不对劲，只好打电话给警察局。哈里警长接到电话，几分钟后就赶到了。他问清楚了情况，凑近房门，看了看门上的"猫眼"，那是一个探视孔，房间里面的人可以通过"猫眼"看到外面的人，但是外面的人却看不到里面的人。

哈里警长又按了几次门铃，还是没有人开门。他叫来大楼管理员，打开了房门，这才发现贝尼卡穿着睡衣，倒在血泊中，胸口插了一把刀。根据检查，死亡的时间大约在昨天晚上8点钟。大楼管理员查看了记录，然后告诉哈里警长："昨天晚上，先后有两个人来找贝尼卡，一个是7点50分来的，是她的姐姐；另一个是8点10分来的，是她的女同事玛莎，两个人都说，按门铃以后没有人开门，以为贝尼卡不在家，就离开了。"哈里警长思考了一会儿，对身边的警员说："来访的两个人当中，有一个就是杀害贝尼卡的凶手！而这个人就是她姐姐！"

哈里警长为什么说她的姐姐就是凶手呢？

407 冰凉的灯泡

夏日的一个傍晚，侦探麦考小姐来到和她约好的朱莉家中吃晚饭。仆人先招呼她在客厅坐下，然后上楼去通报，不到一分钟，二楼突然传来惊叫声，接着，仆人慌张地出现在楼梯口，喊道："不好了，朱莉小姐可能遇害了！"

麦考听罢，立即跑上去与仆人撞开书房的门，书房里没有开灯，月光透过窗户射了进来，书桌上放有一盏吊灯。

仆人对麦考说："我刚才来敲门，没人应答，门从里面反锁着。我从锁孔往里一瞧，灯光下只见小姐趴在桌上一动不动。忽然，房中漆黑一片，我猜一定是凶手关了灯逃跑了。"

麦考用手摸了摸灯泡，发觉灯泡是冰凉的，她迟疑了一下，打开灯，只见朱莉头部被人重击，死在书桌旁。

麦考问仆人："你从锁孔看时，书房的灯泡是亮着吗？"

仆人回答说："是的。"

"不！你在说谎，凶手就是你！"麦考说着给仆人戴上了手铐。

麦考怎么知道仆人就是凶手呢？

408 敲诈事件

希拉尔正在忙碌地处理文件，突然电话铃响了。是他夫人茉莉的哭救声，和一个陌生男子的声音：

"嗨，朋友，我图财不害命，只要你给我 10 万美元，我保证不伤害你夫人一根汗毛，过一会儿有个穿黄色风衣的人来找你，你就把钱交给他。如果你报警的话，可就见不到你夫人了——"说到这里电话就断了。

放下电话，希拉尔就来到了一家商店，先买了一只蓝色的小皮箱，然后就去银行取了10万美金，拎着回到了办公室。

过了一会儿，一位穿黄色风衣的人来到了办公室，见希拉尔把钱已准备好，便一边拎过箱子，一边说道："好的，先生，你很守信用。现在你需要做的就是安静地等待，不要报警，否则你的夫人就会没命。"

说完黄风衣便推门而去。

黄风衣一离开，希拉尔便急忙往家里打电话，可怎么也拨不通，于是，他先报了警，之后便赶到家里。

一进家门，他见惊魂未定的夫人正与先赶来的警官交谈，见他走了进来，一个警官便向他说道：

"你夫人已告诉我关于一个男子和你给那个人一只装钱的蓝色皮箱。现在，请你再详细讲一讲那个男子的外貌特征。"

希拉尔就详详细细地把事情的经过述说了一遍。

警察们走了之后，希拉尔和夫人一边喝酒一边谈论着刚刚发生的敲诈事件。

喝着喝着，希拉尔突然在座位上弹了起来，怒视着夫人说道：

"我明白了，真正的幕后操纵者是你，是你和那个绑匪串通好了来敲诈我！"

"这怎么可能呢？我是你的夫人呢！"

希拉尔当着夫人的面，说出了理由，他的夫人只好承认了犯罪事实。

希拉尔为什么认为他的夫人就是幕后指使者呢？

409 遗书

石原是一家株式会社的社长，由于出了交通事故，卧床多日后去世了，留下了一大笔遗产。按照法律的规定，他唯一的女儿庆子应该是合法继承人。

这天，刚刚送葬完毕，律师便叫过庆子，准备与其谈她父亲的遗产继承权问题。还未等他开口，石原的弟弟石井推门走了进来，说道：

"亲爱的侄女，亲爱的律师先生，我哥哥的遗产应该有我的一半！"

"什么，有你的一半！这是不可能的！"律师很坚定地说道。

"请你不要着急，我这里有我

哥哥给我写的遗书。"石井一边说着，一边从兜里拿出了一个信封递给了律师。

律师接过信，从里面抽出了 3 张纸，他仔细一瞧，只见字迹非常潦草，但却可以看清楚信上的大致意思：

"生前多蒙弟弟照料，使我感激不尽，作为报答，现将我财产的一半馈赠给你。唯恐我女儿反对，故而立此遗言。"

律师看完信，想了想便问庆子："你看这信上的字迹是不是你父亲所写？"

庆子说道："父亲出了交通事故后，一直卧床不起，尤其是他不能翻身，胳膊吊着绷带，每天总是气喘吁吁地仰面躺在床上。所以我父亲能不能写字我根本不知道，这信上的字迹是不是父亲所写，我也不能确定！"

律师又问石井："你的这封遗书是石原什么时候写给你的呀？"

石井道："我哥哥有一天睁开眼睛，仰着面，用圆珠笔，歪歪扭扭地给我写了了这封信，因为我哥哥是仰面拿笔，所以他写的信字迹七扭八歪。"

听到这，律师不禁笑道："好你个骗子，竟敢伪造遗书来欺骗自己的亲侄女，我看你就不要再说下去了！"

律师为什么说石井拿出的遗书是伪造的呢？

410 飞来的小偷

一天，日本的一位富翁在东京城外别墅里举行宴会，别墅里绿树成荫，百鸟齐鸣。客人们一边谈天说地，一边品尝着美味佳肴，一个个显得十分高兴。

可是扫兴的事情发生了。一位女宾在去洗手间洗手时，把钻石戒指放在外间靠窗的桌子上，等出来时，钻石戒指却不见了。

门是关着的，洗手间在 3 楼，也没有人来过，别墅中的仆人都忠实可靠，何况，失窃之前也没有一个仆人上过楼。再说窗子外面也没有梯子，难道小偷是从天上飞下来的？

大富翁为此事很生气，认为这事又一次丢了他的面子。因为在他的别墅里，已经第三次发生这样的事了，他非要查个水落石出不可，他拿起电话就准备报警。

这时，从宾客中走出一位名叫山田吉木的中年人，他是位动物学家。他听那位女宾讲了事情的经过，又听富翁讲了以前发生的两起失窃案件的经过，胸有成竹地说："先生，你别报警，这件事让我来试试吧！"

山田吉木先生在别墅四周转了转，指着一棵大树上的喜鹊窝说："派个人爬到树上，到喜鹊窝里查查看。"

一位机灵瘦小的仆人很快就爬上大树，他将手伸到喜鹊窝里一摸，大声叫道："金耳环、钻石戒指、项链，都在这儿哪！"

"这是怎么回事？"富翁问道。

山田吉木说出了一番话，富翁方如梦初醒。

你知道山田吉木说了什么话吗？

411 柯南的解释

一天，某男爵的遗孀拜访柯南道尔，向他谈了一件令人难以置信的事：

"5 年前，先夫不幸去世，我为他建造了一座墓。谁知道从那以后，每年冬天，墓石就会移动一些。前天，我请了一位巫师来召唤先夫的灵魂，可是没有任何反应。先生，我是多么希望能与先夫的灵魂对话啊！"

说着，她从手提包里取出一张照片给柯南道尔看。这是男爵的墓地照片。在一块很大的台石上面，放着一块球形的大石头。"由于先夫生前爱玩高尔夫球，所以临终时曾嘱咐要给他造个像高尔夫球那样形状的墓。这张照片就是在墓建成之后拍的。球石正面还雕刻了十字架。现在，这个球石差不多移动了四分之一，十字架也一点一点地被埋在下面，都快看不见了。"

"球石仅仅是在冬天移动吗？"柯南道尔问。

"是的。这个地方的冬季特别冷。每年一到冬天，我就到法国南部的别墅去，春天再回来，并去先夫的墓地扫墓。这时，总是发现球石有些移动。我想，是不是先夫也想与我一起去避寒，要从墓石下面出来？"

柯南道尔请夫人带他去墓地看看。

在一堆略微高起的土丘上，墓地朝南而建，四周有高高的铁栅栏围住，闲人不能随便进入。在沉重的四方形台石上面，有一个直径 80 厘米的用大理石做成的球面，为了不使球面滑落，台石上挖了一个浅浅的坑，正好把球嵌在里面。浅坑里积有少量的水，周围长满苔藓。如果球石的移动是有人开玩笑，用杠杆来移动它，那在墓地和苔藓上该留有一道痕迹，可又一点痕迹也没有。如果有人不用杠杆而用手或身子去推球石，那凭一两个人的力气是根本推不动的。

柯南道尔摸了一下浅坑里的积水，沉思了片刻以后说："夫人，墓石的移动是一种物理现象，与男爵的灵魂没有任何关系。"

你能解释柯南道尔所说的物理现象是怎么一回事吗？

412 幽灵的声音

　　英国大侦探洛奇一天来到法国度假，正当他在海滩上欣赏海景的时候，突然发现了一位奇怪的男子。只见他脸色苍白，坐在海边好像努力回忆着什么，脸上的表情恐惧而痛苦，仿佛回忆起了什么非常恐怖的事情。洛奇很奇怪，于是走到他身边坐下来问道："朋友，有什么我可以帮助你的吗？"

　　这个男子好像被吓了一跳，他猛然往后一缩，浑身颤抖起来。

　　"我没有恶意，"洛奇连忙安慰他，"我只是想帮助你，有什么就告诉我吧。"

　　男子仔细看了看洛奇，结结巴巴地问："你有胆量帮我吗？你相信我吗？我碰上了幽灵！"

　　"有这样的事情？"洛奇一下子来了兴趣，根据他的经验，所谓幽灵、鬼怪，其实都是人们自己想出来的。"我一点也不害怕，相反，我还是对付幽灵的好手！"洛奇大声说，"快告诉我，我一定可以帮你。"

　　男子听到这里，一把抓住洛奇的手："这件事情实在太可怕了！我是豪华客轮'拉夫伦茨'号上的一名大副，上个月在返航的路上，'拉夫伦茨'号撞上了暗礁，船底破了一个大洞，迅速下沉。当时正是深夜，我根本来不及通知所有旅客，只能带着靠近指挥室的10多名旅客撤离到救生艇上。"

　　"后来呢？"洛奇的思绪跟随他的叙述回到那个恐怖而漆黑的夜晚。事故、沉船、撤离，真是惊心动魄的经历。可是幽灵又是怎么回事呢？

　　"后来，我放下救生艇，决定回去再救一些人出来。"那名男子继续说道，"可当我再次返回甲板的时候，听到了龙骨断裂的可怕声响，海水铺天盖地漫过来，我只好转身跳下大海，拼命向前游。我知道，如果我不及时离开，就会被轮船下沉时带起的旋涡卷入海底！

　　"我最擅长仰游，我拼命游啊游啊。不知道游了多长时间，忽然听到了一声惊天动地的响声！那声音可怕极了！轰鸣混合着炸雷，简直就是幽灵的怒号！我连忙仰头一看，只见'拉夫伦茨'号从中间断开，火花四溅，发出了惊天动地的爆炸声。我被气浪震得晕了过去，后来被赶来救援的海岸巡逻队救起来。"

　　"这就是你说的幽灵的声音吗？"洛奇若有所思地问道，"可能只是你太过惊慌，听到了爆炸声而误认为幽灵的号叫呢？"

　　"是的，那是来自海底幽灵的号叫。"男子显然着急了，"你要帮我必须先相信我！我问过其他生还的人，他们都只听到一声爆炸，而我听到两声巨响！我没有记错，清清楚楚！"

　　洛奇沉思了一会儿，忽然笑了起来。他问道："当时其他生还者都在救生艇上，只有你不在，对不对？"

"是这样的。"男子疑惑地回答，"难道幽灵是来自海底的？"

洛奇大笑起来，他拍拍那名男子的肩膀："我看你是自己吓自己了，其实根本没有什么幽灵！"

"可是我明明听到了两声巨响！"那个男子坚持说。

"对，一点没错。"洛奇点头赞同。

"但是除了我以外的所有人只听到一次爆炸！"男子带着哭腔说。

"这也没错！"洛奇微笑着，"你们都没有听错！"

亲爱的读者，你能解开这个恐怖的幽灵之谜吗？

413 萨斯城的绑架案

在海滨小城萨斯，最近发生了一起性质极为恶劣的绑架案。

被绑架的是萨斯城著名演员多恩的小女儿琳达，今年刚满 13 岁，上小学 5 年级。星期一的早上，琳达的妈妈像往常一样，开车把她送到学校，简单叮嘱几句就离开了，可是晚上再去学校接琳达的时候，学校的老师告诉他，孩子已经被人接走了。

晚上，正当多恩一家人找小琳达快要找疯了的时候，一名自称是绑匪的人打来了电话，说琳达在他们手上。为了让多恩一家人相信他们的话，并确定小琳达还活着，他们还让小琳达和父亲通了话。绑匪提出要多恩一家支付 30 万英镑，并不许多恩报警。多恩一时慌了神儿，为了保证女儿的安全，他竟然真的没有向警察求助，而是按照绑匪的要求，自己去指定的地点交钱了。

本指望绑匪收到钱后就会放了小琳达，可绑匪见多恩真的没有报警，而且很快就把钱给送来了，不禁起了更大的贪心，不但没有把小琳达放回来，反而要求多恩一家人再拿 30 万英镑来才肯放人。

这样，多恩就不得不向警察求助了。警察接到多恩的报案后，立刻组成了破案小组，由多利警官全权负责。

为了尽快抓到凶手，同时确保小琳达的安全，警察局出动了大量的警力，对全城进行搜查，最后在郊外一家废弃仓库里，找到了非常虚弱的小琳达。被放出来的小琳达告诉警察，绑架她的是两名中年男子，他们本想跟琳达的父亲再要 30 万英镑以后，就逃之夭夭，可突然听到风声，说警察正在全城搜查他们，于是这两个人赶紧带上钱，往海上跑去了。

"不好，罪犯要从海上逃跑！"多利警官知道，离萨斯城不远的海域就是公海，罪犯一旦逃到公海上，警察就拿他们没有办法了，于是，多利警官立即一边带领人马向海外赶，一边调遣直升机前来增援。

这时，在海边，两名罪犯已经驾驶一艘汽艇跑出了一段距离。警察来到海边后，马上也找到一艘汽艇，两名便衣警察立即跳了上去，开始全速追赶罪犯，前来增援的直升机也赶到了，多利警长坐上直升机，在空中指挥。

警察的汽艇开得很快，眼看就要和罪犯齐头并进了，只要再快一点儿，就可以包抄到罪犯的前面。可是，公海已经在眼前，超过去拦截已经来不及了，这样的话，只有将罪犯当场击毙，可两位便衣警察身上并没有带枪，怎么办？警长多利决定，用直升机将罪犯所乘坐的汽艇击沉。

此时，已是晚上 7 点钟左右，天色已经黑了下来，从直升机上根本分辨不出哪艘快艇是自己人，哪艘是罪犯的，驾驶员正不知向哪艘快艇投弹才好，在这关键时刻，多利警长冷静地观察了海面上的两艘汽艇，然后果断地下令道："向左边的那艘开火！"

结果证明，多利警长的判断是对的，那么你知道多利警长是怎样分析出左边的那艘是罪犯的汽艇的吗？

414 过继

李铁桥是广东某县的知县，一天衙门口来了一位告状的老妇人，当差的衙役便把老妇人带到了堂上。

老妇人哭诉道："大人，我丈夫李福贵去世多年，没有留下儿子，现在我丈夫的哥哥李富友有两个儿子，为了占有我的家业，他想把他的小儿子过继给我，做合法继承人。大人啊，我的这个小侄子一向品行不端，经常用很恶毒的语言谩骂我，我实在不想让他做我的继子，于是，我就自己收养了一个别人家的孩子做继子。这下可惹怒了我丈夫的哥哥，他说什么也不同意让我收养别人家的孩子，并说不收养他的孩子，就让我这位小侄子气死我！大人呀！天下还有这样的哥哥、这样的侄子吗！请大人给我做主啊！"

李铁桥听罢，非常气愤，第二天便在公堂之上开始审理这桩案子。

李铁桥先把李富友叫到堂前，问道："李富友，你想把你儿子过继给你弟弟家，你是怎么考虑的？"

李富友理直气壮地说道："回禀大人，按照现行的法律，我应该过继给我弟弟家一个儿子，好让我弟弟续上香火。"

"你说的有些道理。"李铁桥肯定地说。旋即，他又叫来老妇人，让老妇人说说他不要这个侄子的道理。

老妇人回答道："回禀大人，照理说我应该让这个侄子成为继子，可是，这个孩子浪荡挥霍，来到我家必定会败坏家业。我已年老，怕是靠他不住，不如让我自己选择称心如意的人来继承家产。"

李铁桥大怒："公堂之上只能讲法律，不能徇人情，怎么能任你想怎样就怎么样呢。"

他的话还没说完，李富友连忙跪下称谢，嘴里直说："大老爷真是办案公正啊！"而告状的老妇人却无奈地直摇头。

接着，李铁桥就让他们在过继状上签字画押，然后把李富友的儿子叫到跟前说："你父亲已经与你断绝关系，从今天起，你婶子就是你的母亲了，你赶快去拜认吧。这样一来名正言顺，免得以后再纠缠。"

李富友的小儿子立刻就向婶子跪下拜道："母亲大人，请受孩儿一拜！"

老妇人眼见着知县如此判案，侄儿又在眼前跪着，边哭边对李铁桥道："大人啊！要立这个不孝之子当我的儿子，这等于要我的命，我还不如死了好！"

听了他的话，知县李铁桥不禁哈哈大笑，笑后很快就断了案。

你知道知县李铁桥是如何断案的吗？

415 雨中的帐篷

一天中午，突然下了一场大雨。雨停后，一个人急急忙忙来到了警察局，向警长大山说道："不好了，派尼加油站的服务员被枪杀了。"

大山给他倒了一杯水，然后对他说："别着急，慢慢说。"

"当时我正把车开进派尼加油站，突然我听到了一声枪响，接着我看见有两个人从加油站里跑了出来，跳进了一辆周末旅游车飞快地开走了。我赶紧跑进屋里，一看加油站的一个男服务员已倒在血泊里。"这个人一边哆嗦着一边描述道。

警长大山听罢目击者的讲述，又问了一些旅游车和那两个人的外貌后，便带着几名警员开始搜寻嫌疑人。很快，他们在公路的路障南边找到了一辆被人遗弃的旅游车。

警长大山一看这辆旅游车，离派尼国家公园的正门只有几米远，便猜测罪犯一定是进了公园里。

在公园一处人工湖边，大山向第一个野营者沃伦问起他们来公园的时间。

留着一撮小胡子的沃伦说道："我和我弟弟是昨天晚上过来的。因为为了赶上鲑鱼迁徙的季节，从到这里开始，我们兄弟俩就在钓鱼。"

"你们两个下雨时也在钓鱼吗？"大山又问道。

"是的。"沃伦点点头回答道。

大山辞别了沃伦。又来到了第二对野营者阿尔的帐篷里。

阿尔说道："今天早上，我们支起帐篷，然后就出去了。天开始下雨时，我们找了个小山洞躲了好几个小时，我们什么都没看到。"

大山在听阿尔说话的时候，发现地上湿漉漉的，他不禁眉头一皱，但还是友好地走出了帐篷。

在停车场的一辆旅游车上，大山又找到了第三对野营者乔治和他的女朋友。

乔治说道："我知道我们不应该在这里。我们没有伤害任何人，芝加哥的一个朋友借给了我这辆车，所以驾照上不是我的名字，你们可以打电话到芝加哥去查……"

"不必了！"大山说道，"我已经知道谁在撒谎了！"

大山是如何判断的呢？

416 被杀的猫头鹰

夏季的一天下午，著名昆虫学家法布尔正在院子里观察蚂蚁的生活。巴罗警长走了进来。他摘下帽子擦着汗说："法布尔先生，你知道吗，格罗得先生把他那只心爱的猫头鹰杀了，并且剖开了腹部。"

"昨天晚上，格罗得先生家里来了一位巴黎客人，他叫巴塞德，也是位钱币收藏家，是来给格罗得先生鉴赏几枚日本古钱的。正当他们在书房互相谈论自己的珍藏品，相互鉴赏的时候，巴塞德发现带来的日本古钱丢了3枚。"警长接着说。

"是被人盗走了吧？"法布尔问道。

"不是的，书房里只有他们二人，肯定是格罗得先生偷的，巴塞德也是这么认为的。但追问格罗得时，格罗得却当场脱光了衣服，让巴塞德随便检查。当然没有搜到钱币，在书房内搜个遍也没有找到。"这位警长仿佛自己当时在场一样绘声绘色地说着，法布尔仍在埋头观察蚂蚁的队列。

"古钱被偷的时候，巴塞德没看见吗？"法布尔疑惑地说。

"没有，他正在用放大镜一个一个地欣赏着格罗得的收藏品，一点儿也没有察觉。不过，那期间格罗得一步也未离开自己的书房，更没开过窗户，所以，偷去的古钱不会藏到外面去。"警长肯定地说。

"那么，当时他在干什么？"法布尔接着问道。

"据说是在鸟笼前喂猫头鹰吃肉。"警长道。

"那古钱究竟有多大？"法布尔先生走到警长跟前坐了下来，看上去他对这桩案件也产生了兴趣。

"长3厘米，宽2厘米，共3枚。再能吃的猫头鹰，不可能把这种东西吃进肚里吧。但是，巴塞德总觉得猫头鹰可疑，一定是它吞了古钱，主张剖腹查看，而格罗得却反问，如果杀掉还找不到古钱又怎么办？能让猫头鹰再复活吗？"警长道。

"这可麻烦了。"法布尔若有所思地说。

"被他这么一说，倒使巴塞德为难了，当夜也没再说什么，上二楼客房休息了。谁知今天早晨一起床，格罗得就将那只猫头鹰杀掉并剖开了腹部。可是，连古钱的影子也没见到。"警长似乎也很沮丧。

"那么，是不是深夜里换了一只猫头鹰？"法布尔更觉疑惑问道。

"不，是同一只猫头鹰。巴塞德也很精明，临睡前，为了不被格罗得调包，他悄悄地在猫头鹰身上剪短了几根羽毛，并且在今天早晨对照检查过，认定了没错。"警长说。

"真是细心呀。"法布尔夸赞道。

"如果猫头鹰没有吞食，那么，3枚古钱到底会去哪儿呢？又不能认为在猫头鹰肚子里融化，真是不可思议。巴塞德也无可奈何，最终还是报了案。所以，刚才我去格罗得的住宅勘察时，也看到了猫头鹰的尸体。先生，你对这起案件是怎么想的？"警长问法布尔。

法布尔慢慢站起身来说："是格罗得巧妙地藏了古钱。"

"可是他藏在哪里了呢？"警长疑惑地望着法布尔问道。

417 迷乱的时间

星期天傍晚，史密斯先生被人谋杀了。目击者告诉警方，他们在下午5点06分时听到了3声枪响，并且看到了凶手的背影，看起来像是一个中年男人。警方经过调查，确定了3个嫌疑人。有趣的是，他们都是球队教练，其中A先生和C先生是足球教练，而B先生是橄榄球教练。

这3位教练的球队，星期天下午都参加了3点整开始的球赛。A教练的球队是在离死者住所10分钟路程的体育场上争夺"法兰西杯"；B教练的球队是在离史密斯先生家一个小时路程的球场上进行一场友谊赛；而C教练的球队是在离凶杀地点20分钟路程的体育场上参加冠军争夺赛。据了解，这3位教练在比赛结束之前都一直在赛场上指挥比赛，而且3场比赛都没有中断过。

在警察局里，3位教练回答了警长的询问。当警长问他们各自的比赛结果时，A教练回答说："我们和对手踢成了平局，1比1，最后不得不进行点

球决胜负，还好我们赢了。"B教练则叹了口气："我们打输了，比分是6比15。"而C教练则满面喜色："3比1，我的球队最后夺得了冠军！"

警长听后，朝其中的一位教练冷冷一笑："请你留下来，我们再聊聊好吗？"

经过审问，这位被扣留在警察局里的教练，正是枪杀史密斯先生的罪犯。你知道他是谁吗？

418 聪明的谍报员

秘密谍报员马克来到夏威夷度假。这天，他在下榻的宾馆洗澡，足足泡了20分钟后，才拔掉澡盆的塞子，看着盆里的水位下降，在排水口处形成漩涡。漂浮在水面上的两根头发在漩涡里好像钟表的两个指针一样，呈顺时针旋转着被吸进下水道里。

从浴室出来，马克边用浴巾擦身，边喝着服务员送来的香槟酒，突然感到一阵头晕，随之就困倦起来。这时他才发觉香槟酒里放了麻醉药，但为时已晚，酒杯掉在地上，他也失去了知觉。不知睡了多长时间，马克猛地清醒过来，发觉自己被换上了睡衣躺在床上。床铺和房间的样子也完全变样了。他从床上跳下地找自己的衣服，也没有找到。

"我这是在哪里呀！"

写字台上放着一张纸，上面写着："我们的一个工作人员在贵国被捕，想用你来交换。现正在交涉之中，不久就会得到答复。望你耐心等待，不准走出房间。吃的、用的房间内一应俱全。"

马克立刻思索起来。最近，本国情报总部的确秘密逮捕了几个外国间谍。其中能与自己对等交换的只有两个人，一个是加拿大的，另一个是新西兰的。那么，自己现在是在加拿大呢，还是在新西兰？

房间和浴室一样都没有窗户，温度及湿度是空调控制的。他甚至无法分辨白天还是黑夜，就像置身于宇宙飞船的密封室里一样。

饭后，马克走进浴室，泡了好长时间，身体都泡得松软了。他拔掉塞子看着水位下降。他见一根头发在打着旋儿呈逆时针旋转着被吸进下水道。他突然想到了在夏威夷宾馆里洗澡的情景，情不自禁地嘀咕道："噢，明白了。"

请问：马克明白自己被监禁在什么地方了吗？证据是什么？

419 聪明的珍妮

珍妮姑娘现在浑身颤抖，眼前的那个女人好像是受通缉的维朗尼卡·科特！这是在湖滨旅馆，珍妮姑娘乘电梯看见一对穿着入时的夫妇时吃了一惊。

他俩虽然戴上大号的太阳镜，但那女人的嘴形和步态，让珍妮姑娘想起一部新上映的电影。电影里的那个女人叫维朗妮卡·科特，此刻，她正在被通缉，因为她和一次爆炸事件有牵连，在那次事件中有3人丧生。

珍妮姑娘走进自己的房间时，看见那对夫妇走进了隔壁房间。

珍妮想："说不定，她并不是维朗尼卡·科持。假如没弄清事情，就请警察来打扰这对正在海滨好好度假的年轻人，真有点不忍心。不过，如果我能弄清楚他们在说什么，那倒可以给我提供一些线索。"

她贴近墙壁，但只能听到一些分辨不清的微弱声音。她把一个玻璃杯反扣在粉红色的墙纸上，结果仍然听不到什么。

她给服务台挂了个电话。

一会儿，科尔医生带着一个黑色的小提包走了进来。珍妮向他解释自己的疑虑和打算。那人耸了耸肩说："可能不行吧。"

珍妮说："这种办法也许行。事关重大，还是试试吧。"

她从科尔的提包里取出一个东西，用它贴着墙壁，想偷听隔壁房间的谈话内容。啊，听清了！

他们果真是科特夫妇，正在商量如何赶一趟飞往阿根廷的班机，以便脱离被逮捕的危险。

于是珍妮马上给警察局挂了电话。

当天晚上，电视新闻的头条消息是：科特夫妇在湖滨旅馆被捉拿归案。

你知道，聪明的珍妮从科尔的提包里拿出的是什么东西吗？

420 匿藏赃物的小箱子

夜晚，一个身手矫健的黑影趁门卫换岗的机会，溜进了一家民俗博物馆，盗走了大批的珍宝。

侦探阿密斯接受这个任务后，马不停蹄，迅速地把本市所有的珠宝店和古董店都调查了一遍，但一无所获，没有一点儿线索。

无奈，阿密斯找到了大名鼎鼎的探长斯密特向他请教。

"请问，假如你偷了东西，你会藏到珠宝店或者银行的保险箱里吗？"斯密特探长反问起来。

"哦，我当然不会。"阿密斯答道。

斯密特探长说："我说你不必费心了，不要到那些珠光宝气的地方去找，应到那些不起眼的地方走走。"

他们说着话来到了城边的贫民区。阿密斯一脸的疑惑："这里能找到破案的线索吗？"他表现在脸上，但嘴里没有说。这时，有一个瘦弱的青年从身后鬼鬼祟祟地闪了出来。他低声问："先生，要古董吗？价格很便宜。"

"有一点兴趣。"斯密特探长漫不经心，"带我去看一看。"

只见那个青年犹豫一下，斯密特马上补充了一句："我是一个古董收藏家，要是我喜欢的话，我会全部买下来的。"

那人听说是个大客户，就不再犹豫，带着他们走过了一个狭小的胡同，来到一个不大的制箱厂。在这里还有一个青年，在他面前堆满了从 1 ~ 100 编上数字的小箱子。

等在这里的青年和带路人交谈了几句，就取出了笔算了起来，他写道："××× ＋ 396 = 824。显然，第一个数字应该是 428，他打开 428 号箱子，取出了一只中世纪的精美金表。忽然，他看见了阿密斯腰间鼓着的像是短枪，吓得立刻把金表砸向阿密斯，转身就跑。阿密斯一躲，再去追也没有追上，就马上返回了。

斯密特探长立刻对带路人进行了审讯。

"我什么也不知道。"带路人看着威严的警察，"我是帮工的，拉一个客户给我 100 美元。"

"还有呢？"斯密特探长追问。

"我只知道东西放在 10 个箱子里，他说过这些箱子都有联系而且都是 400 多号的……"

"联系？"斯密特探长琢磨起来。接着，他发现一个有趣的现象：把 428 这个数字的不同数位换一换位置，就是 824，这就是说，其他的数字也有同样地规律！斯密特探长不用 1 分钟就找到了答案。

斯密特探长是怎样找到答案的呢？

421 被打翻的鱼缸

探险家沃尔，每到一个地方就会带那个地方的特色鱼回家。他家的客厅里摆放着各种形状的鱼缸，里面养着他从世界各地搜罗回来的鱼，他的家里简直称得上是一个鱼类博物馆了。

一天夜里，沃尔夫妇外出旅行，只留下一个佣人和两个女儿在家，知道了这种情况后，一个卖观赏鱼的家伙偷偷地溜进了沃尔的家。因为他对沃尔家的鱼已经觊觎很久了，所以他一进去首先将室内安装的防盗警报电线割断。

然而，他运气不佳，被起来上厕所的佣人发现，在黑暗中，他们发生了激烈的搏斗，不小心将很大的养热带鱼的鱼缸碰翻掉在地板上摔碎了。就在他将匕首刺进佣人的胸膛之时，他也摔倒在地，慌忙起身爬起来时，突然"啊！"地惨叫一声，全身抽搐当即死亡。

听到打斗声和惨叫声，两个女儿立即拨打电话报警。

警察勘查现场发现，电线被割断了，室内完全是停电状态。鱼缸里的恒温计也停了电，但是盗贼的死因却是触电死亡。

当刑警们迷惑不解之际，接到女儿电话的沃尔也急忙赶了回来，他一看现场，就指着湿漉漉地躺在地上死去的那条长长的奇形怪状的大鱼说："难怪呢，即使没电，盗贼也得被电死。这就叫多行不义必自毙！"你知道这是为什么吗？

422 博尔思岛上的抢劫案

一天，博尔思岛上的法庭开庭审理一起发生在岛上的抢劫案。法庭上的关键人物有3个：被告、原告和被告的辩护律师。

以下断定是可靠的线索：

（1）3人中，有一个是骑士，一个是无赖，一个是外来居民，但不知道每个人的对应身份；

（2）如果被告无罪，那么罪犯是被告的律师或者是原告；

（3）罪犯不是无赖。

在法庭上，3个人分别作了以下的陈述。

被告说："我是无辜的。"

被告的辩护律师说："我的委托人确实是无辜的。"

原告说："他们都在撒谎，被告是罪犯。"

这3个人的陈述确实是再自然不过了。法官经过认真考虑，发觉上述信息还不足以确定谁是罪犯，于是请来了当地有名的大侦探。

了解了全部有关信息后，大侦探决心把此案弄个水落石出，即不但要弄清谁是罪犯，还要弄清谁是骑士，谁是无赖，谁是外来居民。

重新开庭时，大侦探首先问原告："你是这一抢劫案中的罪犯吗？"原告作了回答。大侦探考虑了一会儿，然后问被告："原告是罪犯吗？"被告也做了回答。这时，大侦探对法官说："我已经把事情都弄清楚了。"

想想看：谁是罪犯，谁是骑士、无赖和外来居民？在思考这个案件时，你面临的挑战看来比大侦探更大，因为，你并不知道大侦探向原告和被告提

的两个问题的答案，而大侦探知道（"博尔思"岛上的土著居民分为骑士和无赖两部分，骑士只讲真话，无赖只讲假话）。

423 口香糖艺术

"我早就知道有一天桑克会成为一个艺术家的，你们看，今天他终于在这里办了个人展览。"布鲁哈德正在给艾克斯警官介绍。此时神探博士也走进了梅森·贾斯博物馆。他们走进了名为"探索"的主展厅，这里展示了艺术家桑克的口香糖作品。

布鲁哈德说道："我永远也忘不了在巴黎发现他的过程。当时我往后退了两步，正准备看清楚埃菲尔铁塔全貌时，脚下突然踩到了一块口香糖。我的鞋被粘到了人行道上，完全动弹不得。这块口香糖又大又黏，我用双手费了好大工夫才把鞋从路上拽了下来。就在这时我听到背后传来一个声音：'太棒了，先生，能把这块口香糖给我吗？'然后对方又告诉我他是如何搜集口香糖进行艺术创作的。"

布鲁哈德一边滔滔不绝地讲着，一边领着众人在展厅内参观。四周的墙上挂满了用各种颜色的口香糖制成的图画，展厅中央立着十几尊用大团口香糖完成的雕塑作品，每一尊作品都栩栩如生。

展厅里只有两件绘画作品是不属于这次主题展览的，而且也不是用口香糖制成的。这是两幅由加拿大著名艺术家亨利·费利克斯创作的大型油画，非常珍贵。

神探博士注意到在每幅画两侧共有6颗螺丝牢固地把画框固定在墙面上。然而尽管桑克的口香糖艺术品也价格不菲，但却没有一幅是用螺丝进行固定的。这让博士想起他的保险调查员朋友佛瑞德曾告诉过他，在梅森·贾斯博物馆里如果看到哪幅作品用螺丝进行固定，那么那一定是最珍贵的展品了。

就在这个时候展厅的灯突然熄灭了，人群中顿时传来女士们的尖叫声。然后在场的人都听到了3下奇怪的机器的转动声，接着是一片沉寂。又过了一会儿，灯重新亮起，大家赶快环顾四周，发现桑克的展品都原封未动，亨利·费利克斯的一幅作品却已经不见了踪影。

接着每个参观者都被要求留下来进行调查。据博物馆工作人员和其他参观者说，在熄灯期间和熄灯之后任何人都未曾离开过展厅。

艾克斯警官说道："我们发现楼内有两名工人，他们说熄灯的时候他们正在另一个房间。另外两人都有一把电钻，我们当时听到的有可能是电钻发出的声音，小偷一定是用电钻起掉了画框上的螺丝。"

布鲁哈德马上接道："看来这两个家伙中一定有一个是小偷！"他的语

气不容置疑。

这时，一直沉默不语的博士说道："只怕未必！"

博士为什么这么说？

424 甜水和苦水

宋朝时，汴梁城里有两条水巷，一条巷里的水甜，一条巷里的水苦。人们都愿意食用甜水巷里的水，因而甜水巷被管理得很洁净。而苦水巷里的水，人们只用它来洗衣、浇菜。

一天晚上，汴梁城里一处民宅突然失火，风助火势，火借风威，不一会儿便映红了半面夜空。

刚刚上任开封府尹的包公，闻讯立即赶到失火现场，组织百姓们救火。

城里的许多老百姓也都拎着桶，端着盆，从四周赶来救火。人群中，有一个瘦猴子似的人问道："挑甜水还是挑苦水？"

"那还用说，挑苦水呗！"答话的人是一个黑脸汉子。

救火的人们听了瘦猴和黑脸汉子这一问一答，"呼"地朝苦水巷涌去。这下可糟了，苦水巷顿时被人流堵塞了，挑水的人进不去出不来。

包公见状心中一惊，忙把捕快头目叫到跟前，命令他道：

"快去告诉老百姓，就说是我的命令，让他们苦水、甜水一块儿挑！"

"苦水、甜水一块儿挑？"捕快头目疑惑地望着包公。

"快去传令！"包公忽然又想起什么，轻声说道，"你再把刚才那两个一问一答的人给我抓来。"

"抓他们干什么？"捕快头目更加疑惑了。

"还不快去！"包公有些动怒地瞪起了眼睛。

捕快头目只得带领几个捕快去了，他们传达了包公的命令，让老百姓苦水、甜水一起挑。很快，苦水巷的人流疏通了，大火被扑灭了。捕快头目又从救火的人群中把瘦猴和黑脸汉拽了出来，带到了包公面前。

包公厉声问道："大胆放火的贼人，还不知罪吗？"

瘦猴和黑脸汉"扑通"跪在地上，连呼饶命。

再一审问，两个人承认了大火就是他们放的。原来，自从包公当了开封府尹，城里的那些泼皮地赖都不敢胡作非为了，城里的治安大有好转。瘦猴和黑脸汉便串通了几个泼皮地赖，想整治一下包公。他们左思右想，最后想出了一条毒计，放火烧民宅。在这汴梁城真龙天子的眼皮底下闹事，好让皇上动怒，把包公的官罢掉。这样一来，他们在汴梁城里又可以为所欲为了。可是，包公果然名不虚传，断案如神，当即识破了他们的诡计，并把他们抓获正法。

包公怎样推断出瘦猴和黑脸大汉是放火犯的呢？

425 被偷的古书

福伦警长接到一个电话，对方在电话里气喘吁吁地说："报告警长，我是莱蒙德，我的家刚才……被盗窃了，快、快、来……"福伦警长在这个区工作了很久，对居民的情况都了如指掌。

福伦警长记得，莱蒙德是博物馆研究员，原来住在中央大街，那里是名人生活区，都是别墅群。后来，莱蒙德好像遇到了什么麻烦，经济上有些拮据，就把别墅卖了，搬进了附近的公寓楼，住房条件就差远了。不过，莱蒙德没有结婚，一个人住是绰绰有余了。

福伦警长赶到了莱蒙德的家，看到莱蒙德正等在门口。他们一起走进了楼下的客厅，莱蒙德哭丧着脸说："今天我提早回到家，发现门锁被打开了，推门进去，突然一个人冲了出来，他的手里拿了一本书，我想抓住他，可是他挣脱了我，逃到大街上，穿过马路就不见了，我没追上他，只好在门口电话亭打电话报警。"

福伦警长问："您检查过吗？家里还少了什么东西？"

莱蒙德说："我打完电话后，就守在这里保护现场，还没有进过房间呢！"

福伦警长奇怪地问："一本书值得您这么着急吗？"

莱蒙德说："警长先生，这本书可不是平常的书，它是世界仅存的孤本，价值20多万哪！我把它锁在楼上书房的书橱里，谁知道小偷太狡猾了，竟然带着工具，拆了书橱的门，偷走了这本最值钱的书！"

福伦警长上了楼，果然发现书橱的门锁被拆了下来，他问："这本古书您买了保险了么？"

莱蒙德有些紧张，说："买了……可是……"

福伦警长笑着说："您别演戏了，书是您自己偷了藏起来，想骗保险费吧？"

福伦警长根据什么判断出莱蒙德在撒谎？

426 火车上的嫌疑犯

"呜——"一辆火车风驰电掣般地行驶在西部的大地上。旅客们有的在睡觉，有的在看报，还有的在下棋，进行着各种各样的活动。

在这列火车的一节车厢里，有10个在全国各地分头作案的嫌疑犯，他们彼此互不认识。每个人分别有一个代号，即：1、2、3、4、5、6、7、8、9、10。按照大头目的指令，他们来到列车酒吧的车厢里秘密集会，按照代号的次序坐好，接受任务。

阿顿探长接到上级的密令，也早早地登上了这趟列车。他来到酒吧车厢里，果然发现有10个人正围在一张圆桌旁，探长眼睛很敏锐，他估计每个人的座号一定就是他们的代号。

很快，就餐的时间到了。嫌疑犯们开始用暗语对话。用餐后，就分成了4组向列车的前方和后方散去，圆桌旁仅剩下两个人坐着不动，继续就餐。这两个人的位置正好是面对面。

这时，菲里德探员走进来，对阿顿探长说："根据情报提供的特征，这两个面对面坐着的人就是他们行动组的头儿。"

"好，我看时机已到，立即逮捕他们！"阿顿探长下令道。

立刻，两个头儿便被探长给逮捕了。

菲里德探员问："你们的代号是多少？"

一人闭口不言，瞪着愤恨的目光；另一个人却挑战似的说道："我只知道4组人中每组座位号数之和，等于我们其中一人的座位号。"

菲里德有些恼怒，阿顿探长却非常开心地说道："你以为你很聪明吗！我现在已经知道你们的代号了！"

这两人的代号是多少呢？

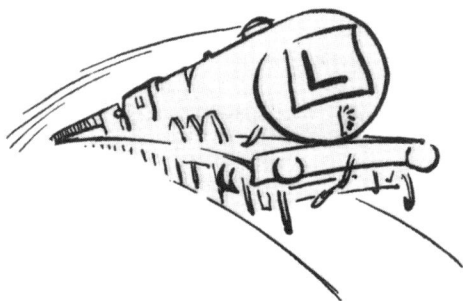

427 厨房里的男人

温迪·普赖德在厨房里正忙着为一大家子人的聚会准备食物。而普赖德家的男人们则要准备好其他的事，然而，温迪已经被他们打扰了5次，说是要从厨房借一些东西（其实完全是为着"不正当"的目的，因为进了厨房，他们就可以顺道从橱柜里拿些温迪准备好的食物）。

从以下给出的线索中，你能说出每个走进厨房的人跟温迪是什么关系、他到厨房借了什么、吃了什么吗？

现在已知线索是：

（1）帕特里克走进厨房借了只碟子，结果是他吃掉了不少碟子里的东西。彼得没有借任何餐具。

（2）保罗不是这个辛劳的家庭主妇的11岁大的小儿子，他吃了一些猪肉派以致完全破坏了它们在盘子里的对称性，那是温迪刚放上去的。

（3）温迪的小儿子没有享用任何蛋糕，也不是那个以借勺子为名，想发掘橱窗里东西的人；那个拿了温迪最喜欢的煎锅去作装饰用窗帘的平衡物，同时吃了一个小蛋糕的人不是温迪的丈夫。

（4）温迪的公公拿了一个她自制的腊肠卷，但他没有借温迪的刀。为切一段电缆线向温迪借刀的人没有吃奶酪卷。

（5）温迪的大儿子借了一个玻璃制的碗用以混合石膏，那是受他令人信任的父亲的委托做一件"自己动手做"的工作。

（6）佩里·普赖德是温迪的小叔子。

428 逃走的秘密

在到处是树林的爱尔兰高原上，有一幢19世纪末建造的一男爵的别墅。一天夜里，有个蒙面强盗潜入室内，把男爵夫妇用绳子捆绑起来关进厕所里，盗走了大量的珠宝。

按受调查这个案件的是布莱克，当他知道案发的前一天怪盗朗班在伦敦滞留的消息后，猜想一定是他作的案，便马上来到朗班下榻的伦敦饭店走访。

"朗班先生，上周六晚上去过爱尔兰高原的别墅吧？因为有人看见了，所以你想赖是赖不掉的。"布莱克说道。

"是的，是去过。出了什么事儿吗？"

"那天夜里男爵的别墅进去一个蒙面强盗，抢走了男爵夫人的珠宝后逃跑了。那个罪犯就是你吧？"

"胡说什么！事件到底是什么时候发生的？"朗班一本正经地反问道。

"罪犯盗走珠宝的时候，用绳子把男爵夫妇捆起来，不知为什么又把他们关进厕所里。事后男爵说是晚上9点零5分，他看了一眼卧室里的钟。"

"如果是9点零5分，我有当时不在作案现场的证明，我不是强盗。那天夜里我是在S车站乘21点16分的夜班车赶回伦敦的。从男爵的别墅到S车站无论如何10分钟是不够的。"

"噢！看来你对男爵的别墅很熟悉呀。"布莱克讽刺地说。

"去年赛马时应邀去住过一夜。"怪盗朗班强扮着笑脸说。

男爵的别墅离S车站有相当远的一段路，再近的路步行也得30分钟。因此，朗班从S车站乘坐21点16分发的夜班车如果属实，他不在作案现场的证明是成立的。

布莱克侦探已经去过S车站，让车站工作人员看过朗班的照片，证明他没有说谎。那天从S车站上车的旅客只有朗班一人，并且他也没有化装，车站工作人员及列车员都清楚地记得他。

"可是，朗班先生，10分钟之内是有办法从别墅到S车站的。"布莱克侦探说。

"比如我是搭上一辆马车逃跑的——"

"不，对于你这个诡计多端的人来说，你绝对不会乘别人的马车。男爵的别墅里倒是有个马棚，并且还有一匹马，马棚外面还有一辆自行车。"

"接下来你会说我使用了这两种工具中的一种。如果那样，我就会把它扔到车站附近的什么地方。你找到那种工具了吗？"朗班理直气壮地反驳。

"不，男爵夫妇一个小时后挣脱了绳索，出厕所去查看四周情况时，看到马仍在马棚里，自行车也放在原处未动。可是，马棚的门从里面是推不开的，只有从外面推才能推开。所以，朗班先生，我已经清楚你搞的什么把戏。还是把偷去的珠宝老老实实地给我还回去，否则我要报警了。"布莱克威严地说。

请问，怪盗朗班用什么工具只花了10分钟就逃到了S车站的呢？

429 列车上的古董抢劫案

一天清晨，国外某城市博物馆馆长办公室里的电话铃声不停地响着。刚打开门的杰克馆长快步走到桌前，他拿起电话一听，是博物馆的文物管理员琼斯打来的。他在电话里慌乱地说："杰克馆长，不好了，出事啦！今天凌晨，我们遇到了车匪，您让我和罗蒙押运回来的4件馆藏古董都被劫走了！"

杰克馆长听罢，"啊——"地大叫了一声，便跌坐在椅子上。

要知道，这4件古董可是异常珍贵的历史文物呀，如果落到文物贩子的手里可就糟了！

杰克馆长问琼斯："你们现在在哪儿？"

琼斯说："我在火车站站台边的值班岗亭，罗蒙还在车厢里。"

"你们俩先别离开那儿，我马上和斯文森探长过去。"杰克馆长说道。

20分钟后，杰克馆长和斯文森探长来到现场。琼斯将他俩带到了车厢里。

罗蒙一脸沮丧，狼狈不堪地蜷缩在车厢一角。斯文森探长仔细查看了一遍车厢后，开始听琼斯和罗蒙讲述凌晨被劫的经过。

琼斯说："列车还有大约两个小时就要到站时，我忽然听见有人轻轻地敲隔壁车厢的门，过了一会儿又来敲我们这个车厢的门，我便起身去开门。"

"难道你没有问清楚敲门的人是谁，就把门打开了吗？"斯文森探长问。

"当时，我和罗蒙都刚刚醒来，还有点迷迷糊糊。我以为是列车员，根本就没有想到是劫匪。"琼斯继续回忆道，"我一打开车厢门，就冲进来3个蒙面人，他们用枪逼住我们，接着将我们捆在一起，随后把那只装古董的箱子拎起来，关上车厢的门就跑了。"

"我们拼命用脚踢车厢门，直到火车放慢速度后准备进站时，才被人发现。"罗蒙在一旁插话说。

"怎么？劫匪逃走后，你们就没有叫喊吗？"斯文森追问道。

"我们当然叫喊求救了，可是，当时火车运行的声音太大了，没有人听见。"琼斯和罗蒙争先恐后地抢着说道。

"这个案子我已经破了。"斯文森对杰克馆长说，"你去把乘警叫来，就是他们俩和3个蒙面人串通一气，制造了这起列车抢劫案。"

琼斯和罗蒙大叫冤枉。可是，等斯文森说出一番话后，他俩便哑口无言了。

请问：斯文森探长发现了他俩的什么破绽，立刻推定他们是共同作案的？

430 周五劫案

神探博士将他的黄色大众甲壳虫汽车停进了路旁的服务区加油站，刚好看到两辆警车也闪着警报呼啸而至。博士走到店里点了一杯咖啡，这时从警车上走下两个人，原来是他的朋友瑞贝卡警官和朗姆警官。

打完招呼后，博士便在一旁静静地听报案人西德尼向两位警官描述整个抢车案的经过。

"我在街对面的银行工作，家却在40英里以外的地方。但我每个星期五领工资后都会来这个加油站加油，因为这里的油比别的地方便宜一些。"西德尼说道。

"然后发生了什么事？"瑞贝卡警官问。

"刚才我下车准备加油，我先到店里买了支法杰冰淇淋。我每次都会一边尝冰淇淋一边加油，甚至冬天也不例外。等我刚从店里出来，却看到有人把我的车开跑了！有人就在我眼皮底下把车给偷了！"西德尼越说越气愤。

朗姆警官看了看瑞贝卡警官，然后又看了看西德尼，问道："你是否看到了那个偷车的家伙？"

"看到了，我看到那家伙冲过那个十字路口，开上了向南的高速公路。我不知道他要去哪儿，也不知道他为什么朝南开。"

"我是问你是否看到他的样子？"朗姆警官继续问道。

"对，看到了。"

"他的身材相貌有什么特征？"

"跟你有点儿像。"

"身材高大？褐色头发？"

"对，是褐色头发。他坐在车内仍看上去很高。"西德尼慢慢说道。

"那你的车是什么样子？"

"跟那辆车很像。"西德尼用手指向博士的大众甲壳虫汽车，说："真的非常像，只不过我的已被偷了。"

"好吧，我马上呼叫前方路口注意拦截，"瑞贝卡警官一边走向巡逻车，一边说道："高速公路的下一个出口离这里大约有 20 英里，我们可以派人在半路把他截下来。"

博士走过来，坐到了巡逻车副驾驶的位置，瑞贝卡警官关上车门发动了引擎。这时博士突然微笑着对她说道："其实我们根本不必这么急追赶。"

为什么不必着急追赶？

431 照片的证明

星期天，警官佛兰西带着妻子和儿子到伦敦市内公园游玩。9 点 30 分，晴朗的天空突然下起大雨。他们赶紧跑到亭子里去躲雨。雨停了的时候，他们正要继续游玩，手机铃响了。佛兰西拿起手机，里面响起了珍妮小姐的声音："佛兰西吗？思得利城 38 号发生了一起杀人案，局长让你赶快到现场。""好吧！"佛兰西放下手机，习惯性地看了看手表，时针正指向 10 点 30 分。

思得利城距伦敦 20 千米，佛兰西驱车到了现场，看到被害者是个 68 岁的老太太。法医告诉佛兰西，死者是上午 10 点钟被害的。

佛兰西检查了现场，但没有发现任何线索。佛兰西询问了死者的邻居，了解到死者早年就死了丈夫，膝下无子，孤身一人生活。虽然寂寞，但由于丈夫生前留下不少财产，不愁吃不愁穿，是这里的富裕人家，死者平时和大家没什么交往，只有一个侄儿，叫哈克，住在伦敦市内。

佛兰西马上回到警察局，打开了档案簿，查到"哈克"一栏，见上面写着："哈克，28 岁，一家电器公司的推销员，没有犯罪史……"佛兰西看着死者侄儿的档案，便要女警官珍妮把哈克叫来。

一会儿，哈克来到警察局。佛兰西问："年轻人，你姑妈被人杀害了，你知道吗？"

"知道了，请警官为我姑妈报仇，早点破案。"哈克说着，显得十分伤心的样子。

佛兰西又问："凶杀案发生的时候你在什么地方？"哈克从外衣口袋里拿出一张照片递给佛兰西警官。佛兰西看到照片上的人站在阳光下显得很有精神。"凶杀案发生时，我正在伦敦市内公园游玩。这刚好是我在那时拍的照片，照片中纪念塔上的大钟正好10点整。"

"年轻人不要要小聪明了。"佛兰西蔑视地说，"你就是凶手，你想用10点不在场的证据骗过警方，恰恰证明了你正是凶手。"

经过进一步审讯，果然是哈克为了占有姑妈的住宅和财产，蓄意制造了这起谋杀案。

你知道佛兰西是怎样识破哈克谎言的吗？

432 谁是贩毒者

警方在一次行动中抓获了两名贩毒集团的重要成员，一个叫道格，一个叫帕特尼。消息传到贩毒集团那里，毒贩们立刻改变了偷运的路线，缉毒工作只好重新找线索。

警方通过特殊渠道获悉，有一个毒贩子装扮成旅者转运毒品。于是警方派出了强大的侦查队伍，经过周密的侦查，最后把范围缩小到3个人身上，把他们带回警局之后，警长杰克对他们进行了审问。

第一个是个脾气暴躁的人，他一被带进来就大声吼道："我抗议，你们凭什么把我带来，我要上告！"

杰克平静地解释说："你别生气，我们是在例行公事。我只问你几个简单的问题，你到这儿找谁？"

"非得找人才可以来吗？我是来玩的！"

"你带了什么东西？"

"你们怎么这么麻烦，我出来当然要带一些生活必需品啦！"

"那么你知道道格、帕特尼吗？"

"谁知道他是个什么鬼东西！"

警长听了这些话，对他说："好了，你可以走了。"

第二个人进来了，他是个沉默寡言的人，问十句答一句。杰克只好安慰他："请不要顾虑太多，我们只是例行公事，有什么就说什么吧。"

"请让我离开这里，我从不和警察打交道。"

"那么，道格、帕特尼你知道吗？"

"不知道，让他赶快放我出去！"

"好的，马上就放你出去。"

第3个人很随和，也非常配合，他一再申明自己是个好公民。他不光认真回答了杰克的所有问题，并且非常理解地说："这种事我遇到多了，出了重要案子，你们当然不能轻易相信任何人。"

警长随口问："你去过很多地方吧？"

"是的，我喜欢旅游。"

"那你喜欢这里吗？"

"当然喜欢啦！这里的人很热情。"

"那么，道格、帕特尼你知道吗？"

"我根本不认识他们，这两个人从来没有听说过。"

"好了，先生，别演了，你就是毒贩子。"

警察是根据什么断定他是毒贩子的呢？

433 猫尾巴上的棉花团

一天上午，一幢大厦的管理员跌跌撞撞地跑进警察局报案。原来他到著名作家琼斯家门口收拾垃圾的时候，房里散发出一股难闻的煤气味。他连忙敲门，可是无论他把门敲得再响，里面还是一点声音也没有。

警探撬开房门后，只见琼斯倒在卧室地板上，满房间都是浓浓的煤气味。经过法医仔细鉴定，确认琼斯是煤气中毒身亡的，死亡时间大约是凌晨1～3点之间，琼斯身上没有伤痕，门窗也没有被撬过的痕迹。看来，这似乎是一场意外，煤气杀手又夺走了一条生命。

警察拿出记录本问道："昨天晚上有谁来找过琼斯吗？"

管理员回忆着说："一个男人——经常来的，好像是她的经纪人，在登记簿上登记的名字是劳伦斯。"

"哦？"警察连忙记录下这个人，既然他是唯一接触过死者的人，那么必然有重大嫌疑。

"这个劳伦斯先生应该不是凶手。"管理员接着说道。

"为什么呢？"警察问道。

管理员拿出登记簿翻给警察看："你看，他是晚上8点时来的，10点的时候离开的，琼斯小姐亲自送他下来，然后上楼去了。打那以后，就没人来过。"

这么说还真的不是他。警察也觉得管理员的分析是正确的，死者死亡的时间是凌晨，这个时候劳伦斯早就离开了。随后的调查也表明，劳伦斯从琼斯家离开后，就去参加一个朋友的通宵派对，很多人可以证明他整晚没有离开过。

"看！这是什么？"一个警察从沙发后面拖出来一样东西，大家围拢过去，发现是一只灰色的波斯猫。这只胖乎乎的宠物也由于煤气中毒，和它的主人一起死去了，可是奇怪的是，它的尾巴尖上绑着一个棉花团。

"煤气管这里有破洞！"又一个警察说，只见塑胶煤气管靠近地面的地方，有一个破裂的口子，似乎是被故意剪开的。

"奇怪了，这个琼斯小姐还真让人搞不懂。"一个警察说道，"好好一只猫，干什么绑个棉花团在尾巴上？而且如果煤气管有裂口应该早就发现了啊。"

警察们看着奇怪的裂口和那只倒霉的胖猫，认真地琢磨究竟是怎么回事。忽然，有个警察叫起来："我明白了，罪犯真聪明！快逮捕劳伦斯，他就是凶手！"

警察为什么说劳伦斯是凶手呢？

434 婚礼灾难

文森和苏菲在海港的教堂里举行了结婚仪式，然后顺路去码头，准备启程到国外度蜜月。这是闪电般的结婚，所以仪式上只有神父一个人在场，连旅行护照也是苏菲的旧姓，将就着用了。

码头上停泊着国际观光客轮，马上就要起航了。两人一上舷梯，两名身穿制服的二等水手正等在那里，微笑着接待了苏菲。丈夫文森似乎乘过几次这艘观光船，对船内的情况相当熟。他分开混杂的乘客，领着苏菲来到一间写着"B13 号"的客舱。两人终于安顿下来。

"苏菲，要是有什么贵重物品，还是寄存在司务长那儿安全。"

"拿着这 2 万美元，这是我的全部财产。"苏菲把这笔巨款交给丈夫，请他送到司务长那里保存。

可是，左等右等也不见丈夫回来。汽笛响了，船已驶出码头。苏菲到甲板上寻找丈夫，可怎么也找不见。她想也许是走岔了，就又返回来，却在船内迷了路，怎么也找不到 B13 号客舱。她不知所措，只好向路过的侍者打听。

"B13 号室？没有这间不吉利号码的客舱呀。"侍者脸上显出诧异的神色答道。

"可我丈夫的确是以文森夫妇的名字预定的 B13 号客舱啊。我们刚刚把行李放了那间客舱。"苏菲说。

她请侍者帮她查一下乘客登记簿，但房间预约手续是用苏菲的旧姓办的，是"B16号",而且,不知什么时候,有人已把她一个人的行李搬到了那间客舱。登记簿上并没有文森的名字。

更使苏菲吃惊的是,司务长说,没有人向他寄存过2万美元。

"我的丈夫到底跑到哪儿去了……"苏菲感到事情很不好。

正在这时,有两个有些眼熟的二等水手路过这里,他们就是上船时在舷梯上笑脸迎接过她的船员。苏菲想,大概他们会记得自己丈夫的事,就向他们询问。但船员的回答使苏菲更绝望。

"您是快开船时最后上船的乘客,所以我们印象很深。当时没别的乘客,我发誓只有您一个乘客。"船员回答说,看上去不像是在说谎。苏菲开始怀疑是否自己脑子出现了问题。

苏菲一直等到晚上,也不见丈夫的踪影。他竟然神不知鬼不觉地消失了。一夜没合眼的苏菲,第二天早晨被一个什么人用电话叫到甲板上,差一点被推到海里去。

你知道苏菲的丈夫文森到底是怎么失踪的吗?

435 引诱

战国时期,齐、楚、燕、韩、赵、魏等六国在一个名叫苏秦的人的游说下,联合起来,共同抗秦。六国国王都很信任苏秦,都封他为本国的宰相。

有一天,苏秦告别燕王,来到了齐国。齐王亲自出迎,并把他安置在一个守卫严密、风景秀丽的花园中。齐王几乎每天都要来花园中与苏秦商量军机大事。这一天,苏秦送走了齐王,吃过晚饭,独自一人来到后花园散步。他刚走过小桥,来到望月亭坐下,忽然从亭边一株桃树后面蹿出一个蒙面刺客,舞剑向他刺来。苏秦大惊失色,一面高呼救命,一面抓起身边的一根木棒企图抵挡。那刺客剑法纯熟,平时从不习武的苏秦哪是对手。只两三下,苏秦便被刺客一剑刺中,翻倒在地。刺客见状,便翻墙逃走了。等到守卫花园的兵士们赶来时,苏秦已奄奄一息了。

兵士们急忙把苏秦被刺的消息报知了齐王。齐王当即赶到花园,看望苏秦。

苏秦吃力地睁开眼睛,对齐王说:"大王,臣死无憾,只是不能再帮助大王完成抗秦大业了……"

齐王忙安慰他说："本王要为你树碑立传，永示后代！"

"那样万万不可。"

"为什么？"

"我只有一个要求……"

"快说，不论什么事，本王都替你去办！"

"我要大王捉住刺客，替微臣报仇！"

"可是刺客已经逃走了。"

"我有一个办法可让他自投罗网。"

苏秦说出了自己的主意，齐王大吃一惊，刚要再问，苏秦脑袋一歪，咽下了最后一口气。

第二天，齐王亲自实施了苏秦的计划，果然很快就有一个人来到齐王的面前，神气十足地对齐王说道：

"启禀大王，是我见苏秦到齐国怀有二心，所以除掉了他。"

"这么说，是你刺死苏秦的了？"

"正是小人为民除奸。"

"好，那就请你把刺杀苏秦的经过讲给本王听听。"

刺客一听十分高兴，一口气儿把那天晚上刺杀苏秦的经过述说了一遍。齐王听刺客说的和苏秦临死前说的情况一样，便认定了此人是刺客无疑，于是高声喝道：

"来人哪，还不快与我绑了！"

"啊！大人……"刺客惊慌得叫喊起来。

齐王说道："苏秦不愧为天下名士，足智多谋。是他临死时给本王出的主意，这才抓住了你这真正的奸佞之徒！推出去，给我斩了，用他的头来祭奠爱臣苏秦的亡灵！"

刽子手立即将刺客斩首示众。

人们看见刺客伏法了，更加佩服苏秦的智谋。

那么，苏秦临死时给齐王出了什么主意，才使刺客自投罗网呢？

436 失窃的宝石

侦探波洛接到了朋友安德鲁打来的电话："请您务必来一趟，帮我找到那颗失窃的宝石！"

波洛来到安德鲁的家，被带到了一间密室。波洛扫了一眼，发现这间密室是圆形的，没有任何墙角。门左边有一个男仆，旁边是一张饮料桌，上面有 5 个加了冰的酒杯和两个瓶子。房间中央是一张小桌子，上面有一个空的首饰盒，宝石肯定原本就装在盒子里。门右边是史密斯夫人，她站在一幅雷诺阿的名画前面。然后是穆勒先生，他站在一幅毕加索的画前面。穆勒先生旁边是拉特先生，他正在看一幅伦勃朗的画。主人安德鲁就站在拉特身旁。房间里再没有其他任何东西了。

"波洛先生，"安德鲁先生说道，"我邀请了一些客人来看我的收藏品。一开始，我给他们看的是我好不容易才收集到的一颗名贵宝石，它原本就放在这个盒子里。后来，他们对我挂在墙上的画产生了兴趣，就站起来各自欣赏。

"他们现在的位置就是我发现宝石丢失的时候所站的位置。您看得出来，我们都背对着宝石。由于大家都沉浸在这些画中，没有人注意到别人的行动。可我一转过身，就发现宝石不见了。"

"安德鲁先生，那个男仆当时在干什么呢？"波洛问道。

"当时我叫他给客人们准备点喝的。他正在调酒，我听到他在往杯子里放冰块。我搜过他的身，他身上没有宝石。至于这些客人，我可不能搜他们的身，他们都是我的朋友。不过他们都没有离开过这个房间。"

波洛扫视了一下整个房间。房间里非常整洁，根本看不出有什么地方能够把宝石藏起来。他沉思了一阵，突然眼睛一亮，因为他知道该到什么地方去找宝石了。

你知道宝石藏在什么地方吗？

第九章

综合法

437 未完的序列

想一想，哪个选项可以完成这组序列图？

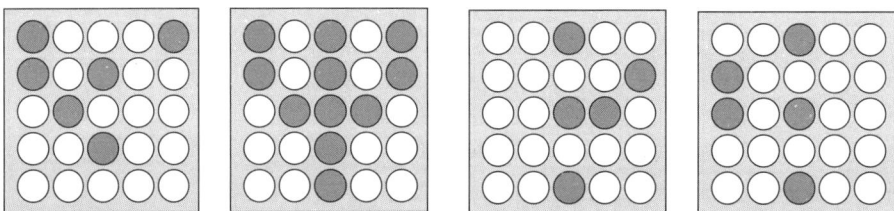

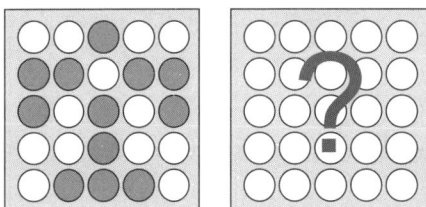

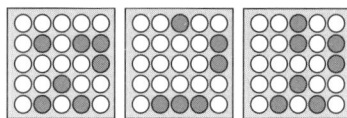

A   B   C

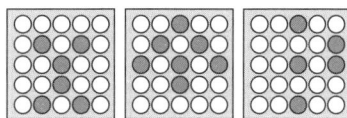

D   E   F

438 移动的数字

从左上角的圆圈开始顺时针移动，求出标注问号的圆圈里应该填上的数字。

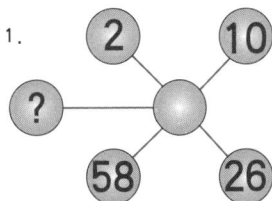

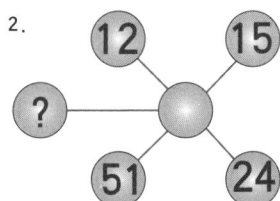

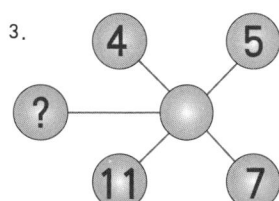

439 数字狭条

你能不能把这个图案分成 85 条由 4 个不同数字组成的狭条，使得每个狭条上的数字之和都等于 34？

用数字 1 ~ 16 组成和为 34 的四数组合共有 86 种。左边的网格图中只出现了 85 条。你能把缺失的那条找出来吗？

1	4	14	15	1	3	5	12	14	14	4	7	11	12	3	13	2
12	13	4	5	6	10	16	3	5	7	2	16	9	7	6	8	10
11	8	1	14	12	16	5	2	11	9	1	7	12	14	10	3	7
10	9	13	2	15	5	6	16	7	4	2	9	11	12	15	10	15
13	6	3	15	8	9	2	3	2	6	3	3	7	8	16	4	1
7	11	7	4	16	8	6	8	5	7	6	13	16	1	4	7	6
8	9	9	2	5	12	15	9	13	10	11	12	1	3	8	10	11
6	8	15	16	6	10	2	14	14	11	14	1	10	9	14	13	16
2	8	11	13	4	11	7	1	15	4	2	1	3	2	6	11	15
6	7	9	12	9	15	3	14	2	6	7	5	9	5	7	9	13
3	7	11	13	10	1	16	10	7	9	11	13	10	1	3	14	16
3	7	10	14	11	2	8	10	14	15	14	15	12	5	8	9	12
3	4	14	2	5	6	10	13	4	3	4	7	2	6	12	14	5
8	13	6	7	2	3	13	16	5	6	11	8	13	9	11	1	8
11	9	10	12	3	5	11	15	11	12	6	9	14	6	13	1	10
12	8	4	13	1	2	15	16	14	13	13	10	5	6	9	14	11
4	16	12	2	12	4	8	1	14	3	13	4	5	2	8	3	15
3	4	11	16	5	12	1	16	4	15	12	3	7	2	4	13	15
12	11	1	10	1	8	10	9	10	5	4	15	8	5	7	10	12
16	3	9	6	16	10	15	8	6	11	5	12	14	4	5	9	16

| a | b | c | d |

a + b + c + d = 34

440 合适的长方形

问号所在位置应该填入选项中的哪个长方形？

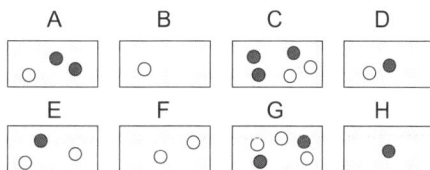

441 数字游戏板

如图所示，把数字 1 ~ 4、1 ~ 9、1 ~ 16、1 ~ 25 分别放进 4 个游戏板中，使每个圆中的数字都大于其右侧与正下方相邻的数字，你能做到吗？

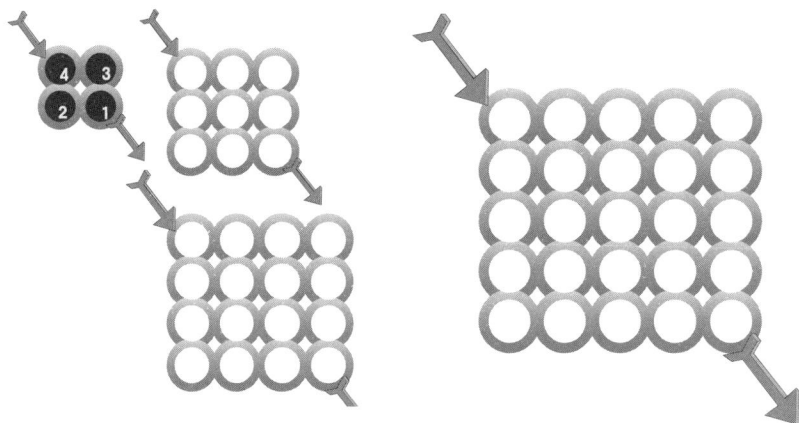

442 六边形上色

正六边形的对角线将其划分为 8 个部分，用黑白两种颜色给这些部分上色，一共有 64 种上色方法。

上面已经画出了其中的 32 种情况。

你能够画出另外的 32 种吗？（同一图形的旋转被认为是不同的情况。）

我们这里的六边形问题的原型来源于《易经》，它成书于公元前 8 世纪，是历史上最早的研究排列和分割问题的书，现在全世界仍然有很多人致力于这本书的研究。

443 旗子

如果最下面的齿轮按逆时针方向旋转，那么最上方的旗子是会上升还是会下降呢？

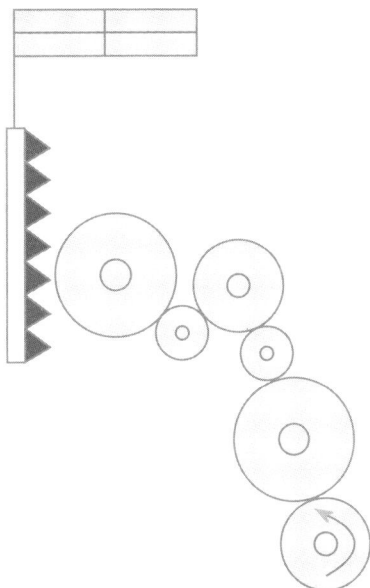

444 排列规律

A，B，C，D中哪一项符合这些图形的排列规律？

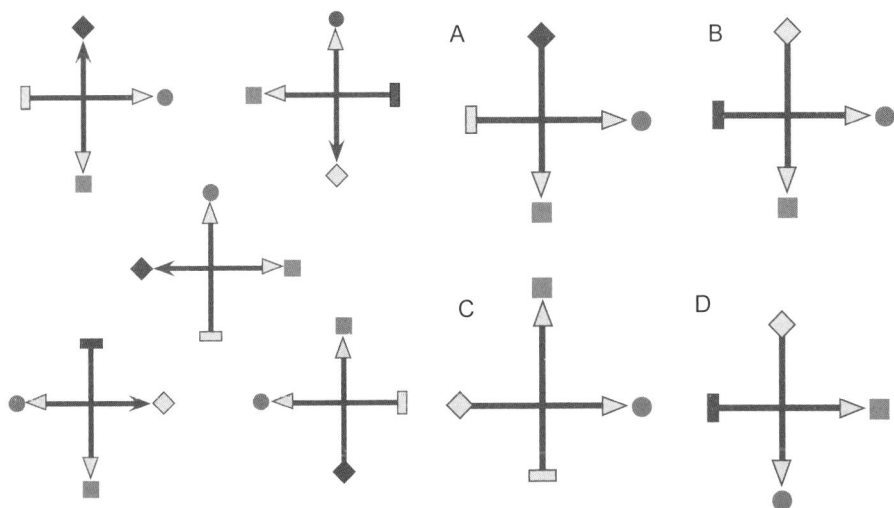

445 填图补白

哪一个选项可以放在空白处？

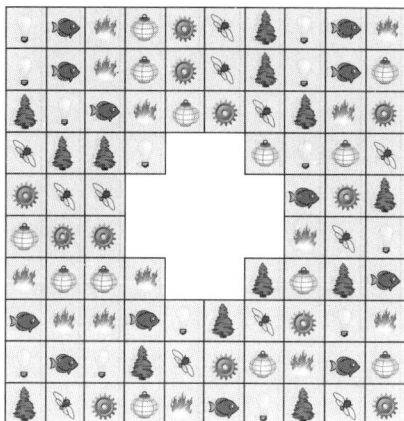

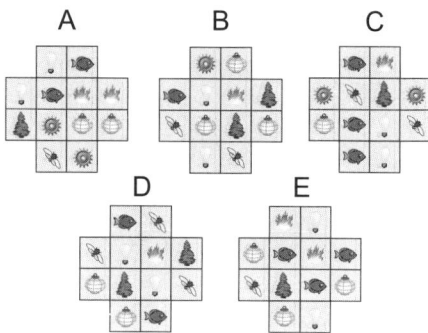

A　　　B　　　C

D　　　E

446 地板

图中缺少的那块地板应该是哪种样子？

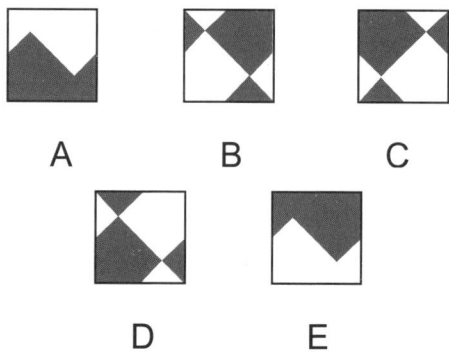

A　　　B　　　C

D　　　E

447 蛋卷冰激凌

现在有 1 个 3 层的蛋卷冰激凌，这 3 层的口味分别是草莓、香草和柠檬。请问你拿到这个冰激凌从上到下的口味排列正好是你最喜欢的顺序的概率是多少？

448 合适的图形

在标注问号的方框中填入合适的图形。

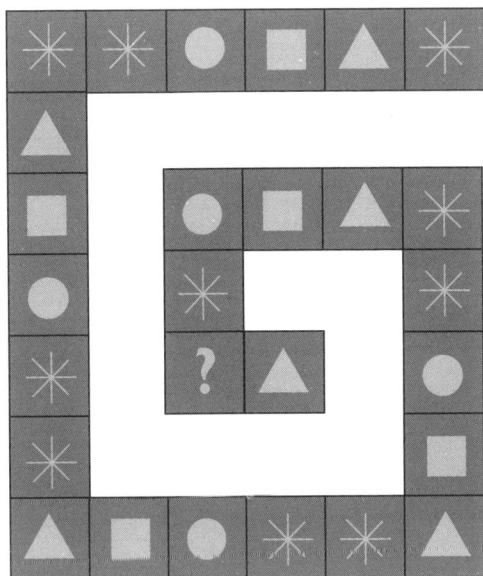

449 滑动链接谜题

在滑动链接谜题中，你需要从纵向或者横向连接相邻的点，形成一个独立的没有交叉或分支的环。每个数字代表围绕它的线段的数量，没有标数字的点可以被任意几条线段围绕。

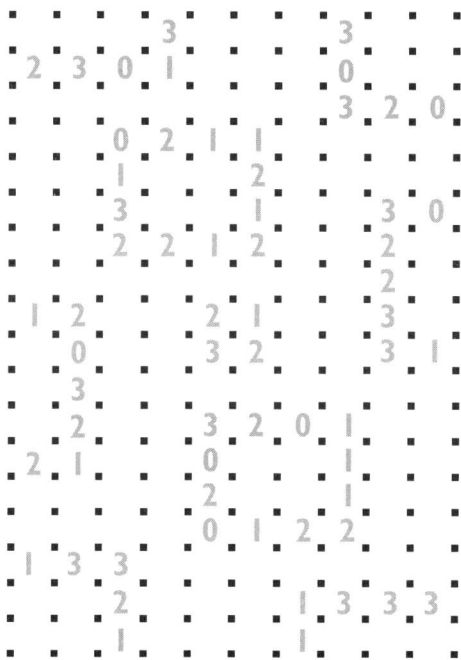

450 守卫

汤米·莱德斯给谜题国的国王帕泽尔佩特出了一道著名的"伦敦塔"问题。图中的 A，B，C，D，E 分别代表伦敦塔的 5 名守卫。每当日落的时候，A，B，C，D 各守卫都会迅即走出 A，B，C，D 出口，鸣枪示意，唯有 E 会从起始点走到 F 位置。问题是如何给这 5 名守卫找到 5 条路线，让他们行走时均不经过其他人所走的路线。图中已标出 A，B，C，D，E 各守卫的位置以及他们需要通过的

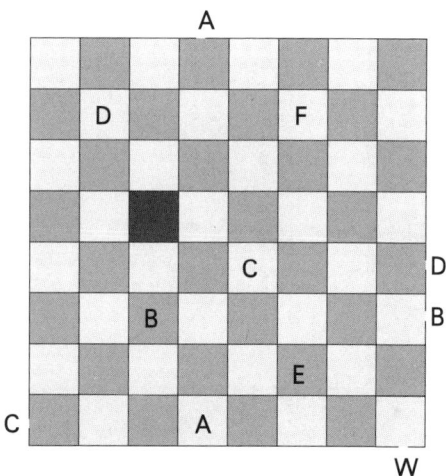

4 道门的位置。汤米说，当你知道怎么走之后，这道题其实很简单。

汤米的第二个问题比第一个更好。

每到午夜，1 名守卫就会从图中的 W 入口处进入塔内，然后迈着庄严的行军步伐走遍所有的 64 个房间，最后走到图中的黑格处。由于有长期的经验，守卫们都知道如何在尽可能少拐弯的情况下走完所有的房间，并且不重复经过任何房间。你能找到这条路线吗？

451 空白

在图中空白处填上恰当的选项。

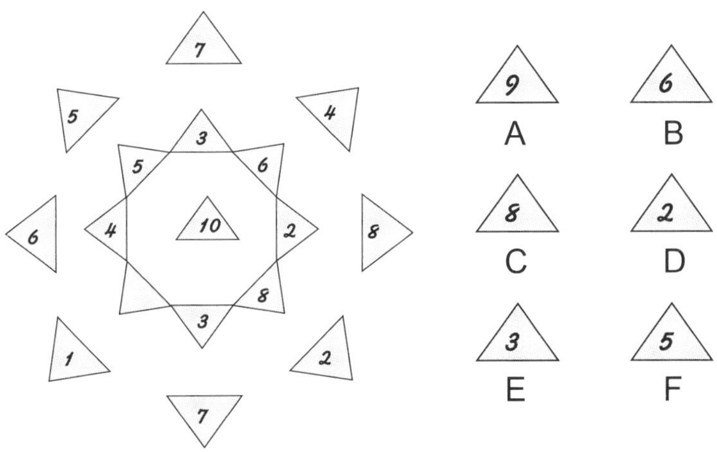

452 踩着石头过河

这次，你要到丛林里执行任务。当你路过一条河时，你必须小心翼翼地踩着这些石头才能到达河对面，如踩错了石头你就会跌进河里，要知道河里到处都是鳄鱼。

从 A 开始，每排里只能踩一个石头，你会选择踩哪些石头呢？

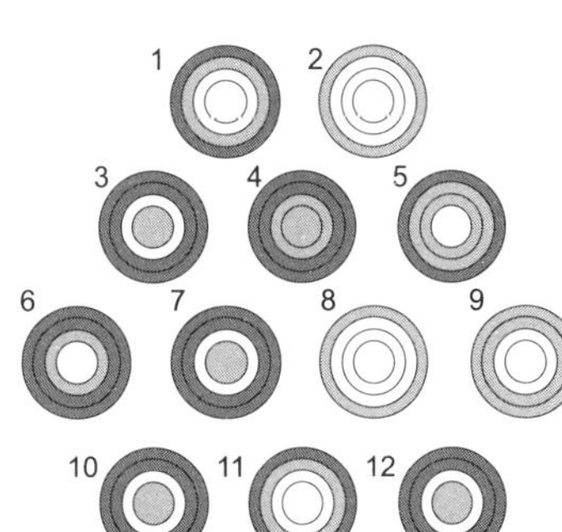

453 正透镜

凸透镜和会聚透镜都被称为正透镜，因为它们都能把平行的光线会聚于焦点。那么如果让平行的光线通过两个厚度不同的正透镜，如图所示，结果与只通过 1 个正透镜是相同的吗？如果不同，结果又应该是怎样的呢？

454 反射

我们来研究光的反射现象。如果把 2 种不同的透镜正面相贴地放在一起，那么可能反射光线的表面一共有 4 个，如图所示。

如果光线没有经过反射，它会直接穿过去。

如果光线经过 1 次反射，可能有 2 种不同的情况。

如果光线经过 2 次反射，可能有 3 种不同的情况。

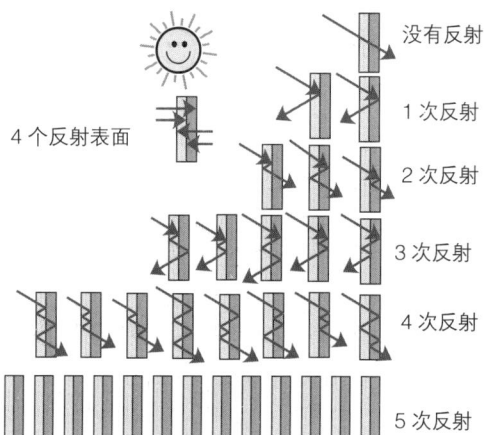

不同的反射次数所出现的情况的种数分别为：1，2，3，5，8，13，21……这是一个斐波纳契数列，即数列中后一个数字等于前两个数字之和。

那么你能够画出光线经过 5 次反射的 13 种情况吗？

455 蜡烛的像

假设有两面以铰链衔接的平面镜，以成对的彩线所成的角度摆放。

这个铰链衔接的镜子有几个值得注意的效果。

首先，惯常的左右互换现象消失了。

其次，你只需要一个很小的东西就能制造出一个万花筒。

最后，通过改变两面镜子之间的角度，你能使被反射的物象加倍并且增多。

你能从不同角度找到多少个燃烧的蜡烛的像（包括原物像）？

456 数字路线

从最顶端的数字开始，找出一条向下到达底部数字的路线，每次只能移一步。

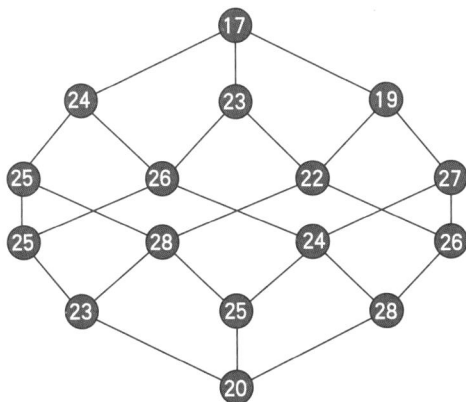

1. 你能找出一条路线，使路线上所有数字之和为 130 吗？

2. 你能找出两条分开的路线，使路线上的数字之和为 131 吗？

3. 路线上可能的最大值是多少，你走的是哪条（哪些）路线？

4. 路线上可能的最小值是多少，你走的是哪条（哪些）路线？

5. 有多少种方式可以使值为 136，你走的是哪条（哪些）路线？

457 转移

图中外围圆圈里出现的每个图形和符号，都将按照下面的规则转移到中间的圆圈里面——如果某种图形或是符号在外围的圆圈里出现 1 次：转移；出现 2 次：可能转移；出现 3 次：转移；出现 4 次：不转移。A，B，C，D 和 E 中哪一个应该放入问号处呢？

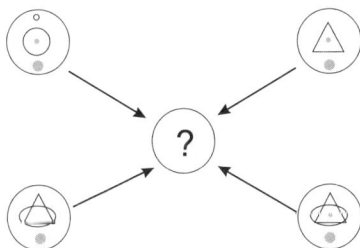

458 围栏

2个矩形围栏全等，并且有1条边重合，这种情况下怎样才能使制造围栏所用的材料最少呢？

如图所示，3种围栏中哪种所用材料最少？3幅图都是按照相同的比例尺画的，并且面积都相等。

459 平行四边形

下图是3个任意四边形。

把图1中的四边形的四条边的中点连结起来，形成1个平行四边形，且这个平行四边形的边分别与原四边形的2条对角线平行。

问这个平行四边形与原四边形的面积之间存在什么关系？平行四边形的周长与原四边形的对角线长度又有什么关系？

其他的任意四边形四边的中点

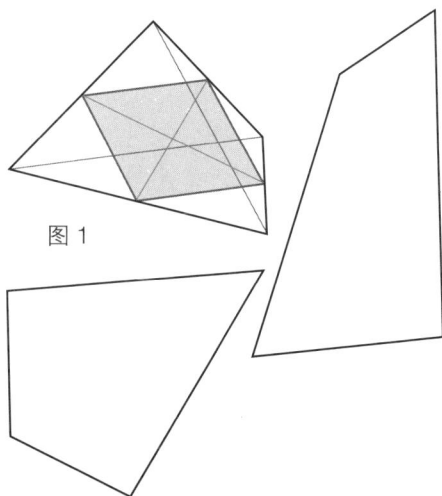

图1

相连也会得到 1 个平行四边形吗？你可以在所给的另外 2 个任意四边形上试试。

460 拼剪三角

如下图，有一家地毯店接到预约，客户预约的是一张铺在三角形房间的地毯。但是，店家裁制时竟不小心将布翻成反面来裁剪，而且形状为不等边三角形，请问怎么办？

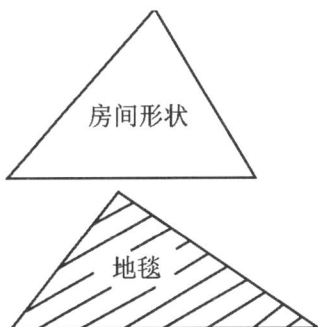

461 分辨碟子

假设所有碟子颜色都一样——没有标签，也没有办法分辨哪个碟子是哪个。你能用几种方法将 3 个不同颜色的物体分配到 3 个没有标签的碟子上？

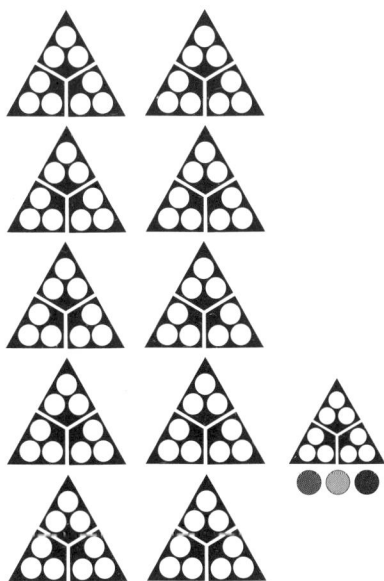

462 容积

下面 6 个烧瓶的容积分别为 7，9，19，20，21 和 22 个单位容积。现在化学家要把蓝色和红色的两种液体分别倒满其中 5 个烧瓶，留下 1 个空的烧瓶，同时使这些烧瓶中蓝色液体的总量是红色液体的总量的 2 倍（两种液体不能混合）。

请问：按照上面的条件，哪几个烧瓶应该倒满红色的液体，哪几个应该倒满蓝色的液体，哪一个烧瓶应该是空的？

红　蓝

463 如何出场

保龄球队一共有 6 个队员，队长需要从这 6 个人中选出 4 个人来打比赛，并且还要决定他们 4 个人的出场顺序。

请问有多少种排列方法？

464 演员金字塔

现在我们想象一下，这个金字塔最下面的一排由 20 个杂技演员组成。不用计算，你能用最简单的方法求出这个金字塔演员的总人数吗？

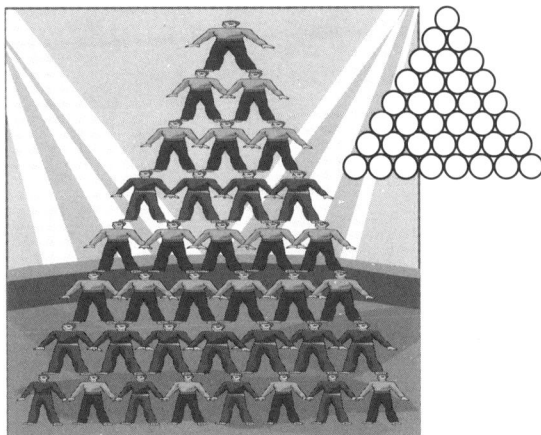

465 七巧板

我们熟知的最古老的分割问题是七巧板。经典的七巧板是世界上最美妙的难题之一。

把中间方框里的七巧板图片复制并剪下来，你能拼出外框的所有图吗？

当你解决了这里给出的问题，请试着自己发明一些图样。

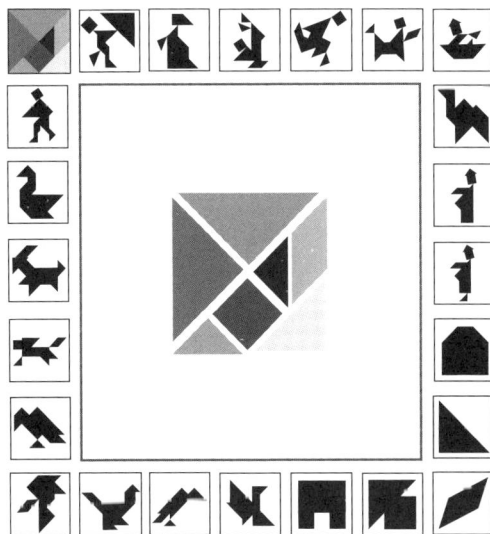

466 拼合图形

你能用下边的 4 张图片拼成如框内所示的这些图形吗？

467 拼数字

用七巧板拼出图中所示的数字，速度越快越好。

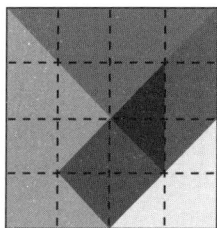

468 点菜

　　点餐时从下面 3 份菜单中各选出 1 道菜，即一共要选出 3 道菜，请问一共有多少种选择？

第1份

第2份

第3份

469 动物组合

如图，这个转盘的外环有 11 种动物。请在转盘的内环也分别填上这 11 种动物，使这个转盘能满足下面的条件：即无论转盘怎么转动，只可能有 1 条直线上出现 1 对相同的动物，而其他的直线上全部是不同的动物。问满足这种条件的排序一共有多少种？

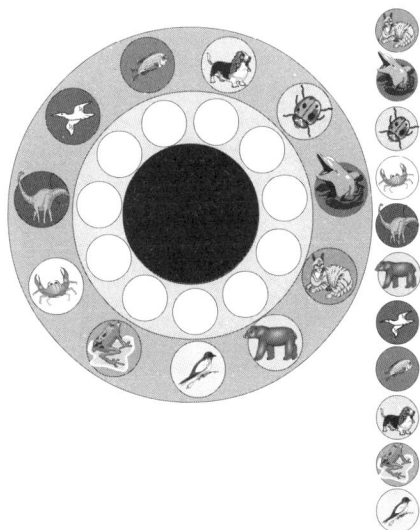

470 拓扑游戏

把右下的 7 个灰色的字母分别放入 3 个圆圈中，使每个圆圈内的字母都满足某个拓扑学的规则。

另外，每个圆圈内均有 1 个不符合规则的字母，请把它找出来。

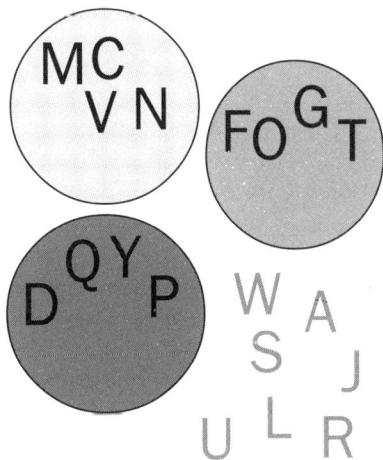

471 走出迷宫

从顶端的入口进入迷宫，然后按顺序走遍从 A 到 F。每走到 1 个字母时，你所经过的数字相加必须正好等于 10（不可以相减）。从离开字母 F 到走出迷宫时，所经过的数字的和也要等于 10。该怎么走？

472 重新拼入

如图 1 所示，将 5 个边长为 1 个单位的正方形拼入 1 个正方形，此正方形的边长是 2.828 个单位。你可以把这 5 个小正方形重新拼入 1 个如图 2 所示的小一点的正方形内吗？

图 1　　　　图 2

473 钉子的跳跃

这个游戏规则是这样的：除了中间的那个小洞（编号 17），其他的所有小洞上都插有钉子。

玩家的任务是通过一系列跳跃，拔掉板上所有的钉子，最后只剩下 1 个钉子，这个钉子的最终位置必须是板的中心（编号 17）。

跳跃的规则是这样的：1 个钉子跳过相邻的钉子到达 1 个没有钉子的小洞，同时拔掉跳过的钉子。每次跳只能是横向或竖向，不能斜向。可以连跳。

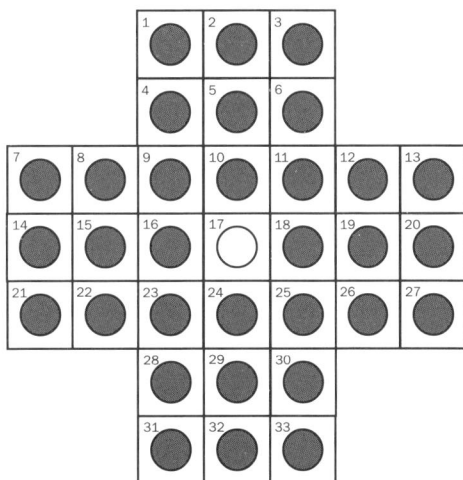

你玩这个棋需要多少跳？或者你最多能够走多远，直到最后无路可走了？

474 加法运算

简单的加法运算有时会让人迷惑！你把这组数字连加起来，答案是什么？给你的朋友试试，看看会不会有五花八门的结果。

$$
\begin{array}{r}
1000 \\
20 \\
30 \\
1000 \\
1030 \\
1000 \\
+\quad 20 \\
\hline
????
\end{array}
$$

475 三角形个数

这6幅图中分别有多少个三角形？

476 小人

除了右下角那个小人之外，这幅图看上去再自然不过了。那么，这个小人与后面的那个人谁大？

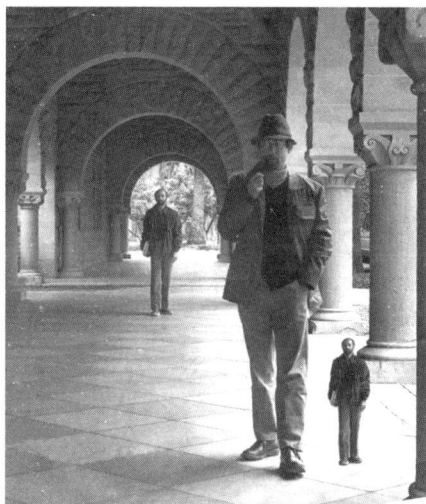

477 神奇的运算

题 1 ：有多少个两位的阿拉伯数字，它们的十位和个位上的数字不是连续数字？

题 2 ：有多少个两位的阿拉伯数字，它们的十位和个位上的数字不相同？

题 3 ：举个例子，一个有连续数字的三位数，如 234，把它倒过来得到的数字是 432，用它减去原来的数字得到 198。这对于符合同样规律的三位数都成立。

把上面的一组四位数按照同样的程序运算，并制出一个表格，你需要多长时间？

```
 345   543 - 345 = ?
 456   654 - 456 = ?
 567   765 - 567 = ?
 678   876 - 678 = ?
 789   987 - 789 = ?
1234  4321 - 1234 = ?
2345  5432 - 2345 = ?
3456  6543 - 3456 = ?
4567  7654 - 4567 = ?
5678  8765 - 5678 = ?
6789  9876 - 6789 = ?
```

478 博彩游戏

在一种博彩游戏中，买彩票者需要在 1 ~ 54 这些数字中间选出 6 个数字，这 6 个数字的顺序不重要。

请问有多少种选择？

479 条形关系

这些由正方形组成的条形是平行的还是弯曲的？

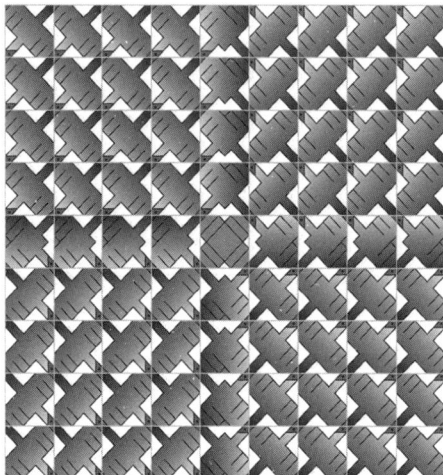

480 活塞

　　下图是液压机的一个模型，从中我们可以清楚地看到它的机械利益（一台机器产生的输出力和应用的投入力之间的比率）。这个液压机有两个汽缸，每个汽缸有一个活塞。

　　这个模型中：

　　小活塞的面积是 3 平方厘米；大活塞的面积是 21 平方厘米；机械利益为 $21 \div 3 = 7$。

　　请问小活塞上面需要加上多少力，才能将大活塞向上举起 1 个单位的距离？

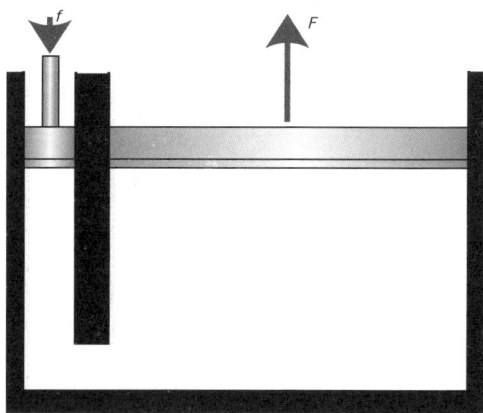

481 数字分拆

　　高德弗里·哈代和锡里尼哇沙·拉玛奴江共同研究了数字分拆问题，即将正整数 n 分拆成几个正整数一共有多少种方法？

比如，数字 5 就有 7 种不同的分拆方法，如下图所示。

现在请问你：数字 6 和 10 分别有多少种分拆方法？

5	=	5					
5	=	4	+	1			
5	=	3	+	2			
5	=	3	+	1	+	1	
5	=	2	+	2	+	1	
5	=	2	+	1	+	1	+	1
5	=	1	+	1	+	1	+	1	+	1

482 找出 4

A 图中有一个阿拉伯数字 4，B 图中也有一个大小一样、形状相同的 4，你能看出在哪里吗？

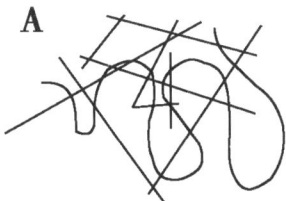

A

B

483 哥伦布竖鸡蛋

有一个非常著名的问题：怎样把一个鸡蛋竖起来？ 根据记载，克里斯托弗·哥伦布知道答案。

故事是这样的：西班牙的贵族们给哥伦布出了一个难题，要求他把一个鸡蛋竖起来。

所有人都认为他不可能做到。哥伦布拿起鸡蛋，轻

轻地敲破了鸡蛋一端的一点蛋壳，轻而易举地就把鸡蛋竖起来了。这个故事的寓意在于，很多看上去非常困难的事情很可能会有一种非常简单的解法。

如果要求不能弄破蛋壳，你还能把一个鸡蛋竖起来吗？

484 巧分巧克力

要把这块巧克力分成 64 等份，你最少需要切几次？

注意：你可以把已经切好的部分放在没有切的巧克力上面。

485 组图

如果 A 对应于 B，那么 C 对应于 D，E，F，G，H 中的哪组图？

A

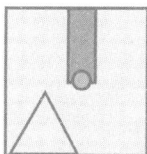

B

C

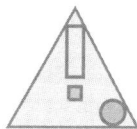

G

H

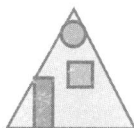

D

E

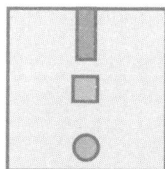

F

486 最长路线

在这个游戏里，需要通过连续的移动从起点到达终点，移动时按照每次移动 1，2，3，4，5……个格子的顺序，最后一步必须正好到达终点。并且必须是横向或是纵向移动，只有在两次移动中间才可以转弯，路线不可以交叉。

下图左边二图分别是连续走完 4 步和 5 步之后到达终点的例子。你能做出下图中右图这道题吗？

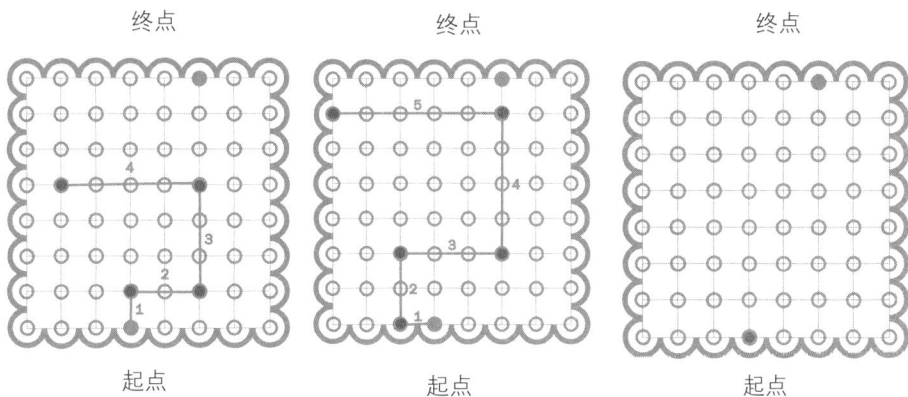

487 突变

4 张卡片上的 3 幅图已经画出来了，你能把第 4 张卡片上的图也画出来吗？

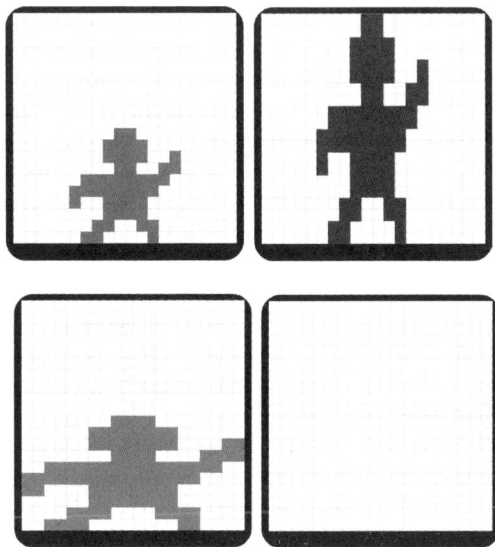

488 哈密尔敦路线

从游戏板上的 1 开始，必须经过图中每一个圆圈，并依次给它们标上号，最后到达 19。你每次只能到达一个圆圈，并且必须按照图中的箭头方向前进。

注意：不能跳步。

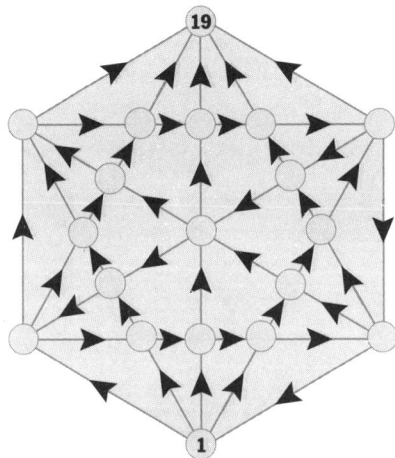

489 哈密尔敦闭合路线

一个完全哈密尔敦路线是从起点 1 开始，到达所有的圆圈后再回到起点。你能不能将 1 ~ 19 这几个数字依次标进下面的圆圈中，完成这样一条路线呢？

你每次只能到达一个圆圈，并且必须按照图中的箭头方向前进，不准跳步。

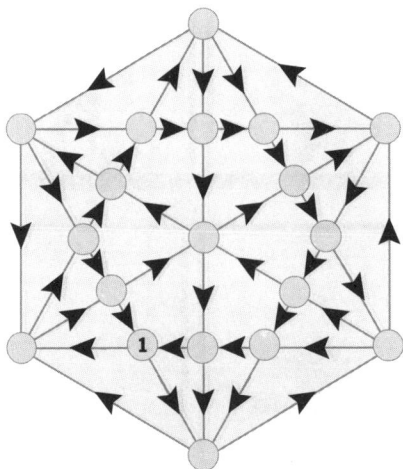

490 投票箱

在新泽西竞选的政客给了我们一个十分有趣的思维游戏。图中有一个投票箱，箱子上画着一个"×"。你的任务就是把这个投票箱用一笔连续画出。当然，线条不可以在任何地方交叉。

> 总而言之，朋友们，如果你们准备明天参加投票选举的话，我就给你们出一个题。投票要迅速、要慎重！

491 不中断的链条

你要做的就是把这些图片组成一个正方形，且链条不允许中断。

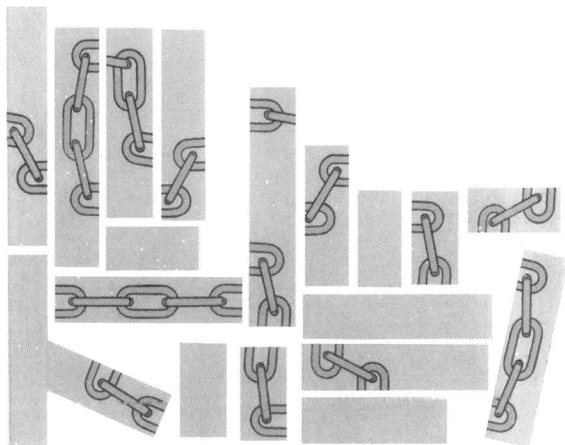

492 绳子上的猴子

如图所示，现在猴子和绳子另一端的香蕉处于平衡状态。如果这只猴子现在开始沿着绳子往上爬，左边的香蕉将会怎样移动？

493 举起自己

如果这个女孩将绳子向下拉，她能否令自己坐着的这端向上升？

494 木板上升

如果这个男孩使劲拉绳子，他能否把自己和他所站的木板都拉起来？

495 聚餐

5 个年轻人在一家鱼和薯条店里聚餐。根据下面的信息，你能说出哪几个人，吃了什么鱼，还吃了其他的什么食品，以及他们各自付了多少钱吗？

1. 莫顿比点了鲽鱼套餐的男孩付钱付得多。

2. 点了面包的男孩比没有点加拿大鲽鱼，但是点了玛氏巧克力棒的男孩付钱付得少。

3. 要么莱恩点了加拿大鲽鱼，阿里斯德尔点了比萨；要么莫顿点了加拿大鲽鱼，莱恩点了比萨。

4. 尼尔点了一块芝士，他比点北大西洋鳕鱼的男孩多付了 5 元，这个

	加拿大鲽鱼	鳐鱼套餐	鲽鱼套餐	北大西洋鳕鱼	薯片	比萨	玛氏巧克力棒	芝士	面包	60元	55元	50元	45元	40元
阿里斯德尔														
多戈尔														
莱恩														
莫顿														
尼尔														
40元														
45元														
50元														
55元														
60元														
面包														
芝士														
玛氏巧克力棒														
比萨														
薯片														

人可能是多戈尔或者莫顿。北大西洋鳕鱼比鳕鱼套餐要贵。

5.多戈尔或莫顿中有一个人总共付了55元,并且点了一个玛氏巧克力棒。

6. 有人点了薯片。

7. 这5个人分别所付的钱是40元,45元,50元,55元和60元。

496 警长的妙计

罗尔警长快要过60岁生日了,可是看上去很年轻,50岁还不到的样子。这得归功于他的自行车,也许你不相信,这辆自行车陪着他30多年了,还是当年巡逻时骑的呢。后来,警察巡逻开上了警车,可是罗尔警长坚持骑自行车,他说:"坐在警车里不锻炼,连路也跑不动了,怎么抓坏人?"

有一天下午,他骑着自行车在街上巡逻,一辆黄色轿车"呼"地从他身边冲过,紧接着,身边传来喊叫声:"他偷了我的汽车!"罗尔警长赶紧蹬车去追黄色轿车,可是,自行车的两个轮子,怎么追得上4个轮子的轿车呢?才追了一条马路,他就累得直喘气,眼看轿车越来越远了。

这时候,他看见路边停着一辆集装箱卡车,司机正在卸货,他扔下自行车,跳上卡车,开足马力,继续追赶。

偷车贼还以为把警长甩掉了,心中暗自嘲笑:一辆破自行车,还想追我?哼,没门!忽然,他从后视镜里看见了卡车,司机就是那个老警察!他慌忙加大油门,警长紧追不舍,两辆车在公路上追逐着。

前方有一座立交桥,轿车一下子就从桥底下穿了过去,可是集装箱卡车的高度,恰恰高出立交桥底部2厘米,警长一个急刹车,停在立交桥前,好险啊!

罪犯看到卡车被挡住了,还回头做个怪脸,罗尔警长气得两眼冒火。他毕竟是老警察了,马上冷静下来,看了看轮胎,立刻有了主意。

几分钟以后,集装箱卡车顺利从立交桥底下穿过,警长终于追上了罪犯。罗尔警长用什么方法,很快就让卡车通过了立交桥呢?

497 神奇的幻方

1779 年,追求时尚的催眠士弗朗茨·安东·梅斯梅尔准备在圣诞前夜招待他的贵族朋友。下图中他的实验对象正在解答他的思维游戏。这个题要求幻方上的数字在每个方向上，即水平、垂直以及对角线的相加结果都等于79。而读者朋友需要补充剩下的12个数字，这些数字要从11到29中选择。但是，每个数字都只能出现一次。

"夫人，您现在是全法国最伟大的数学家。1779 年的新年快到了，我命令您想出一个幻方思维游戏。只要相加的结果等于年份的最后两位数字就可以了。"

"我听从您的命令，尊贵的梅斯梅尔。前 4 个数字是 26、15、28 和 27，请您把它们放在第 3、5、10 和 16 号方格内。"

498 箭头与数字

在下面的方框中填上数字 1 ~ 7，使得每一横行和每一竖行中这 7 个数字分别出现一次。方框中箭头符号尖端所对的数字要小于另一端的数字。

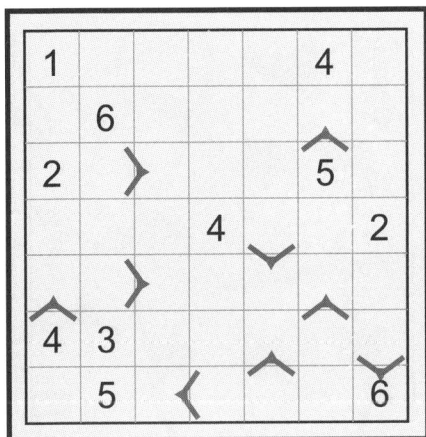

499 棋盘的方格

在这个思维游戏里，西洋跳棋和多米诺骨牌有望同时进行游戏。假如我们有 32 个多米诺骨牌，每一个多米诺骨牌可以占棋盘上的 2 个方格。把所有的多米诺骨牌放在棋盘上，它们会占满所有 64 个方格。

现在，将棋盘对角上的 2 个方格切掉并去掉 1 个多米诺骨牌。那么，你能否将剩下的 31 个多米诺骨牌放在棋盘剩余的 62 个方格上呢？如果可以的话，请给予证明；如果不可以的话，请解释原因。

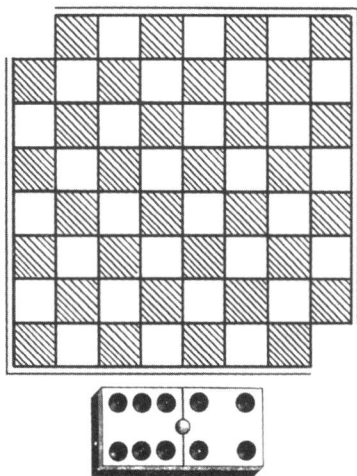

500 小猫找尾巴

在 2 分钟内，把猫的两截正确连接（找寻猫尾），不要搞错它的尾巴。

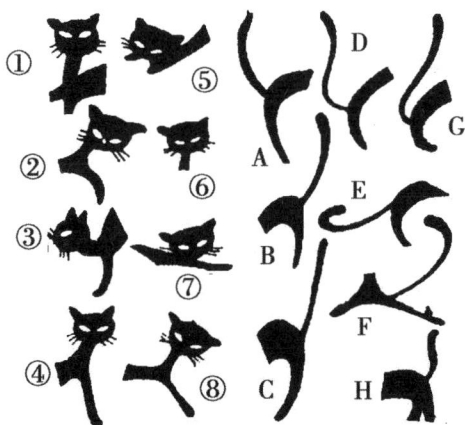

第一章　排除法

1 波娣娅的宝盒

金盒子上的话和铜盒子上的话是矛盾的，所以两句话必有一真。又三句话中至多只有一句是真话，所以银盒子上的是假话。因此,画像在银盒中。

2 三棱柱

C

3 哪一个不一样

B 图的符号和其他符号不一样，因为它是浅灰色的，而其他是深灰色的。A 图的符号和其他的不一样，因为它是 1，而其他是 2。C 图的符号也不一样，因为它是正方形而其他符号是圆形。因此，D 图的符号才是真正不一样的，因为它没有"不一样"的地方。

4 形单影只

E。其他的都是中心对称图形。换句话说，如果它们旋转180°，将会出现一个完全相同的图形。

5 移民

基德拜夫妇有 2 个孩子（线索4），因此不只有 1 个孩子的希金夫妇（线索 3）一定有 3 个孩子，并且他们去了澳大利亚（线索1）。通过排除法，去新西兰的布里格夫妇只有一个孩子；排除法又可以得出基德拜夫妇去了加拿大。希金夫妇不是开旅馆（线索1）或鱼片店（线索3），因此他们经营的一定是农场。鱼片店不是由布里格夫妇经营的（线索2），那么一定是基德拜夫妇经营的，布里格夫妇所做的生意是开旅馆。

答案：

布里格夫妇，1 个，新西兰，旅馆。

希金夫妇，3 个，澳大利亚，农场。

基德拜夫妇，2 个，加拿大，鱼片店。

6 说谎者

亨利。因为亨利和西尔玛不可能同时是说谎人，这就是说杰弗里肯定在撒谎。由于亨利说他撒谎，所以亨利肯定在说实话。因为亨利说实话，所以西尔玛肯定也在撒谎。

7 影像契合

E

8 镜像

E

9 小宝贝找妈妈

宝贝 1，海蒂，是乔治亚的孩子。

宝贝 2，伊莎贝尔，是詹妮的孩子。

宝贝 3，戴西，是爱瑞的孩子。

宝贝 4，达娜，是艾莉森的孩子。

10 儿子和爸爸

小孩 1，罗宾，是詹姆士的女儿。

小孩 2，吉米，是戈登的女儿。

小孩 3，阿什利，是马克的儿子。

小孩 4，布莱尔，是史蒂夫的儿子。

11 真正的夫妻

女士 1，洛蕾特，是兰斯的妻子。

女士 2，玛琳，是库尔特的妻子。

女士 3，莫林，是纳尔逊的妻子。

女士 4，梅贝尔，是莫里斯的妻子。

12 师生关系

学生 1，约翰，是格林老师的学生。

学生 2，劳埃德，是布罗德老师的学生。

学生 3，马特，是肯特老师的学生。

学生 4，韦斯，是威廉老师的学生。

13 司机与车

车 1 是阿曼达的。

车 2 是奥里弗的。

车 3 是诺埃尔的。

车 4 是吉尼的。

14 祖孙两代

小孩 1，R.D.，是艾达的孙子。

小孩 2，J.J.，是维拉的孙女。

小孩 3，T.J.，是朱利的孙子。

小孩 4，O.P.，是弗农的孙子。

15 医生与病人

病人 1，特雷弗，是米尔顿医生的病人。

病人 2，罗恩，是卢卡斯医生的病人。

病人 3，布伦顿，是杰罗姆医生的病人。

病人 4，威廉，是莱斯特医生的病人。

16 男女朋友

女孩 1，艾米，是内特的女朋友。

女孩 2，妮娅，是埃里克的女朋友。

女孩 3，蕾娜，是罗兹的女朋友。

女孩 4，凯莉，是特德的女朋友。

17 警察与小偷

小偷 1 是安吉洛，他是被鲍勃抓住的。

小偷 2 是米克，他是被特德抓住的。

小偷 3 是巴蒂，他是被大卫抓住的。

小偷 4 是托尼，他是被安迪抓住的。

18 采访

采访对象 1，布拉德，将被杰克采访。

采访对象 2，弗兰克，将被迪克采访。

采访对象 3，艾迪，将被罗杰采访。

采访对象 4，罗基，将被凯特采访。

19 翻身

D

20 国际象棋

解决这个问题，你不能仅仅经过左上角的 9 个方格。你要通过四步使"皇后"经过左上角的全部 9 个方格。在下次俱乐部会战时，你可以按照如图所示的步骤一展身手。

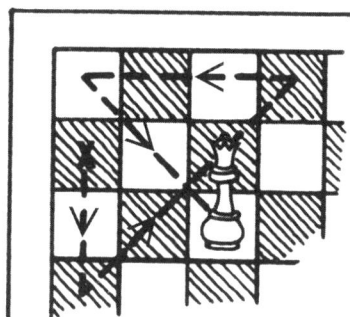

21 补缺口

E 要。

22 夏日嘉年华

杰克获得了第三名（线索2），因此他的母亲不可能是丹妮尔（线索1），而梅勒妮是尼古拉的母亲（线索4），那么杰克只能是谢莉的儿子，剩下埃莉诺是丹妮尔的女儿，埃莉诺的服装像个蘑菇（线索3）。尼古拉不是第二名(线索4)，我们知道她也不是第三名，因此她肯定是第一名，剩下埃莉诺是第二名，从线索1中知道，排名第三的杰克穿成垃圾桶装束，剩下第一名的尼古拉则穿成机器人的样子。

答案：

梅勒妮，尼古拉，机器人，第一名。

丹妮尔，埃莉诺，蘑菇，第二名。

谢莉，杰克，垃圾桶，第三名。

23 顶峰地区

位置3的山是第三高峰（线索5），线索2排除了格美特是位置4的山峰，格美特被称为庄稼之神，而山峰1是森林之神（线索3）。山峰2是飞弗特尔（线索4），通过排除法，格美特是位置3的高峰。通过线索2知道，第四高峰肯定是位置1的山峰。辛格凯

特不是位置4的山峰（线索6），通过排除法，它一定是山峰1，剩下山峰4是普立特佩尔。它不是第二高峰（线索4），那么它肯定是最高的。因此它就是被人们当作火神来崇拜的那座（线索1）。最后通过排除法，飞弗特尔是第二高峰，而它是人们心中的河神。

答案：

山峰1，辛格凯特，第四，森林之神。

山峰2，飞弗特尔，第二，河神。

山峰3，格美特，第三，庄稼之神。

山峰4，普立特佩尔，最高，火神。

24 出师不利

哈里滚球了（线索3），而史蒂夫不是LBW（线索2），那么他一定是犯规的，剩下克里斯是LBW。得了7分的不是哈里（线索3)，也非史蒂夫（线索1），那么一定是克里斯。史蒂夫得分不是2分(线索2)，那么一定是4分，而哈里是2分。史蒂夫不是3号（线索4），也非1号（线索2），那他一定是2号。哈里不是1号（线索3），则肯定是3号，剩下1号就是克里斯。

答案：

1号，克里斯，LBW，7分。

2号，史蒂夫，犯规，4分。

3号，哈里，滚球，2分。

25 汤姆的舅舅

1910年出生的舅舅的爱好不是制作挂毯（线索1），他也不是工程师，因为工程师的爱好是钓鱼（线索3），那么他肯定爱好诗歌。而他退休之前不是教师（线索2），那么只能是士兵，退休教师的爱好是制作挂毯。从线索1中知道，1916年不是伯纳德出生的年

份，而线索 3 也排除了安布罗斯，那
么 1916 年出生的只能是克莱门特。退
休教师出生的年份不是 1913 年（线索
2），那么他一定是 1916 年出生的克莱
门特，退休工程师是 1913 年出生的。
从线索 3 中知道，安布罗斯是 1910 年
出生的，他退休前是士兵，退休工程
师就是伯纳德。

答案：

安布罗斯，1910 年，士兵，诗歌。

伯纳德，1913 年，工程师，钓鱼。

克莱门特，1916 年，教师，制作
挂毯。

26 换装

B 机器是穿红白相间的浴袍的女
士用的（线索 5），线索 4 排除了 D 是
尤菲米娅·坡斯拜尔用的，因为兰顿
斯罗朴小姐用了机器 C（线索 2），尤
菲米娅的机器可能是 A 或者 B。而拉
福尼亚的是 B 或者 C（线索 4），因此
她也不是用机器 D。我们知道兰顿斯
罗朴用了机器 C，那么贝莎不可能是
机器 D（线索 1）。因此，通过排除法，
维多利亚肯定用了机器 D。所以她的
姓不可能是马歇班克斯（线索 1），我
们知道她的姓也不是坡斯拜尔或者兰
顿斯罗朴，那么一定是卡斯太尔，而
她的浴袍肯定是绿白相间的（线索 3）。
因此尤菲米娅不可能用了机器 B（线
索 4），那么一定是在 A 上，剩下机器
B 是马歇班克斯用的。因此，从线索 1
中可以知道，贝莎就是兰顿斯罗朴小
姐，她用了机器 C，装束是黄白相间的，
通过排除法，尤菲米娅·坡斯拜尔是
穿了蓝白相间浴袍的人。

答案：

机器 A，尤菲米娅·坡斯拜尔，
蓝白相间。

机器 B，拉福尼亚·马歇班克斯，
红白相间。

机器 C，贝莎·兰顿斯罗朴，黄
白相间。

机器 D，维多利亚·卡斯太尔，绿
白相间。

27 小屋的盒子

蓝色的盒子里有 58 个东西（线索
2），绿色盒子有螺丝钉（线索 3），43
个钉子不在灰色的盒子里（线索 1），
那么一定在红色的盒子。我们知道绿
盒的东西不是 43 或 58 个，而线索 3
也排除了 65 个，那么在绿盒里一定是
39 个螺丝钉。通过排除法，灰色盒子
的东西肯定是 65 个，它们不是洗涤器
（线索 3），那么一定是地毯缝针，灰色
盒子就是 C 盒（线索 4），剩下蓝色的
盒子有 58 个洗涤器。绿盒不是 D 盒（线
索 3），因它有 2 个相邻的盒子，那么
知道它就是 B 盒，而有洗涤器的盒子
就是 A 盒（线索 3），剩下红色的盒子
就是 D 盒。

答案：

A 盒，蓝色，58 个洗涤器。

B 盒，绿色，39 个螺丝钉。

C 盒，灰色，65 个地毯缝针。

D 盒，红色，43 个钉子。

28 瓦尼斯城堡

铁门在城堡的南方（线索 4），A
门为第二护卫队守卫（线索 2），而剑
门是在第四护卫队守卫的门的逆时针
方向的下一扇门（线索 1），它不是 D

门，而 D 门也不是钻石门（线索 3），那么一定是鹰门，它不是由哈尔茨和第一护卫队负责的（线索 5），也不是由第二护卫队负责的，线索 3 排除了第四护卫队，那么 D 门一定是由第三护卫队看守的。因此，从线索 3 中知道，第四护卫队看守钻石门。我们知道钻石门不是 C 和 D，而护卫队号也排除了 A 门，因此它就是 B 门。从线索 1 中知道，A 门就是剑门。通过排除法，哈尔茨长官和第一护卫队负责的一定是铁门。克恩不掌管第一护卫队，因此苏尔不掌管第二护卫队（线索 6），也不是由弗尔掌管的（线索 1），那么一定是克恩掌管了第二护卫队。苏尔是第三护卫队的长官，负责鹰门，即 D 门（线索 6），剩下弗尔掌管第四护卫队，负责 B 门，即钻石门。

答案：

A 门，剑门，克恩，第二护卫队。

B 门，钻石门，弗尔，第四护卫队。

C 门，铁门，哈尔茨，第一护卫队。

D 门，鹰门，苏尔，第三护卫队。

29 发错的邮件

格雷尼的书不是被送到格拉斯哥（线索 1）、切姆斯弗德（线索 2）或威根（线索 4），所以是斯旺西。克罗瞿的书不是被送到切姆斯弗德（线索 1）或格拉斯哥（线索 3），所以是威根；因此，道森的书一定是《伊特鲁亚人》（线索 4）。《斯多葛学派》的作者不是克罗瞿（线索 3），没有被送到威根或格拉斯哥（3），根据线索 1，也不是被送到斯旺西，所以它是被送到了切姆斯弗德。它原来的目的地不是卡莱尔

或索尔兹伯里（线索 1），它的作者也不是格雷尼。又因为已知格雷尼的书被送到了斯旺西（线索 1），所以《斯多葛学派》一书的作者是比格汉姆，因此它的正确的目的地不是布莱顿（线索 1），而是马特洛克。《布达佩斯的秋天》的正确的目的地不是布莱顿（线索 1），也不是卡莱尔（线索 3），而是索尔兹伯里。克拉伦斯没有把它送到斯旺西（线索 1），所以它的作者不是格雷尼，而是克罗瞿，综上所述，克拉伦斯错误地把《伊特鲁亚人》一书送到了格拉斯哥。没有打算送到卡莱尔的道森的书原本应该送到布莱顿。《迈阿密上空的月亮》原来是要送到卡莱尔的。

答案：

《布达佩斯的秋天》，克罗瞿，索尔兹伯里，威根。

《迈阿密上空的月亮》，格雷尼，卡莱尔，斯旺西。

《伊特鲁亚人》，道森，布莱顿，格拉斯哥。

《斯多葛学派》，比格汉姆，马特洛克，切姆斯弗德。

30 清仓大拍卖

唐纳德买了咖啡桌（线索 2），而丽贝卡出了 15 英镑买了东西，她买的不是墙角柜（线索 3），则一定是钟，剩下墙角柜是塞德里克买的。因此，从线索 1 中知道，2 号拍卖物一定价值 18 英镑。丽贝卡买的不是 3 号拍卖物（线索 3），我们知道，价值 15 英镑的不是 2 号，那么一定是 1 号。从线索 3 中知道，2 号拍卖物一定价值 18 英镑，

它就是墙角柜。通过排除法，3号则是咖啡桌，是唐纳德花了10英镑买的。

答案：

1号，钟，丽贝卡，15英镑。

2号，墙角柜，塞德里克，18英镑。

3号，咖啡桌，唐纳德，10英镑。

31 信箱

绿色信箱不属于228号或234号（线索1），并且232号信箱是蓝色的（线索4)，因此绿色信箱一定在230号。阿琳不住在228号（线索2），而且她的黄色的信箱（线索2）一定不是230号和232号，所以一定在234号。现在通过排除法，巴伦夫人的红色信箱（线索3）一定在228号。从线索1中得出，杰布夫人住在232号，而加玛就是住在228号的巴伦夫人。阿琳不是菲什贝恩夫人（线索2），而是弗林特夫人，剩下菲什贝恩夫人住在230号。根据线索4,路易丝不是杰布夫人，而是菲什贝恩夫人，剩下杰布夫人是凯特。

答案：

228号，加玛·巴伦，红色。

230号，路易丝·菲什贝恩，绿色。

232号，凯特·杰布，蓝色。

234号，阿琳·弗林特，黄色。

32 等公车

格伦是4号（线索2），根据线索1，证券公司的雇员不是2号、6号或7号。线索2排除了5号，因为6号是男的（线索3），线索1同样排除了4号。已知3号在保险公司工作(线索6)，这样根据线索1,1号在证券公司上班，而在保险经纪人公司工作的3号就是

塞布丽娜。1号不是纳尔逊（线索4）、雷切尔（线索5）,或在投资公司工作的托奎（线索8），也不是格伦或塞布丽娜，线索8排除了马德琳，因此只能是吉莉安。线索7告诉我们2号在一家律师所工作，这样根据线索2,5号在法律顾问公司上班。已知托奎不是7号（线索8），而他所在的公司排除了2号和5号，那他就是6号，根据线索8，马德琳是7号。雷切尔不是2号（线索5），得出他是5号，格伦在银行工作（线索5）。最后通过排除法，纳尔逊是在律师事务所工作的2号，马德琳是建筑公司的职员。

答案：

1号，吉莉安，证券公司。

2号，纳尔逊，律师事务所。

3号，塞布丽娜，保险公司

4号，格伦，银行。

5号，雷切尔，法律顾问公司。

6号，托奎，投资公司。

7号，马德琳，建筑公司。

33 购物优惠券

已知马丁叔叔送给拉姆的礼物是Benedam优惠券（线索3）。卡罗尔阿姨的面值为20的优惠券不是W S Henry发行的（线索4），线索1又排除了Ten-X，最后得出它属于HBS公司。从线索2可以知道，B信封内的理查德叔叔所送的礼物面值为15。由于丹尼斯叔叔给娜塔莎的礼物不是面值为5的优惠券（线索5），那么可以知道它的面值是10，面值为5的是马丁叔叔送的由Benedam发行的优惠券。又因为后者不在C信封内（线索1），

也不在 D 信封内（线索 3），而是在 A 信封内。我们现在已经知道 A 和 B 信封内的代币价值。根据线索 1，面值为 10 的优惠券不在 C 信封内，因此 C 信封内的是卡罗尔阿姨所送的由 HBS 发行的面值为 20 的优惠券。根据线索 1 也可以知道，Ten-X 的优惠券的面值一定为 10，并且在 D 信封内。最后通过排除法，B 信封里是理查德叔叔所送的面值为 15 的 W S Henry 的优惠券。

答案：

A 信封，马丁叔叔，Bene-dam，5。

B 信封，理查德叔叔，WSHenry，15。

C 信封，卡罗尔阿姨，HBS，20。

D 信封，丹尼斯叔叔，Ten-X，10。

34 职业女性

因为图片 3 中的人是迪安夫人（线索 2），图片 4 中的那个人穿着救助队军官制服（线索 3），所以消防员埃利斯夫人不是图片 2 中的人物（线索 4），而是图片 1 中的妇女。又因为萨利不在图片 1 或图片 4（线索 5）中，所以她不是救助队军官或消防员，也不是交警（线索 5），最后得出她是护理人员。她不姓托马斯（线索 5）或埃利斯；马里恩姓帕日斯（线索 1），得出萨利必定姓迪安，这样就知道她在图片 3 中。通过排除法，图片 2 中的女性是交警，这样根据线索 3，图片 4 中穿着救助队军官制服的是托马斯夫人，现在排除法可以得出，红头发的马里恩·帕日斯在图片 2 中，并且是个交警。最后根据线索 3，图片 4 中的救助队军官托马斯夫人不姓卡罗尔，而是姓盖尔，

卡罗尔是图片 1 中的消防员埃利斯夫人的名。

答案：

图片 1，卡罗尔·埃利斯，消防员。

图片 2，马里恩·帕日斯，交警。

图片 3，萨利·迪安，护理人员。

图片 4，盖尔·托马斯，救助队军官。

35 模仿秀

由于扮演麦当娜的帕慈不在财务部工作（线索 1），也不在蒂娜·特纳的扮演者所在的销售部（线索 3），所以她一定在人事部。通过排除法，来自财务部的女性将扮演伊迪丝·普杰夫，但她不是卡罗琳（线索 4），故必定是海伦·凡尔敦（线索 2）。销售部扮演蒂娜·特纳的那位不是坦娜夫人（线索 3），因此她姓玛丽尔，通过排除法，可以知道她的名字是卡罗琳。同样通过排除法，得到来自人事部的帕慈就是坦娜夫人的名字。

答案：

卡罗琳·玛丽尔，销售部，蒂娜·特纳。

海伦·凡尔敦，财务部，伊迪丝·普杰夫。

帕慈·坦娜，人事部，麦当娜。

36 新生命

由于小博尼只有 3 天大（线索 4），并且 4 天前出生的婴儿不是基德（线索 1），也不是阿曼达·纽康姆博（线索 2），所以他一定姓沙克林。线索 1 告诉我们，他不是 2 号小床上的丹尼尔，同时也说明丹尼尔不姓基德。我们知道丹尼尔不姓纽康姆博，因此他姓博尼，年龄只有 3 天。根据线索 1，

277

姓基德的婴儿的年龄是2天，通过排除法，剩下阿曼达·纽康姆博是最晚出生的。根据线索2，1号小床上的婴儿只有2天大，她姓基德，但不叫托比（线索3），由此得出她叫吉娜，剩下托比姓沙克林。后者不在3号小床上（线索3），而是在4号小床上，剩下阿曼达在3号小床上。

答案：

1号，吉娜·基德，2天。

2号，丹尼尔·博尼，3天。

3号，阿曼达·纽康姆博，1天。

4号，托比·沙克林，4天。

37 捷径

已知10分钟路程中维恩广场是其中的第二段路（线索3）。根据线索1，通过斯拜丝巷和哥夫街的路程不需要12分钟，因此这条路只需花8分钟，同一个线索得出尼克花了10分钟并经过维恩广场。通过排除法，多吉丝·希尔是12分钟路程中的第二段路，根据线索2，帕特走了12分钟的路程，并经过佩恩街。最后由排除法知道，尼克所走路程的第一段是丘奇巷，桑迪通过斯拜丝巷和哥夫街只花了8分钟到达小餐馆。

答案：

尼克，丘奇巷，维恩广场，10分钟。

帕特，佩恩街，多吉丝·希尔，12分钟。

桑迪，斯拜丝巷，哥夫街，8分钟。

38 记者艾弗

已知星期五拜访的不是帕特丝·欧文（线索1）或小说家阿比·布鲁克（线索3），那么拜访的是利亚·凯尔，并

且可以知道她是个流行歌手（线索2）；通过排除法，帕特丝·欧文是个电影演员，她被拜访的时间不是星期天（线索4），而是星期六，剩下小说家阿比·布鲁克是在星期天被采访的。根据线索1，星期五拜访的利亚·凯尔来自加拿大，根据线索3，星期六的被访者帕特丝·欧文来自澳大利亚，最后排除法得出，星期天的被访者小说家阿比·布鲁克来自美国。

答案：

星期五，利亚·凯尔，流行歌手，加拿大。

星期六，帕特丝·欧文，电影演员，澳大利亚。

星期天，阿比·布鲁克，小说家，美国。

39 野鸭子

因为沃德拜别墅在4号位置（线索2），那么在1号位置筑巢的不是养了7只小鸭子的戴西（线索1），也不是迪力（线索3），线索4排除了多勒，通过排除法得出是达芙妮。然后根据线索5，5只小鸭子在2号别墅的花园里。我们知道拥有小鸭子数最多的不是戴西、多勒（线索4）或迪力（线索3），而是达芙妮，她拥有8只小鸭子。1号位置小鸭子的数量比2号位置上的多3只，线索3排除了迪力在2号花园里的可能，已知多勒有5只小鸭子，剩下迪力有6只小鸭子。这样根据线索3，罗斯别墅是戴西和她的7只小鸭子的家。我们知道它们不在1号、2号或4号位置，那么一定在3号位置，根据排除法和线索3，迪力在4号沃德拜别

墅的花园里抚养她的 6 只小鸭子。线索 1 现在告诉我们洁丝敏别墅在 2 号位置，剩下 1 号是来乐克别墅。

答案：

1 号，来乐克别墅，达芙妮，8 只。
2 号，洁丝敏别墅，多勒，5 只。
3 号，罗斯别墅，戴西，7 只。
4 号，沃德拜别墅，迪力，6 只。

40 破纪录者

由于凯瑞的运动项目不是 100 米或 400 米（线索 1），她也不是在跳远比赛中获胜的 1 号女孩（线索 1 和 4），因此通过排除法，她一定破了标枪比赛的纪录。1 号位置上的是跳远运动员（线索 4），所以凯瑞不是 2 号女孩（线索 1），线索 1 排除了她是 1 号或 4 号的可能，所以她在 3 号位置。400 米冠军哈蒂不叫瓦内萨（线索 5），我们知道她不叫凯瑞，赫尔的名字是戴尔芬（线索 2），那么哈蒂的名就是洛伊斯。她不在 2 号位置（线索 3），而她的运动项目排除了 1 号和 3 号位置，因此她一定在照片中的 4 号位置。1 号女孩不是戴尔芬·赫尔（线索 2），而是瓦内萨，戴尔芬是 2 号女孩，排除法得出戴尔芬的运动项目是 100 米。最后根据线索 4，瓦内萨不姓福特，而姓斯琼，剩下凯瑞是福特小姐。

答案：

1 号，瓦内萨·斯琼，跳远。
2 号，戴尔芬·赫尔，100 米。
3 号，凯瑞·福特，标枪。
4 号，洛伊斯·哈蒂，400 米。

41 请集中注意力

埃格要去拜访岳母（线索 2），穿着绵羊皮外套的男人打算修他的小圆舟（线索 5），并且穿着小牛皮上衣的奥格不打算粉刷他的窑洞墙壁（线索 4），因此奥格一定是去钓鱼。由于穿着绵羊皮外套的男人不是阿格（线索 5），我们知道他也不是埃格或奥格，那么他是艾格。通过排除法，剩下阿格是准备粉刷窑洞墙壁的男人。穿着绵羊皮外套的艾格不在 1 号位置（线索 1），也不在 3 号位置，因为 3 号穿着山羊皮上衣（线索 3），而线索 1 和 3 排除了他在 4 号位置的可能，那么他一定在 2 号位置，1 号穿着狼皮上衣（线索 1），剩下穿着小牛皮上衣的奥格在 4 号位置。线索 5 说明阿格在 1 号位置，他穿着狼皮上衣，通过排除法，在 3 号位置上穿着山羊皮上衣的人是埃格，就是那个打算拜访岳母的人。

答案：

1 号，阿格，粉刷窑洞墙壁，狼皮。
2 号，艾格，修小圆舟，绵羊皮。
3 号，埃格，拜访岳母，山羊皮。
4 号，奥格，钓鱼，小牛皮。

42 抓巫将军

"红母鸡"在 1649 年被宣判（线索 4），在 1648 年被认为是女巫的不是"蓝鼻子母亲"（线索 3），因此她一定是"诺格斯奶奶"，并且真名是艾丽丝·诺格斯（线索 1）。通过排除法，"蓝鼻子母亲"在 1647 年被宣判为女巫，而她来自盖蒙罕姆（线索 2）。那么伊迪丝·鲁乔不是在 1648 年被宣判（线索 4），而是在 1649 年，她的绰号是"红母鸡"。可以得出艾丽丝·诺格斯住在希尔塞德（线索 4）。克莱拉·皮奇不是来自里球格特乡村（线索3），所以必定来自盖蒙罕姆，并且她是在1647年被宣判的"蓝鼻子母亲"；排除法得出伊迪丝·鲁乔住在里球格特。

答案：

克莱拉·皮奇，"蓝鼻子母亲"，盖蒙罕姆，1647年。

艾丽丝·诺格斯，"诺格斯奶奶"，希尔塞德，1648年。

伊迪丝·鲁乔，"红母鸡"，里球格特，1649年。

④43 吹笛手游行

6岁的格雷琴不可能是4号（线索1），而3号今年7岁（线索4），1号是个男孩（线索3），因此，通过排除法，格雷琴肯定是2号。现在从线索1中知道，3号是7岁的牧羊者。玛丽亚的父亲是药剂师（线索5），不可能是1号（线索3），那么只能是4号，从线索5中知道，她今年5岁，剩下1号男孩8岁。所以1号不是汉斯（线索2），则一定是约翰纳，剩下汉斯是7岁的牧羊者。从线索3中知道，格雷琴的父亲不是屠夫，那么只能是伐木工，最后知道约翰纳是屠夫的儿子。

答案：

1号，约翰纳，8岁，屠夫。

2号，格雷琴，6岁，伐木工。

3号，汉斯，7岁，牧羊者。

4号，玛丽亚，5岁，药剂师。

④44 在海滩上

莎的姓是卡索（线索2），蒂米穿红色的泳衣（线索1），因此，穿橙色泳衣叫响的小男孩肯定是詹姆士。通过排除法，莎的泳衣一定是绿色的，

他的母亲是曼迪（线索4）。同样再次通过排除法，蒂米的姓是桑德斯，他的母亲不是丹尼斯（线索3），那么肯定是萨利，最后剩下丹尼斯是詹姆士的母亲。

答案：

丹尼斯·响，詹姆士，橙色。

曼迪·卡索，莎，绿色。

萨利·桑德斯，蒂米，红色。

④45 跳棋比赛

史蒂夫的姓不是沃尔顿（线索2），他也不可能姓汉克，汉克是第三名（线索2和3），因此他只可能姓泰勒，所以他代表红狮队（线索1）。他不是第二名（线索2），那么他只能是第一名，而沃尔顿是第二名。比尔不代表五铃队（线索4），因此他只可能代表船星队，而玛丽代表五铃队。从线索4中知道她肯定是汉克，最后取得第三名，得出比尔肯定姓沃尔顿，取得第二名。

答案：

史蒂夫·泰勒，红狮队，第一名。

比尔·沃尔顿，船星队，第二名。

玛丽·汉克，五铃队，第三名。

④46 古卷轴

卷轴B是迪格博士发现的（线索4）。卷轴A是衣物清单，不是被布卢斯教授发现的（线索3），夏瓦博士找到日记（线索6），因此卷轴A肯定是雀瓦教授发现的，它是用古巴比伦字体撰写的（线索1）。迪格博士发现的卷轴B不是用亚述语写的（线索4），也不是拉丁文（线索2），卷轴B的文字肯定是埃及文。而卷轴B不可能是那封情书（线索5），因此，通过排除

法，卷轴 B 只能是账本，而情书只能是布卢斯教授发现的。现在，从线索 6 中知道，夏瓦博士发现的是卷轴 C，它不是用巴比伦语写的，那么只能是用亚述语写的，而布卢斯教授发现的卷轴 D 是用拉丁文写的情书。

答案：

卷轴 A，古巴比伦文，衣物清单，雀瓦教授。

卷轴 B，埃及语，账本，迪格博士。

卷轴 C，亚述语，日记，夏瓦博士。

卷轴 D，拉丁文，情书，布卢斯教授。

47 演艺人员

弹吉他的不是 1 号（线索 1），1 号也不是变戏法者（线索 3），也非马路艺术家（线索 4），因此 1 号肯定是手风琴师，他不是泰萨，也不是莎拉·帕吉（线索 2），而内森是 2 号（线索 5），因此 1 号只能是哈利。因内森不玩吉他（线索 5），线索 1 可以提示吉他手就是 4 号。4 号不是莎拉·帕吉（线索 2），而莎拉·帕吉不是 1 号和 2 号，因此只能是 3 号。因此，她不是变戏法者（线索 3），通过排除法，她肯定是街边艺术家，剩下变戏法者就是 2 号内森。从线索 4 中知道，他的姓一定是西帕罗，而 4 号位置肯定是泰萨。从线索 2 中知道，克罗葳不是泰萨的姓，则一定是哈利的姓，而泰萨的姓只能是罗宾斯。

答案：

1 号，哈利·克罗葳，手风琴师。

2 号，内森·西帕罗，变戏法者。

3 号，莎拉·帕吉，街边艺术家。

4 号，泰萨·罗宾斯，吉他手。

48 戴黑帽子的家伙

图片 A 指的是雅各布（线索 2），图片 D 指的是丘吉曼（线索 4）。赫伯特的图片与"男人"麦克隆水平相邻，前者不可能是图片 C 上的人，而图片 C 上的也不是西尔维斯特（线索 1），那么图片 C 上的一定是马修斯。我们知道西尔维斯特不是图片 A、C 和 D 上的人，那么肯定就是图片 B 上的人。通过排除法，赫伯特一定是图片 D 上的人。从线索 1 中知道，图片 C 上的一定是马修斯，他就是"男人"麦克隆。通过排除法知道，雅各布的姓就是沃尔夫。因此，从线索 3 中可以知道，"小马"就是西尔维斯特·加夹得，他是图片 B 上的人。D 上的赫伯特·丘吉曼不是"强盗"，那么他的绰号一定是"里欧"，而"强盗"就是图片 A 上雅各布·沃尔夫的绰号。

答案：

图片 A，雅各布·沃尔夫，"强盗"。

图片 B，西尔维斯特·加夹得，"小马"。

图片 C，马修斯·麦克隆，"男人"。

图片 D，赫伯特·丘吉曼，"里欧"。

49 剧院座位

坐在 A 排 13 号位置的（线索 6）不可能是彼特和亨利（线索 1），也不是罗伯特（线索 4）。朱蒂不可能是 13 号（线索 5），那么这条线索也排除了 A 排 13 号是查尔斯和文森特的可能。通过排除法，在 A 排 13 号的只能是托尼，安吉拉也在 A 排（线索 1），除此之外，A 排另外还有一位女性（线索 3），她不是尼娜，因尼娜坐在 B 排的 12 号座（线索 2），也不是珍妮特和莉迪亚（线索 7），线索 5 排除了朱蒂，通过排除法只能是玛克辛在前排座位。她不可能是 10 或 11 号（线索 4），我们已经知道她不是 13 号，那么肯定是 12 号。因此罗伯特是 A 排 10 号（线索 4），剩下安吉拉是 11 号。现在从线索 1 中知道，彼特是 B 排 11 号。B 排还有一位男性（线索 3），他不是亨利，亨利在 C 排（线索 1），而线索 5 排除了文森特在 B 排 10 号和 13 号的可能，10 号和 13 号还未知。我们知道托尼和罗伯特在 A 排，那么通过排除法，在 B 排的只能是查尔斯，但他不是 13 号（线索 5），因此他肯定是 10 号。从线索 5 中知道，朱蒂一定在 C 排 10 号，而她丈夫文森特是 11 号。从线索 1 和 7 中知道，亨利是 C 排的 12 号，而莉迪亚是那一排的 13 号，最后剩下 B 排 13 号上的是珍妮特。

答案：

A 排：10，罗伯特；11，安吉拉；12，玛克辛；13，托尼。

B 排：10，查尔斯；11，彼特；12，尼娜；13，珍妮特。

C 排：10，朱蒂；11，文森特；12，亨利；13，莉迪亚。

50 狮子座的人

某位女性的生日是 8 月 4 号（线索 2），她不是内奥米（线索 4）或者波利。巴兹尔的生日是个偶数日（线索 7），安妮的生日是 8 月 2 日（线索 5），因此，通过排除法，8 月 4 日一定是威尔玛的生日。我们知道巴兹尔的生日不是 2 号或者 4 号，通过线索 7 知道，她的生日一定是 7 月 28 日或者 7 月 30 日，因此波利的生日是 7 月 29 日或者 31 日。斯图尔特·沃特斯的生日在 8 月份（线

索 7），但是克雷布的生日是 8 月 1 日（线索 6），我们知道斯图尔特不是 2 号或者 4 号，那么一定是 3 号。出生在 7 月 28 号的不是查尔斯（线索 1）、安格斯（线索 3）、内奥米（线索 4）或者波利（线索 7），也不是安妮、斯图尔特和威尔玛，那么一定是巴兹尔。这样，从线索 7 中知道，波利的生日是 7 月 29 日。安格斯不是 7 月 31 日出生的（线索 3），内奥米也不是，因为她的生日是在斯盖尔斯之前的（线索 4），通过排除法，7 月 31 日一定是查尔斯的生日。这样，从线索 1 中知道，巴兹尔姓菲什。因为阿彻是男的（线索 4），那么线索 4 也排除了内奥米的生日是 7 月 30 日的可能，那么一定是 8 月 1 日，剩下 7 月 30 日是安格斯的生日。线索 4 现在可以告诉我们，安妮姓斯盖尔斯，查尔斯姓阿彻。从线索 3 中知道，布尔的名字是波利，出生在 7 月 29 日。安格斯不是拉姆（线索 6），那么一定姓基德，剩下拉姆是威尔玛的姓。

答案：

7 月 28 日，巴兹尔·菲什。

7 月 29 日，波利·布尔。

7 月 30 日，安格斯·基德。

7 月 31 日，查尔斯·阿彻。

8 月 1 日，内奥米·克雷布。

8 月 2 日，安妮·斯盖尔斯。

8 月 3 日，斯图尔特·沃特斯。

8 月 4 日，威尔玛·拉姆。

51 黑猩猩

1 号黑猩猩不是罗莫娜（线索 1）、里欧或格洛里亚（线索 2），也不是贝拉（线索 3），那它一定是珀西。5 号

黑猩猩的母亲不是格雷特（线索1）、克拉雷（线索2）、爱瑞克（线索3）、马琳（线索4），而是丽贝卡。由此得出4号黑猩猩的母亲是马琳（线索4）。1号黑猩猩珀西的母亲不是格雷特（线索1）和克拉雷（线索2），那一定是爱瑞克。珀西、格雷特的后代都不是在11月出生（线索1），克拉雷（线索2）或丽贝卡（线索4）的后代也不是，因此在11月生产的是马琳。现在可以知道在10月生产的丽贝卡（线索4）是5号黑猩猩的母亲。根据线索3，贝拉是2号黑猩猩。5号黑猩猩不是罗莫娜（线索1）或里欧（线索2），而是格洛里亚。里欧是4号黑猩猩（线索2），排除法得出罗莫娜是3号。根据线索2，3号罗莫娜是克拉雷的后代，排除法可以知道格雷特是贝拉的母亲。在7月出生的黑猩猩不是罗莫娜（线索1）或贝拉（线索3），那一定是珀西。贝拉在8月出生（线索3），最后通过排除法得出罗莫娜在9月出生。

答案：

1号，珀西，7月，爱瑞克。

2号，贝拉，8月，格雷特。

3号，罗莫娜，9月，克拉雷。

4号，里欧，11月，马琳。

5号，格洛里亚，10月，丽贝卡

52 找出皇后

皇后不可能是1、4、7或9号牌（线索2）。因为中央的牌是红桃10（线索5），这又排除了皇后是2、5和6号牌的可能性，所以皇后是3号牌，2号牌是"7"，6号牌是梅花（线索2）。再根据线索6，梅花5一定是1号牌。"8"紧靠在黑桃的下面（线索3），这排除了"8"是4或9号牌的可能性，因为已知3和5号牌是红桃，这又排除了"8"是6或8号牌的可能性。又已知"8"不可能是5号牌，所以"8"是7号牌；4号牌是张黑桃。9号牌是张方块（线索7），所以杰克不可能是8号牌，也不可能是6和9号牌（线索4），杰克是4号牌的黑桃，因此5号牌是红桃10（线索4），线索8揭示9号牌是的方块4，因此8号牌是国王。根据线索9，国王不可能是梅花，所以是黑桃（线索8）。同样根据线索8，3号牌是方块皇后。现在我们知道，线索1中，出现3次的牌的花色不可能是方块和黑桃，因为所有的牌是已知的。2号牌和7号牌有相同的花色（线索9），但是我们已知1号牌和6号牌是梅花，而这里不可能有相同花色的4张牌（线索1），所以2号牌和7号牌是红桃，红桃就是有相同花色的3张牌的花色。最后得出6号牌是梅花3。

答案：

1号牌，梅花5。

2号牌，红桃7。

3号牌，方块皇后。

4号牌，黑桃杰克。

5号牌，红桃10。

6号牌，梅花3。

7号牌，红桃8。

8号牌，黑桃国王。

9号牌，方块4。

53 摇滚乐队

布鲁斯的乐队叫倾斜，他们正在录《黑匣子》，这是一首前卫摇滚风格的歌。

雷尔的乐队叫空旷的礼拜，在录制《毁灭世界》，这是一首歌德摇滚风格的歌。

莱泽的乐队叫内克，在录制《突然》，歌曲的曲风是独立摇滚。

梅根的乐队叫贝拉松，正在录制《帆布悲剧》，这是一首情绪摇滚风格的歌。

史蒂夫的乐队叫红色莱姆，在录制《朱丽叶》，这是一首另类摇滚的歌。

54 飞行训练

亚当去了伊顿大学，他被叫作海雀，他不能正确起飞。

詹姆士去了温切斯特大学，他被叫作水塘，他不能正确降落。

贾斯汀去了西鲁斯伯里大学，他被叫作没脑子，他总是瞄不准。

雷奥纳多去了拉格比大学，他被叫作烤面包，他不能通过演习。

塞巴斯蒂安去了海洛大学，他被叫作生姜，他不会驾驶。

55 生病

艾丽斯得了腮腺炎，她拿到了一个冰激凌作为安慰，她穿着蓝色睡衣。

贝利叶得了扁桃体炎，有一个朋友来看望他，他穿着绿色睡衣。

弗兰克得了水痘，他得到了一个果冻，他穿着橘色睡衣。

里伊得了猩红热，他得到了一本书，他穿着红色睡衣。

罗宾得了麻疹，他得到了一个玩具，他穿着黄色睡衣。

56 在沙坑里

詹妮的孩子在3号位置上（线索3），4号位置上的卡纳（线索2）不是

D位置上的雷切尔的儿子（线索4和5），丹尼尔是莎拉的儿子（线索4），这样通过排除法，卡纳的母亲是汉纳。然后根据线索1，爱德华是詹妮的孩子，他在3号位置，雷切尔的儿子是马库斯。我们知道汉纳不在D位置上，也不在C位置（线索1）或B位置（线索2），因此她一定在A位置。詹妮不在C位置（线索5），而是在B位置，剩下C位置上的是莎拉。丹尼尔不在2号位置（线索4），那他一定在1号，剩下马库斯在2号位置，这由线索4证实。

答案：

A位置，汉纳；4位置，卡纳。

B位置，詹妮；3位置，爱德华。

C位置，莎拉；1位置，丹尼尔。

D位置，雷切尔；2位置，马库斯。

57 运输

艾拉丁开着卡车将面粉运往大马士革。

布切斯开着有篷货车将大卫·海塞尔弗的专辑运往麦地那。

勒瑞切尔开着救护车将棉花运往利雅得。

扎弗尔开着小汽车将床单运往开罗。

奥玛开着面包车将DVD运往巴林群岛。

58 摄影师

阿瑞萨最喜欢拍动物，他在柏林，拍了18张照片。

艾耶姆喜欢拍花，他在纽伦堡，拍了16张照片。

麦古米喜欢拍陌生人，他在汉诺威，拍了14张照片。

尤凯克喜欢拍房屋，他在慕尼黑，拍了 17 张照片。

尤瑞喜欢拍教堂，他在达姆施塔特，拍了 15 张照片。

59 管事儿的撒克逊人

艾利被称作"革命"，他来自怀斯，管理弗瑞弗德村。

西温林被称作"公正"，他来自艾塞克斯，管理查德林顿村。

艾伯特被称作"大胆"，他来自麦西亚，管理阿宾顿村。

奥发被称作"野兽"，他来自苏塞克斯，管理阿斯恩沃村。

瑞德沃德被称作"伟大"，他来自维斯瑟克斯，管理卡斯西顿村。

60 "多产的果树林"

菲尔夫人的是 39 号病房（线索 2），唐纳斯夫人不是住在 53 号病房（线索 3），所以她是住在 47 号病房，而克劳普先生因此住在 53 号病房。唐纳斯夫人有一个来自萨克森比家的人拜访（线索 4），所以克劳普先生的拜访者来自 26 号（线索 1），那位拜访者不可能是多赫尔蒂（线索 3），所以是莱德雪姆。房子是 65 号的多赫尔蒂（线索 3）拜访的是菲尔夫人。最后，81 号的萨克森比拜访的是唐纳斯夫人。

答案：

克劳普先生，53 号病房，莱德雪姆，26 号。

唐纳斯夫人，47 号病房，萨克森比，81 号。

菲尔夫人，39 号病房，多赫尔蒂，65 号。

61 马·博斯科姆斯公寓

因为出租车司机从没看过棒球比赛，所以他肯定是威廉姆斯先生。因为爱德华兹先生从来没听说过集邮，所以他肯定不是集邮者。这样，这 3 个人的职业就是：威廉姆斯先生是出租车司机；爱德华兹先生是司炉工；巴尼特先生是面包师。

62 足球评论员

杰克爵士跟随北爱尔兰的球队（线索 1），佩里·奎恩将去俄罗斯（线索 5），和去挪威的英格兰队有关的评论员不是阿里·贝尔（线索 3），只能是多·恩蒙。前守门员在威尔士队（线索 4），他不去比利时，因为曾经的经营者将去比利时，前守门员也不去俄罗斯（线索 5），因此他只能去匈牙利，通过排除法，他是阿里·贝尔，而佩里·奎恩和苏格兰队有关。现在我们知道了 3 位评议员的目的地，因此去比利时的前经营者必定是杰克爵士，他跟随北爱尔兰队。最后，从线索 4 中知道，前记者不是和苏格兰队一起的佩里·奎恩，他只能是多·恩蒙，和去挪威的英格兰队有关，而佩里·奎恩和苏格兰队及俄罗斯有联系，他一定是前足球先锋。

答案：

阿里·贝尔，前守门员，威尔士队，匈牙利。

多·恩蒙，前足球记者，英格兰队，挪威。

杰克爵士，前经营者，北爱尔兰队，比利时。

佩里·奎恩，前足球先锋，苏格兰队，俄罗斯。

63 笔名

贝克探长的创作者不是农场经营者斯图亚特·文恩，也不是酒店老板或咖啡店主（均由线索3得出）；警察所写的侦探是法罗斯探长（线索5），所以贝克探长一定是来自格温内思郡的（线索1）兽医笔下的英雄。那个兽医是个男的（线索3），但他不是埃德蒙·格林（线索1），我们知道也不是斯图亚特·文恩，所以他是内文·坡。思尔文探长的创作者不是酒店老板或咖啡店主（线索4），也不是警察（线索5），所以是农场经营者斯图亚特·文恩。余下的那个男酒店老板（线索1），因此叫埃德蒙·格林。住在苏塞克斯东部地区的人不是埃德蒙·格林（线索1），所以那个人是斯图亚特·文恩。创作出法罗斯探长的那个警察不住在什罗普郡（线索5），或者泰赛德地区——因为住在泰赛德地区的必定是咖啡店主或者酒店老板（线索6），所

以一定是住在多塞特地区。朱丽叶·李尔写的侦探是撒切尔警官（线索4），同时，因为埃德蒙·格林是酒店老板，所以朱丽叶·李尔是咖啡店主。余下阿米莉娅·科尔一定是来自多塞特地区创作出法罗斯探长的那个警察。而酒店老板埃德蒙·格林笔下的侦探必定是奎恩探长。朱丽叶·李尔居住在英格兰的乡村地区（线索2），所以，家在泰赛德地区必定是埃德蒙·格林；而朱丽叶·李尔家必在什罗普郡。

答案：

阿米莉娅·科尔，警察，多塞特地区，法罗斯探长。

埃德蒙·格林，酒店老板，泰赛德地区，奎恩探长。

朱丽叶·李尔，咖啡店主，什罗普郡，撒切尔警官。

内文·坡，兽医，格温内思郡，贝克探长。

斯图亚特·文恩，农场经营者，苏塞克斯东部，思尔文探长。

第二章 递推法

64 图形识别

C。其他各个图形的中心部分是逆时针方向旋转，而周围部分是顺时针方向旋转。

65 黑点方格

D。将D放入原图中以后，整幅图中每一行或列小方格中的黑点数目都不同。

66 拼凑瓷砖

B

67 组合转换

B。图中的直线在同一位置变成了曲线，曲线变成直线。

68 女主人的难题

S，H，O，N，I，X是字母表中颠倒后照样可以读出来的字母。因此，可以加在它们后面的就只剩下"Z"了。

69 递进的数字

第一个到第六个数字已列出，用序列数乘以它前一个序列数的数值便

可得出该序列数的数值。这样，第二个数值为 $2 \times 1 = 2$；第三个数值为 $3 \times 2 = 6$；第四个数值为 $4 \times 6 = 24$。那么，第七个数值就是 5040。

70 猜数字

8。前一个数各位上的乘积是第二个数。$7 \times 7=49$，$4 \times 9=36$，$3 \times 6=18$，$1 \times 8=8$。

71 天平配平

1 朵云。数值分别为：云 =3，伞 =2，月亮 =4。

72 神谕古文石

这些字母的共性在于它们都是数字。每个数字，即从 1 到 9，都与各自的镜像刻在一起。如果你把每个字母的左半部分遮住，你就会看到真的是这样。所以，所缺的数字是 6。

73 第七洞的成绩

数字 3 是这组递进数字的关键。你必须按照减去 3、除以 3、加上 3、减去 3、除以 3、加上 3 的顺序计算。我们先从第一洞的分数 12 中减去 3，得出 9，即第二洞的分数；然后让 9 除以 3，得出 3，即第三洞的分数；接着，再加上 3，得出 6，即第四洞的分数；再从 6 中减去 3，得出 3，即第五洞的分数；然后，再除以 3，得出 1，即第六洞的分数；最后，第七洞的分数就是 1 加上 3，得出 4，即这个题的答案。

74 数字模式

三角形中每个处在内部的数字都是它上面与之紧密相连的两个数字的乘积。比如，数字 8 是 2×4 所得的结果，32 是 2×16 所得出的结果，依此类推。

75 面积

阴影部分的面积是边长为 3 厘米的正方形的 $\frac{1}{4}$。这个正方形的面积是 9 平方厘米，那么阴影部分的面积就是 $2\frac{1}{4}$ 平方厘米。将边长为 4 厘米的正方形围绕小正方形旋转到任何位置，遮盖部分的面积总是相等。在旋转过程中，当大正方形将线段 AC 平分时，遮盖部分的这个更小的正方形面积就是 $1\frac{1}{2}$ 厘米乘以 $1\frac{1}{2}$ 厘米，即 $2\frac{1}{4}$ 平方厘米。

76 最佳数字

1009315742。表格第一行黑色方格前面的灰色方格个数对应数列的第一个数，第二行黑色方格后面的灰色方格个数对应数列的第二个数；第三行要计算黑色方格前面灰色方格的数量；第四行则要计算黑色方格后面灰色方格的数量，往后依此类推。

77 葛鲁丘的难题

答案是 18。下面那行上的每一个数在调换其各位数字的位置后正好是这个数上面那个数的平方。比如，上面那行的第一个数字是 4,它的平方是 16,16 调换位置后是 61,即下面那行的第一个数。我们取最后数字 9 的平方，即 81,这样，调换位置后就是 18。

78 格拉斯哥谜题

只需要走 8 步。两个 G 哪个做字头都可以。如用下面的 G 作字头，按下列顺序移动字母就可以达到目的 :G，A，S，L，S，A，G，O。

79 还原多米诺

4	2	1	4	7	4
0	0	1	4	0	2
4	7	5	3	6	6
1	5	0	2	1	3
5	5	6	4	1	3
1	4	6	3	0	3
7	7	7	6	3	6
4	6	7	4	1	2
5	7	3	4	6	5
1	2	2	3	5	5
2	3	2	5	1	7
0	0	2	1	2	3

80 千禧年

因为，正方形正中央的4个数字以及四个角的数字相加的结果也是2000。同时，每个象限的4个数字相加的结果都是2000。另外，还有两组数字的相加结果等于2000，那么，就看你能不能找到了。

499	502	507	492
506	493	498	503
494	509	500	497
501	496	495	508

81 四人车组

因为摄像师姓贝瑞（线索3），坐在D位置的是鸟类学专家（线索2），因此瓦内萨·鲁特（线索1）不是录音师，而是植物学家。他不在C位置上（线索3），又因为他的斜对面是录音师（线索1），所以他不在A位置上（线索2），我们知道他也不在D位置，那么他一定在B位置。这样根据线索1，录音师在C位置，通过递推法，摄像师贝瑞在A位置。

坐在D位置的鸟类学专家不姓温（线索2），而姓福特，因此他不叫盖伊（线索4），而叫罗伊（线索2）。现在通过排除法，C位置的录音师姓温。A位置的贝瑞不叫艾玛（线索3），而叫盖伊，剩下C位置的录音师是艾玛·温。

答案：

位置A，盖伊·贝瑞，摄像师。

位置B，瓦内萨·鲁特，植物学家。

位置C，艾玛·温，录音师。

位置D，罗伊·福特，鸟类学专家。

82 勋章

因为勋章C有一个绿色的绶带（线索1），根据线索4，所以铁拳团的铁制勋章不可能是勋章D。勋章A用的是银作材料（线索2），勋章D不是金制的（线索5），所以勋章D应该是青铜制的。根据线索5，勋章C是金制的。综上可得，铁拳团的铁制勋章应该是勋章B。因此，由线索4得出，悬挂蓝色绶带的勋章是勋章A。现在已知3个勋章的团名或绶带颜色，所以赖班恩王子勋爵士团的有着紫色绶带的是青铜制勋章D，因此，白色绶带的勋章是铁拳团的勋章B。最后，由线索5，不是伊斯特埃尔勋爵士团的、带绿色绶带的金制勋章C是圣爱克赞讷勋爵士团的。而伊斯特埃尔勋爵士团的是银制的蓝色绶带的勋章A。

答案：

勋章A，伊斯特埃尔勋爵士团，银，蓝色。

勋章B，铁拳勋爵士团，铁，白色。

勋章C，圣爱克赞讷勋爵士团，金，绿色。

勋章 D，赖班恩王子勋爵士团，青铜，紫色。

83 腼腆的获奖者

提艾泽尔得第三名（线索4），分到1号羊圈的克罗普（线索1）和普劳曼（线索3）都没有得到第一名。所以是海吉斯得第一名。现已知第一名的得主及另外两位农场主的编号，所以那个分到4号圈、得第二名的人（线索2），一定是普劳曼。综上，克罗普一定是第四名，根据线索3，在2号圈的是来自高原牧场的羊，而农场主是海吉斯这个比赛获胜者。所以不是布鲁克菲尔得牧场的农场主的普劳曼（线索2），他的农场是曼普格鲁牧场。而布鲁克菲尔的牧场是克罗普的。

答案：

圈栏1，克罗普，布鲁克菲尔得牧场，第四名。

圈栏2，海吉斯，高原牧场，第一名。

圈栏3，提艾泽尔，格兰其牧场，第三名。

圈栏4，普劳曼，曼普格鲁牧场，第二名。

84 没人在家

因为6号楼是一位女士的（线索4），根据线索1，5号公寓一定是一位男士，4号一定是位女士。所以剩下的两位男士一定是在1号和3号，最后那位女士则是住在2号。住在6号的女士不可能是里弗斯夫人（线索3）或沃特斯小姐（线索5），所以是格蕾小姐。现在在新西兰的那个人一定是位女士（线索3）。伯恩斯先生没有陪在女儿身边，也没去谈生意或进行商业旅行（线索6），所

以他是在住院或度假，他不可能是住在1号的男士（线索2和线索3），他住在3号或5号。住在伯恩斯先生左边的女士（线索1）不可能是沃特斯小姐，因为她在去商业旅行的人的左边（线索5），去商业旅行的人不是伯恩斯先生（线索6），显然也不是格蕾小姐，所以是戴克斯，而这意味着伯恩斯先生是去度假了（线索3）。如果这两个人和格蕾小姐都住在楼上，那么沃特斯小姐和布洛克先生都只能住在楼下了，而这是不可能的（线索5）。所以，伯恩斯先生住在3号，里弗斯夫人住在2号；那个陪着女儿的男士（线索1）则是布洛克先生。因此，里弗斯夫人是在住院（线索2）。楼上的格局是：沃特斯小姐住在4号，戴克斯去商业旅行了，他住在5号，格蕾小姐住在6号，因为她不是去谈生意（线索6），所以她是去新西兰了。谈生意的是沃特斯小姐。

答案：

1号公寓，布洛克先生，陪女儿。

2号公寓，里弗斯夫人，住院。

3号公寓，伯恩斯先生，度假。

4号公寓，沃特斯小姐，谈生意。

5号公寓，戴克斯先生，商业旅行。

6号公寓，格蕾小姐，在新西兰。

85 测量

以下是解决这个题的9个步骤：（1）将绿色罐子注满水；（2）将绿色罐子内的水倒入红色罐子；（3）把红色罐子内的水倒回水池；（4）将绿色罐子内剩下的水倒入白色罐子内；（5）将绿色罐子注满水；（6）将绿色罐子内的水倒入红色罐子；（7）将绿色罐子

内剩下的水倒入白色罐子内；（8）将绿色罐子注满水；（9）将绿色罐子内的水倒入白色罐子内。这时，绿色罐子内就剩下 2 升的水。

86 数字区

4	5	6	1	3	2	8	9	7
9	2	7	5	4	8	3	1	6
8	1	3	7	9	6	2	4	5
2	3	9	8	7	5	1	6	4
7	8	1	4	6	3	5	2	9
6	4	5	9	2	1	7	3	8
3	7	2	6	8	4	9	5	1
1	6	8	3	5	9	4	7	2
5	9	4	2	1	7	6	8	3

87 帐篷

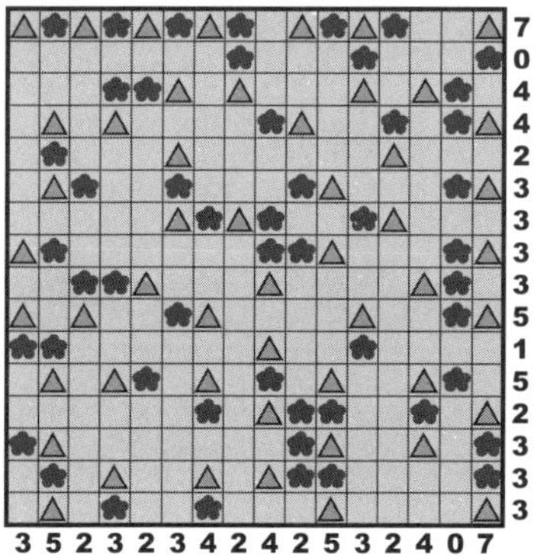

88 阴影

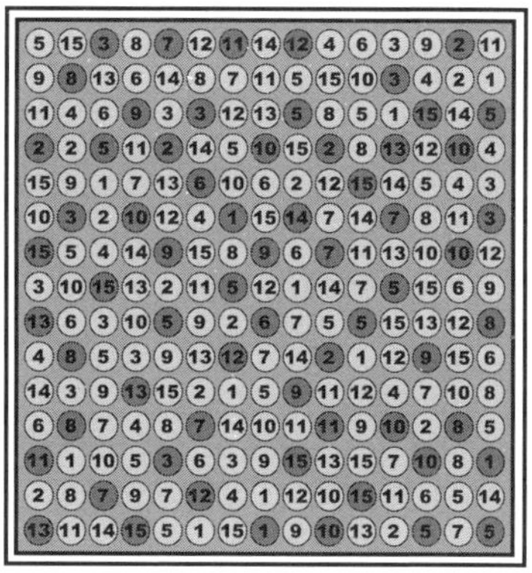

89 赛马

下图中的答案只是众多方案中的一个：

6	5	4	3	2	1
5	3	1	6	4	2
4	1	2	5	6	3
3	6	5	2	1	4
2	4	6	1	3	5
1	2	3	4	5	6

第三章　倒推法

90 书上的绳子

如果想要拽断书下面的绳子，你可以把绳子向下猛拉。由于书的惯性，在拉力尚未传到书上面的绳子时，下面的绳子就已经拉断了。如果想要拽断这本书的上面的绳子，你可以慢慢地拉绳子，这时拉力发挥作用，再加上书的重量，书上面的绳子就会断掉。

91 古董

90% 的账面价值与 125% 的账面价值之间差了 35%。因为 35% 相当于 105 元，所以 1% 就是 3 元。因此，原账面价值就等于 300 元。

92 风铃

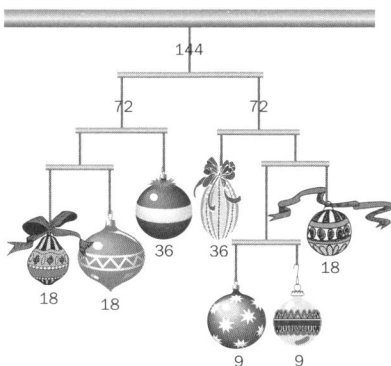

93 报酬

下面就是每人分得的钱数：马尔文得到 94.25 元、哈维得到 74.25 元、布鲁斯得到 41.25 元、罗洛得到 23.25 元。

94 小甜饼

可怜的阿里阿德涅一共有 15 块儿甜饼。劳拉得到 7.5 + 0.5，即 8 块儿甜饼，还剩下 7 块儿；梅尔瓦得到 3.5 + 0.5，即 4 块儿甜饼，还剩下 3 块儿；罗伦得到 1.5 + 0.5，即 2 块儿甜饼，还剩下 1 块儿；玛戈特得到 0.5 + 0.5，即 1 块儿甜饼，而阿里阿德涅则一块儿也没有。

95 布兰德魔宫

因为每个人所能分得的财产与各自服务的时间长短相一致，所以女佣人分得了 1 份遗产，会客室那个仆人分得了 3 份遗产，厨师则分得了 6 份遗产，这样，总共有 10 份。每一份遗产为 7000 元的 $\frac{1}{10}$，即 700 元，也就是那个女佣人所得的遗产。同时，会客室那个仆人得到 2100 元，而厨师得到 4200 元。

96 葡萄酒

A 桶中原来有 66 升的葡萄酒，B 桶中原来有 30 升的葡萄酒。

97 分钱

因为面包是 3 个人平分的，那么，每个人就吃了 $2\frac{2}{3}$ 片面包。这就是说那个拿 3 片面包的人只分给了弗西斯 $\frac{1}{3}$ 片面包，而那个拿 5 片面包的人则分给了弗西斯 $2\frac{1}{3}$ 片面包，这样，他分出的面包是第一个人的 7 倍。因此，他有资格分得 7 枚硬币，而第一个人只能分得 1 枚硬币。这就是公平的解决办法。

98 照相

爷爷一共邀请了 16 个亲戚朋友，一卷胶卷可以照出 60 张照片。

99 磨面

如果想要带回 111.111 千克的玉米面，那么，需要带来 $111\frac{1}{9}$ 千克的玉米（111.111 千克减去 10% 等于 100 千克）。

100 巧克力糖

我们利用反向思维从剩下的 8 块糖算起。因为桌上剩下的糖是第三个旅行者醒过来时的 $\frac{2}{3}$，所以他醒来时，桌上的盘子内会有 12 块糖；同样地，这 12 块糖是第二个旅行者醒来时的 $\frac{2}{3}$，所以，他醒来时，盘子里有 18 块糖；这 18 块糖是第一个旅行者醒来时的 $\frac{2}{3}$，这就是说盘子里原来有 27 块糖。

101 赛车

巴里、伯特、哈利和拉里骑车行走 1 千米所用的时间分别是 $\frac{1}{6}$ 小时、$\frac{1}{9}$ 小时、$\frac{1}{12}$ 小时和 $\frac{1}{15}$ 小时。所以，他们行走一圈所用的时间就分别是 $\frac{1}{18}$ 小时、$\frac{1}{27}$ 小时、$\frac{1}{36}$ 小时和 $\frac{1}{45}$ 小时。这样，他们会在 $\frac{1}{9}$ 小时之后第一次相遇（即 $6\frac{2}{3}$ 分钟）。4 乘以 $6\frac{2}{3}$ 分钟得出 $26\frac{2}{3}$ 分钟，即他们第四次相遇所需的时间。

102 硬币计数器

这 50 枚硬币分别是 :12 枚 1 元硬币、12 枚 5 角硬币、14 枚 1 角硬币、12 枚 5 分硬币，总共为

$1 \times 12 + 0.5 \times 12$

$+ 0.1 \times 14 +$

$0.05 \times 12 = 20$ 元。

103 单轮脚踏车

奥斯汀家和姑妈家相距 60 千米。如果他以每小时 15 千米的速度骑车的话，他会在下午 4 点到（即晚餐开始前一个小时）。如果他以每小时 10 千米的速度骑的话，他会花 6 个小时（即迟到一个小时）。所以，奥斯汀以每小时 12 千米的速度骑车，他会花 5 个小时，他将在下午 5 点准时到达。

104 "陷阱" 游戏

将这 4 个矩形按照下图中的样子放在一起。它们的四个边可以在中间（即阴影部分）组成一个边长为 1 厘米的空正方形。

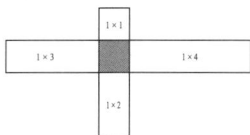

105 午餐托盘

"大块头" 马修斯第一趟拿了 54 个托盘，第二趟拿了 45 个托盘。54 的 $\frac{2}{3}$ 等于 36，而 36 是 45 的 $\frac{4}{5}$。

106 滚轮船

A 港口距离 B 港口 300 千米。

船从 A 港口驶到 B 港口 :

$20 \times 15 = 300$ 千米

船从 B 港口驶到 A 港口 :

$15 \times （15 + 5） = 300$ 千米

107 聚餐

一共有 10 个人在一起吃晚饭。80 元的账，每个人应平摊 8 元。本森这对孪生兄弟离开之后，还剩下 8 个人，他们必须再多支付 2 元才能弥补差额。这样，8 个人每人支付 10 元。

108 小费

帕特开始有 50 元，而迈克有 30 元。

109 下注

贝特萨罗特教授应该按以下方式下注 :斯威·贝利，12 元 ;杨特·萨拉，15 元 ;桑德·胡弗斯，20 元。当然，如果别的马获胜的话，教授就太不走运了。

110 魔力壶

因为有 35 个头，所以最少有 70 条腿（每只鸡都有 2 条腿）。农夫说一共有 94 条腿，这就是说额外有 24 条腿。将额外的腿数除以 2 得出 12，即兔子笼中 4 条腿的动物的个数。我们知道兔子有 12 只，所以另一个笼子里就有 23 只野鸡。

111 玻璃杯中的樱桃

将玻璃杯的 "底" 向左滑动，紧接着把玻璃杯 "右边" 的木棒挪到玻璃杯的柄脚的左边（如图所示）。这样，

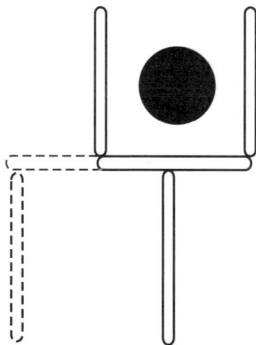

杯子就倒过来了，同时，樱桃也就到了杯子的外边。

112 邮票

将2枚邮票叠放在一起，放在中间的位置上。这样，在十字架的每条线上就都有4枚邮票。

113 杯垫

A图到C图向我们展示了如何将这些杯垫重新排列形成一个"完整的圆"的过程。

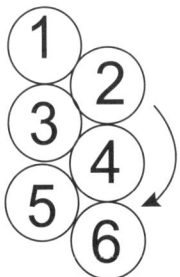

A图

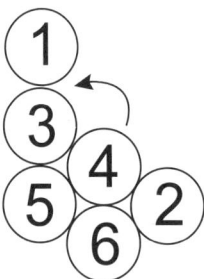

B图

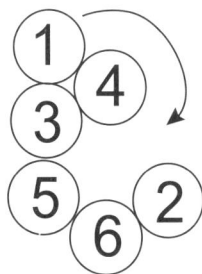

C图

114 燕子李三

如图：

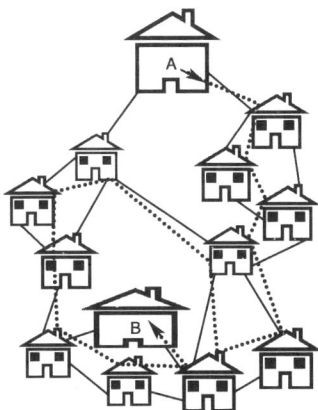

115 游戏天才

在这个题中，数字的排列方法有很多，下面是其中之一。

4	1	3	0	2
3	0	2	4	1
2	4	1	3	0
1	3	0	2	4
0	2	4	1	3

第四章 作图法

116 检查路线

舰长的检查路线如下：从2号指挥中心进去，然后是 E，N，H，3，J，M，4，L，3，G，2，C，1，B，N，K，3，I，N，F，2，D，N，A，1。

117 电池

下面是解决这个题的一种方法：

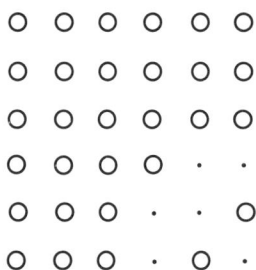

118 雪橇

答案如图所示（下图有6个小三角形和2个大三角形）。

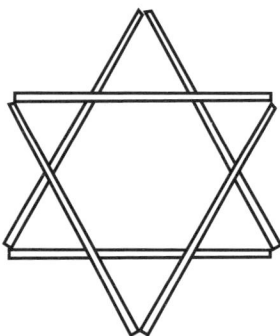

119 管状面包

从下图的水平方向可以将这个面包切成10份。

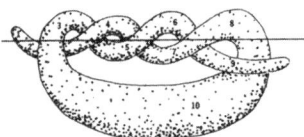

120 斯芬克司画像

答案如下图所示：

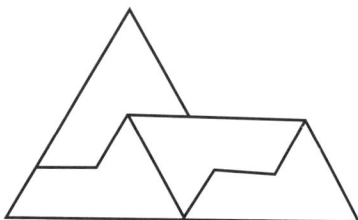

121 砖墙

ab墙和cd墙的长度相等。如果沿着虚线1将cd墙切开并将上面那部分向下移动到虚线2，那么我们会得到与ab墙尺寸、形状相同的砖墙。很明显，两面墙的用料都相等，因此花费也相等。这样，邓布迪先生和泥瓦匠都错了。

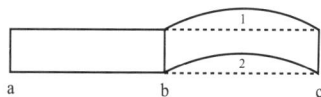

122 连线的风筝

比夫是按下图中的方法解答风筝思维游戏的。

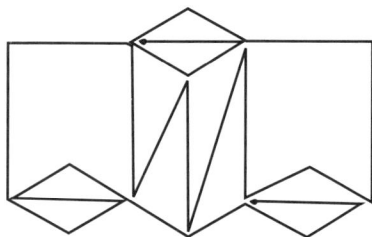

123 兔子难题

有8条直线上有3只兔子；有28条直线上有2只兔子；6只兔子排成3

排且每排 3 只，可以如下图排列：

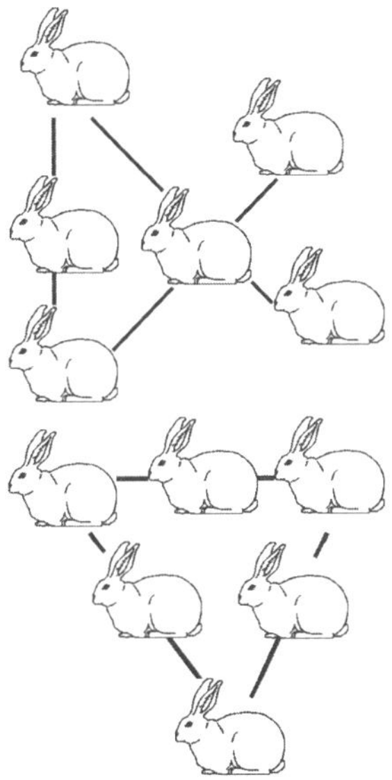

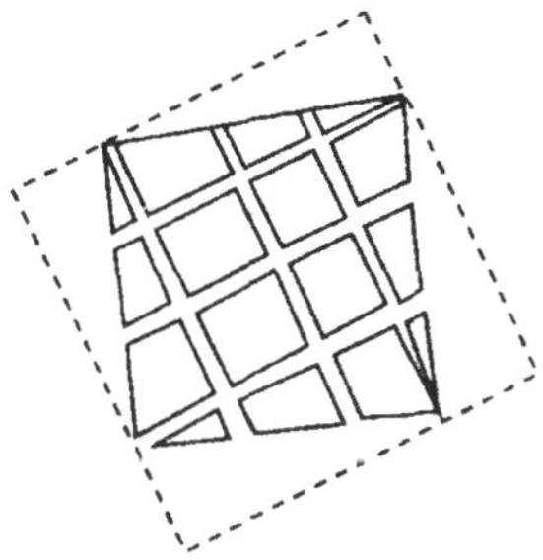

四周的 12 个片断刚好可组合成 6 个小正方形，合计 10 个小正方形。

124 学生会委员

按不同的划分标准画两个图：

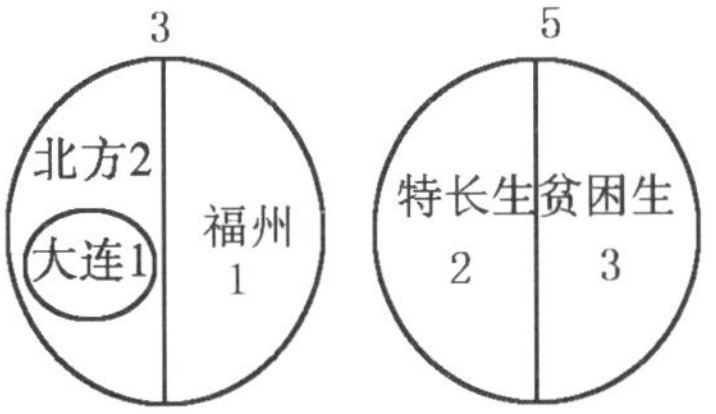

如果 2 个特长生都是贫困生，那么题中介绍便只涉及了 6 个人，与题干矛盾；其他选项均不矛盾。正确选项是 A。

125 变大的正方形

如图，依照实线部分加以切割组合即可。中央 4 个小正方形维持原状，

126 神奇的风筝

如图：

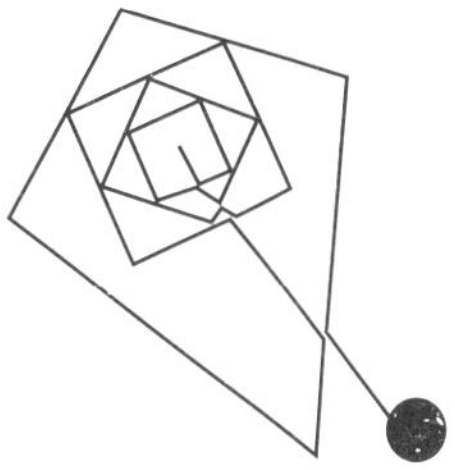

127 圆点

如图：

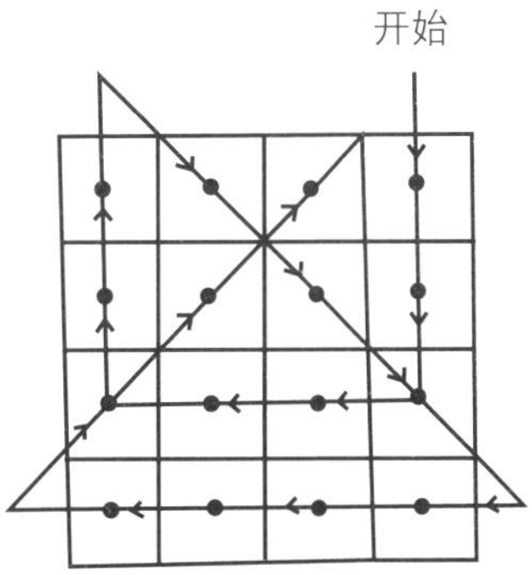

128 跳房子

答案如下：

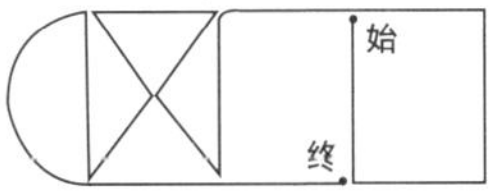

129 字母连线

如图：

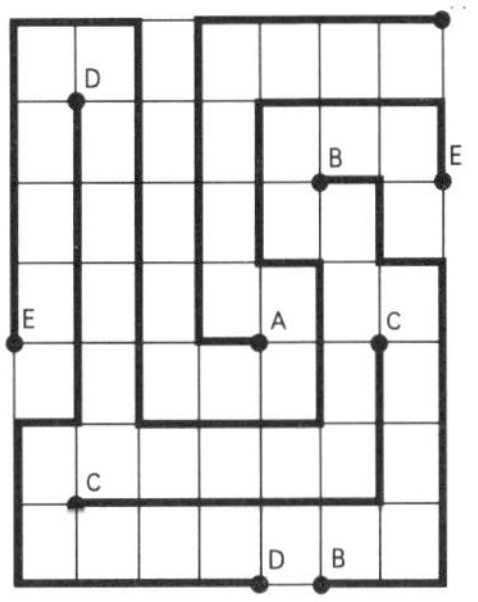

130 死亡三角

如图：

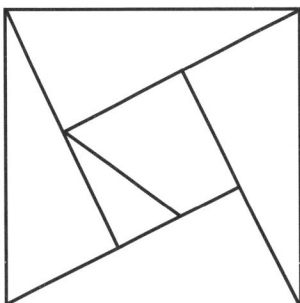

131 长方形

题中的 12 个黑色圆点可以画出 20 个长方形。大家可能漏掉的 2 个长方形已经在下图中画出。

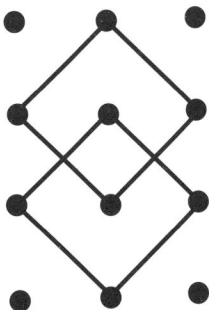

132 从 A 到 Z

如图：

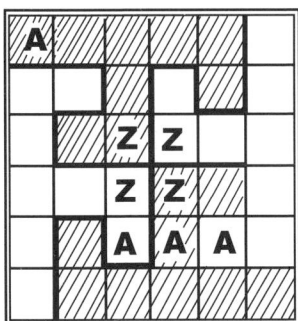

133 潜水艇拦截网

如果将这个网剪成两半，最少需要 8 步。从 A 开始，由上向下剪到 B。

134 最佳路线

巡视员的行走路程可以减少到 19 千米，他只需重复两次路过两条铁轨。他的巡查路线为：E-I-J-K-J-F-B-C-B-A-E-F-G-H-D-C-G-K-L-H。重复路过的两条铁轨是 JK 段和 BC 段。

135 动物园

如图：

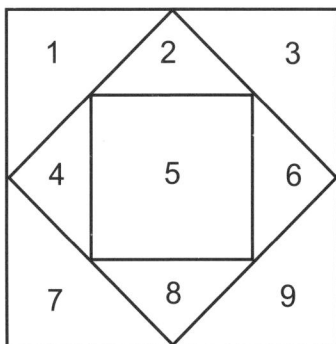

136 猴子的路线

猴子应该按照下面的顺序走遍所有的窗户：10, 11, 12, 8, 4, 3, 7, 6, 2, 1, 5, 9。这个线路在底部和中部的窗户之间的空间内只经过了 2 次。

137 鱼

如图：

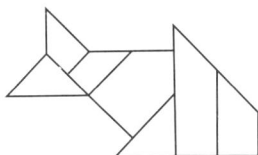

138 木匠活儿

下图展示了胶合板的切法以及 3 块板的拼法：

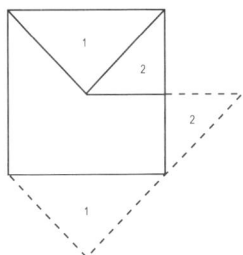

139 神奇的"z"

图 1 展示了切割线，图 2 展示了这 3 块是如何在重组后形成一个正方形的。

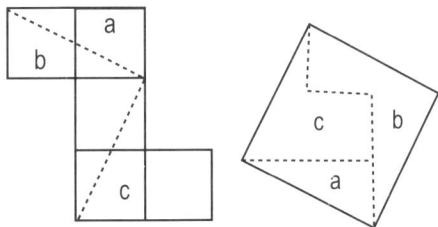

图 1   图 2

140 教授的难题

如图：

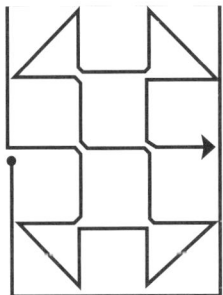

141 平分果园

如图：

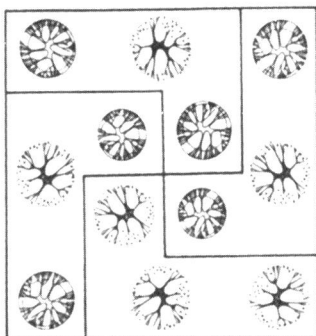

142 火柴棍游戏

从右上角和左下角分别拿走 2 根火柴，然后再从表格里面拿走 4 根火柴。那么，现在图中就有 2 个大正方形和 1 个小正方形，一共有 3 个正方形。

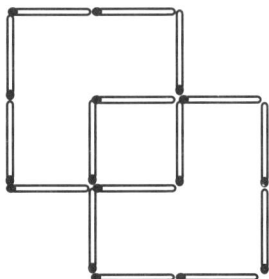

143 高尔夫球座

下面的图将告诉纳尔达如何把 24 个高尔夫球座拼成 4 个完整的正方形。这样，她就可以从麦克戴维特那里赢一套新的铁头球杆了。

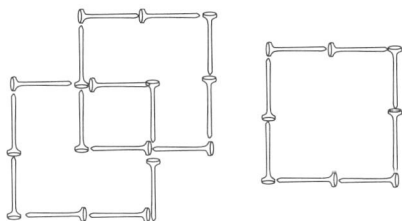

144 国际思维游戏大赛

如图：

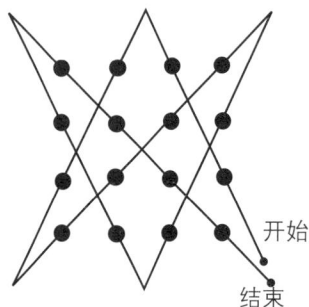

开始

结束

145 最近的点

对于房子总数为偶数的情况，到所有的房子距离最近的点应该在最中间的两栋房子的中心。

而对于房子总数为奇数的情况，到所有房子距离最近的点应该是最中间的那栋房子。

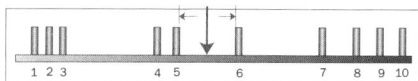

146 奇怪的电梯

可以走遍所有的楼层。最少的步骤是19步，顺序如下：

0–8–16–5–13–2–10–18–7–15–4–12–1–9–17–6–14–3–11–19。

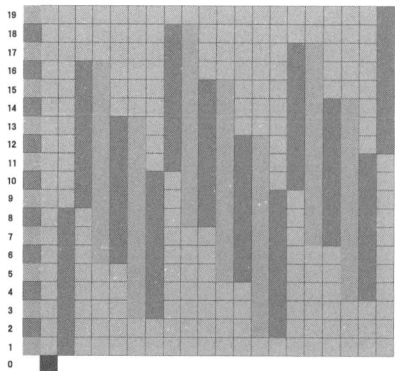

147 企鹅回家

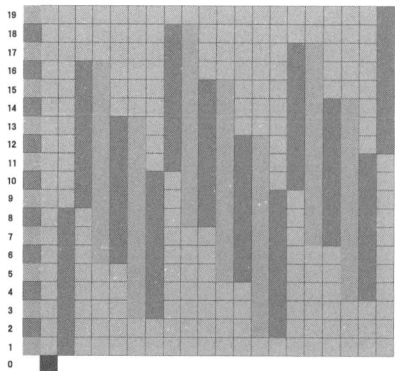

148 谁点了牛排

坐在C处的萧先生点了牛排。破解此题的主要关键在于"邻座的人都点了不一样的东西"，因此，只要顺利排出各人所点的东西，并且填入他们的主菜，如此一来，主菜栏空白者便是点了牛排。李先生坐在A座，则连先生一定不是B、C座，那么确定D座是连先生，而坐在B的人点了一份猪排，那么萧先生肯定坐C座，而且

A、D 两人前文交代又点了鸡排和羊排，所以可以判定 C 座萧先生点的是牛排。

座位	人物	主菜	汤	饮料
A	李先生	鸡排	洋葱汤	冰咖啡
B	?	猪排	玉米浓汤	果汁
C	萧先生	?	玉米浓汤	热红茶
D	连先生	羊排	罗宋汤	冰咖啡

149　琴弦上的纸片

如图所示，琴弦开始振动，4 和 6 处的纸片会掉下来。

150　弹孔

答案如下图：

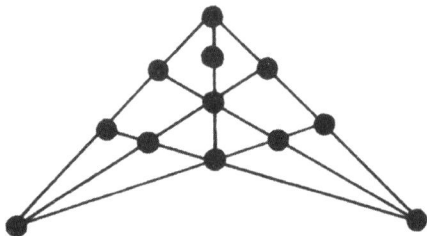

151　缝制地毯

他先沿着图 1 中虚线把地毯剪开，然后，再把上半部分的地毯向左下方

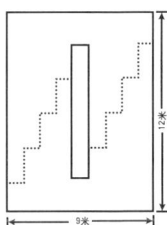

图 1

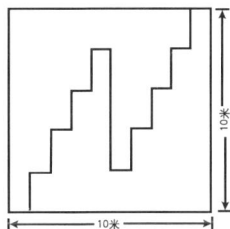

图 2

移动，这样，就正好可以与下半部分的地毯合并在一起（参见图 2）。然后，将它们缝合成一个完整的正方形地毯。

152　不规则房地产

下图是西德尼想出来的解决方法：

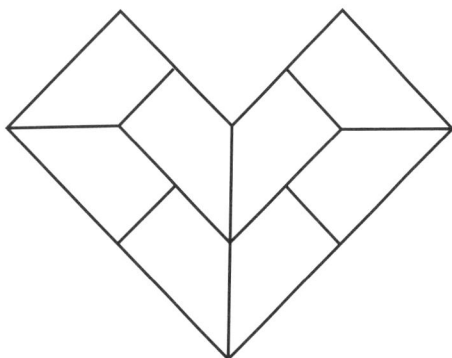

153　婚礼

举行婚礼的日子是星期日。我们得把他说的话分成两部分。

日　一　二　三　四　五　六　日
SUN MON TUES WED THUR FRI SAT SUN
　第一部分　　　　　　　第二部分

在第一部分"那个日子的后天是'今天'的昨天……"，从星期天往前算，就到了星期三，即过了 3 天。在第二部分"那个日子的前天是'今天'的明天，这两个'今天'距离那个日子的天数相等"，从星期天往后算，这样就到了星期四，即距离星期天有 3 天。所以，这个答案当然就是问题中所提到的日子。

154 剪正方形

下图就是我们所知道的解决方案：

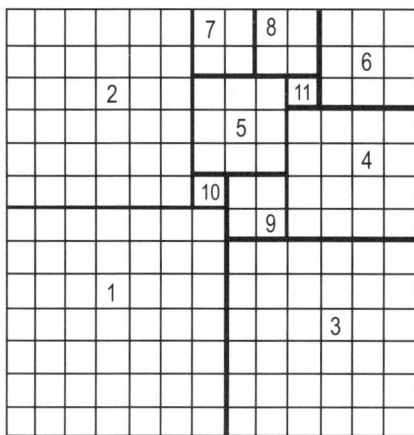

155 肖像画

要解决这个题，直线开始和结束

的地方必须是直线的 3 个部分的连接处。在下面的图中，这几个连接处是右眼的上面、与他衣领和头发相邻的左肩。

156 切蛋糕

你所要做的是把周长分成相等的 5 份（或"n"份，这个"n"是你所要得到的蛋糕块数）。

然后从中心按照一般切法把蛋糕切开。

诺曼·尼尔森和佛瑞斯特·菲舍在 1973 年提供了证明，证明如下。

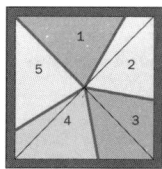

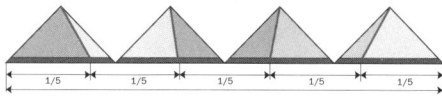

第五章 计算法

157 瓢虫

一共有 5040 种不同的排列方式，即 $7 \times 6 \times 5 \times 4 \times 3 \times 2 \times 1 = 5040$。

158 数学表达式

答案如下：

$$123 - 45 - 67 + 89 = 100$$

159 射击

这 3 只鸟是 25，6，19。

160 心算

将最大和最小的数组成一对（1 + 100 = 101；2 + 99 = 101；3 + 98 = 101）依此类推，这样，会得到 50 对数字。所以，$50 \times 101 = 5050$，即"心算"的算法。

161 漂流速度

最好的计算方法就是从哈比的有利位置考虑问题：首先他离开帽子航行了 5 分钟，然后转身向回航行了 5 分钟并把帽子捡起来。在这个过程当中，帽子以水流速度在下游漂流了 1 千米，由于帽子用了 10 分钟漂流 1 千米，所以我们依此计算得出河流的水流速度是 6 千米 / 小时。

162 教授的难题

下面是弗朗昆教授最后想出来的答案：

$$44 + \frac{44}{4} = 55$$

163 五行打油诗

这个题有多种解法，下面是其中的一种解法：

$$333333 \times 3 + 1 = 1000000$$

164 计算闯关

如图：

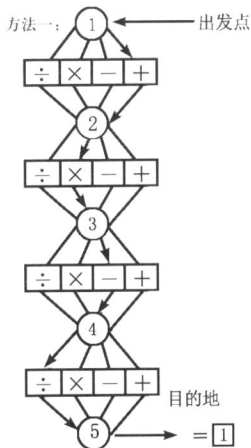

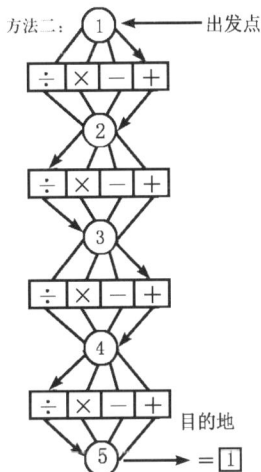

165 保险箱

比纳库克拉斯偷走了 60 枚 1 元硬币、15 枚 5 角硬币以及 50 枚 5 分硬币。

166 开商店

其中的一个答案为：草莓酱每罐 0.5 元，而桃酱每罐 0.4 元。3 罐草莓酱花费 1.5 元，而 4 罐桃酱则花费 1.6 元，这样，一共花费了 3.1 元。

167 车厢

乘客车厢每个 4 元，买了 3 个（共 12 元）；货物车厢每个 0.5 元，买了 15 个（共 7.5 元）；煤炭车厢每个 0.25 元，买了 2 个（共 0.5 元）。这些费用加起来就是 12 + 7.5 + 0.5 = 20。

168 面袋

在第一层，将布袋（7）和（2）交换，这样就得到单个布袋数字（2）和两位数字（78），两个数相乘结果为 156。接着，把第三行的单个布袋（5）与中间那行的布袋（9）交换，这样，中间那行数字就是 156。然后，将布袋（9）与同一行两位数中的布袋（4）交换，这样，布袋（4）移到右边成为单个布袋。这时，第三行的数字为（39）和（4），

相乘的结果为156。总共移动了5步就把这个题完成了。

169 灵长类动物

动物园里有5只大猩猩、25只猿以及70只狐猴。

170 幻方游戏

如图：

16	3	2	13
5	10	11	8
9	6	7	12
4	15	14	1

171 航行

这3艘轮船下次同一天驶出纽约港需要等到240天以后。因为240是12，16，20的最小公倍数，在这期间3艘轮船都可以完成航行。至于这段时间，每一艘轮船所航行的次数，可以按以下方式计算：

第一艘轮船：$240 \div 12 = 20$ 次；

第二艘轮船：$240 \div 16 = 15$ 次；

第三艘轮船：$240 \div 20 = 12$ 次。

172 交叉的圆圈

将字母用以下数字来代替：$a = 2$, $b = 11$, $c = 8$, $d = 1$, $e = 14$, $f = 4$, $h = 13$, $i = 5$, $j = 9$。

173 进球数

他这5轮中，每轮分别打进了8，14，20，26，32个球。

174 数学题

答案如下：

$$\begin{array}{r} 173 \\ +\ 4 \\ \hline 177 \end{array} \qquad \begin{array}{r} 85 \\ +\ 92 \\ \hline 177 \end{array}$$

175 年度思维游戏大赛

答案如下：

$$\begin{array}{r} 98765 \\ +\ 1234 \\ \hline 99999 \end{array}$$

176 神秘的正方形

答案如下：

20	1	12
3	11	19
10	21	2

177 对角线间的角度

线段BD、DG和GB构成一个等边三角形。因此，线段BD和DG之间的角度是60°。

178 蜘蛛网

下面的步骤清楚地说明了计算过程：

步骤1

$20 \times 4 = 80$（圆周长）。

步骤2

$80 \div 3.14 = 25.48$（圆直径）。

步骤 3

　　$25.48 \times 25.48 = 649.23$（正方形面积）。

步骤 4

　　$25.48 \div 2 = 12.74$（圆半径）。

步骤 5

$12.74 \times 12.74 \times 3.14 = 509.65$（圆面积）。

步骤 6

　　$649.23 - 509.65 = 139.58$（四个角的面积）。

步骤 7

　　$139.58 \div 4 = 34.9$（蜘蛛网的面积）。

179 财宝

　　在这个递进关系中，每一袋里的金币都比它前一袋的金币少。每一袋里的金币数都是第一袋里的金币数（即60 枚金币）与那袋的序数比。

　　第一袋 = 60 枚金币

　　第二袋 = 30 枚金币（$\frac{1}{2}$）

　　第三袋 = 20 枚金币（$\frac{1}{3}$）

　　第四袋 = 15 枚金币（$\frac{1}{4}$）

　　第五袋 = 12 枚金币（$\frac{1}{5}$）

　　第六袋 = 10 枚金币（$\frac{1}{6}$）

180 还原算式

完整的算式应该是：

$$
\begin{array}{r}
1\ 1\ 7 \\
\times\ 3\ 1\ 9 \\
\hline
1\ 0\ 5\ 3 \\
1\ 1\ 7\ \\
3\ 5\ 1\ \ \\
\hline
3\ 7\ 3\ 2\ 3 \\
\end{array}
$$

181 加法题

答案如下：

1 X X	1 0 0
3 3 X	3 3 0
5 X 5	5 0 5
X 7 7	0 7 7
+ X 9 9	+ 0 9 9
1 1 1 1	1 1 1 1

182 盒子的重量

盒子 1 的重量是 $5\frac{1}{2}$ 千克；

盒子 2 的重量是 $6\frac{1}{2}$ 千克；

盒子 3 的重量是 7 千克；

盒子 4 的重量是 $4\frac{1}{2}$ 千克；

盒子 5 的重量是 $3\frac{1}{2}$ 千克。

183 南瓜先生的难题

　　这是个难题，但是它却有不止一个答案。下面是我们所知道的一个答案：

$$3^3 + 3^3 + 3^3 + \left(\frac{3}{3}\right)^3 + 3 \times 3 + 3 \times 3$$
$$= 27 + 27 + 27 + 1 + 9 + 9 = 100$$

184 新式计算机

答案是 301。

185 啤酒

布伦希尔德一天内可以喝：

布伦希尔德一天喝 $\frac{3}{140}$ 桶的啤酒。

140 除以 3，得出 $46\frac{2}{3}$ 天，即布伦希尔德自己喝光一桶啤酒所用的天数。

186 数独格

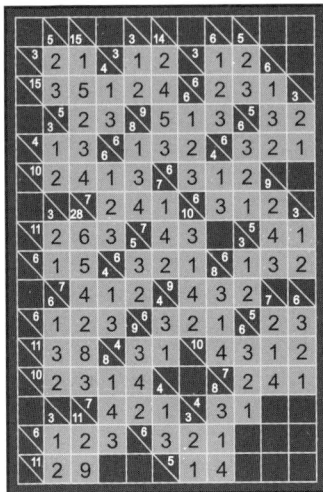

187 五角星游戏

这是我们知道的一个解答这个题的办法：

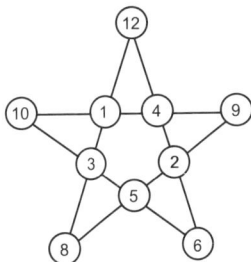

188 谁先越过终点

第一个冲过终点的是小青蛙。当它们到达橡树时，青蛙跳了 7 次，正好到达橡树，而蚱蜢在跳第 5 次时却超出了 1 米。这时，它们转身往回跳。由于蚱蜢每跳 3 次，青蛙就可以跳 5 次。所以，青蛙当然会轻松击败蚱蜢。

189 排列奇数

在答案中，两个数位上的数字组成了一个奇数：13 + 3 + 3 + 1 = 20（注意：13 是由两个数位上的数字组成的）。

190 点菜语言

$$
\begin{array}{r}
1\ 9\ \ 8 \\
\times\ \ \ \ 2\ 7 \\
\hline
5\ 3\ 4\ 6
\end{array}
$$

191 平均速度

莫里提行走的总路程除以总时间就是答案所要的平均速度。假如老秃山每个山坡从底部到顶部的距离都是 20 千米，那么莫里提上山会用 2 个小时、下山会用 1 个小时。由于返回去所用的时间也是 3 个小时，所以整个路程就用了 6 个小时。在这个时间之内，他一共走了 80 千米的路。这样，平均速度就等于 80 除以 6，即 $13\frac{1}{3}$ 千米 / 小时。

192 古老的思维游戏

内圈的数字是 5，6，7，8，这 4 个数字相加的结果等于 26。而外圈的数字是 1，2，3，4，9，10，11，12，它们相加的结果等于 52，正好是内圈数字相加结果的 2 倍。

193 牲畜

苏巴克有 11 头牲畜、埃比尼泽有 7 头牲畜、押沙龙有 21 头牲畜。

194 房顶上的数

175。计算的规则是：（左窗户处的数值＋右窗户处的数值）× 门上的数值。

195 最后的格子

8。在每个图中按纵列进行计算，把上下 2 个数字相加，对上面的表格来说，所得结果填在它下面表格中间的正方形中；对下面的表格来说，所得结果填在它上面表格中间的正方形中。

196 阴影面积

80 平方米。如果你对这个经过切割的方格进行观察，你会发现在这些复合形状中包括了并行的几对图形，它们可以组合成 4 个正方形。整块土地的总面积是 20 米 ×20 米，即 400 平方米。这 5 个相同的正方形中任意 1 个的面积都是土地总面积的 1/5，即 80 平方米。

197 切割立方体

切 3 刀，将立方体的干酪分割为相等的 8 个小立方体。这 8 块立方体的小干酪中每一块的边长都是 1 厘米，因此其表面积也就是 6 平方厘米，那么 8 个立方体小干酪块的总表面积就是 48 平方厘米。

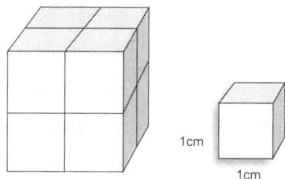

1cm
1cm

198 蜂群

$$\sqrt{\frac{x}{2}} + \frac{8}{9}x + 2 = x$$

这里 x= 蜂群中的蜜蜂数

整理式子为：

$(x-72)(2x-9)=0$

很明显 x 不等于 4.5（假设 2x-9=0 得出的结果），所以 x 一定是 72，那么整个蜂群一共有 72 只蜜蜂。

199 射箭

6 支箭的分数刚好达到 100 分，那么他射中的靶环依次为：16、16、17、17、17、17。

200 真实年龄

马奇现在 30 岁，她的妹妹维罗妮卡 10 岁。

201 三角形组

这里给出其中一种解法：

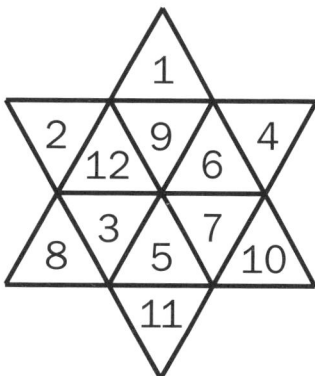

202 巨形鱼

这条鱼头长 60 米、尾巴长 180 米、身体长 240 米，鱼的总长度为 480 米。

203 游戏者

$$1 + 3 + 5 + 7 + \frac{75}{75} + \frac{33}{11} = 20$$

204 伪钞

面值	数量	总值
1 元	10	10 元
5 元	100	500 元
10 元	9	90 元
50 元	18	900 元
总计	137	1500 元

205 对角线路径

在 10×14 长方形中对角线穿过了 23 个小正方形。

关于被对角线穿过的正方形的个数，我们是否可以总结出这样一个公式：被对角线穿过的正方形的个数等于长方形两个边上小正方形的个数和减去 1？

这个公式适用于所有的长方形吗？

试一下 6×9 这个长方形。

我们得到 9 + 6 — 1=14，但是对角线穿过的正方形的个数只有 12 个。显然，我们的公式也不适用于对角线穿过正方形的角的情况。

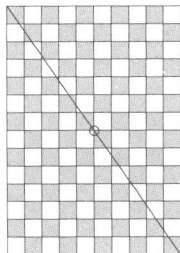 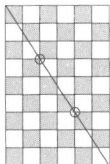

10×14　　6×9

第六章　分析法

206 图形变身

E。图形等于折叠成一半。

207 机车

由于亚历山大是深红色和白色外表（线索 2），罗德·桑兹不是橄榄绿色（线索 3），因此它是猩红色和黄色，而橄榄绿的机车是沃克斯·阿比，属于阿比类（线索 1），并在 1942 年制造（线索 3）。亚历山大不是越野类型的发动机（线索 2），因此是商务车类型的，而越野类型的发动机是罗德·桑兹，它不是始于 1909 年（线索 4），而是在 1926 年制造的，1909 年的机车是亚历山大。

答案：

亚历山大，商务车类，深红 / 白色，1909 年。

罗德·桑兹，越野类，猩红 / 黄色，1926 年。

沃克斯·阿比，阿比类，橄榄绿，1942 年。

208 洗车工

由于那辆普乔特是黄色的（线索 3），比尔清洗的红车不是福特车（线

索 1），因此得出红车是沃克斯豪，而福特车是蓝色的并属于派恩先生（线索 2）。我们现在知道比尔清洗的是沃克斯豪，派恩先生的车是福特，罗里清洗的斯蒂尔先生的车（线索 4）一定是黄色的普乔特。剩下卢克清洗的车是派恩先生的福特，最后排除法得出，比尔清洗的红色的沃克斯豪是科顿先生的。

答案：

比尔，科顿先生，沃克斯豪，红色。

卢克，派恩先生，福特，蓝色。

罗里，斯蒂尔先生，普乔特，黄色。

209 在购物中心工作

由于赫尔拜店是家化学药品店（线索 4），面包店不是罗帕店（线索 1），因此一定是万斯店，而罗帕店是家零售店。这家店没有雇佣卡罗尔·戴（线索 3）或艾玛·发，因为后者在面包店工作（线索 2），所以他们雇佣的是安·贝尔，而卡罗尔·戴在赫尔拜化学药品店工作，但她的工作不是 9 月份开始的（线索 4），艾玛·发也不是在 9 月份开始工作（线索 1），因此 9 月份开始工作的一定是安·贝尔。艾玛·发

开始工作的时间不是8月份（线索2），而是7月份，而卡罗尔·戴开始工作的时间是8月份。

答案：

安·贝尔，罗帕店，零售店，9月份。

卡罗尔·戴，赫尔拜店，化学药品店，8月份。

艾玛·发，万斯店，面包店，7月份。

210 不同颜色的马

灰色小马叫邦妮（线索3），所以不叫维纳斯（线索1），属于贝琳达的那匹褐色小马一定是叫潘多拉。综上得出，黑色小马一定叫维纳斯，维纳斯的主人姓郝克斯（线索2）。现在我们知道潘多拉的主人叫贝琳达，而维纳斯的主人姓郝克斯，所以费利西蒂·威瑟斯（线索4）必定是灰色小马邦妮的主人。得出凯蜜乐姓郝克斯，贝琳达姓梅诺。

答案：

贝琳达·梅诺，潘多拉，褐色。

凯蜜乐·郝克斯，维纳斯，黑色。

费利西蒂·威瑟斯，邦妮，灰色。

211 长长的工龄

布里奇特的职责是提供餐后甜点（线索4），洛蒂不是提供饮料的（线索3），所以她是提供主菜的，而内尔是提供饮料的。因此，根据线索2，洛蒂是56岁。内尔不可能是54岁（线索1），所以是52岁；布里奇特则是54岁。洛蒂已经为此工作了18年（线索3）。内尔的工作时间一定比16年长（线索1）。所以内尔是20年，布里奇特是16年。

答案：

布里奇特，54岁，16年，餐后甜点。

洛蒂，56岁，18年，主菜。

内尔，52岁，20年，饮料。

212 婚礼

琼是在圣约翰教堂结婚的（线索3），所以不在圣三教堂结婚的黛安娜（线索1）一定是在万圣教堂结婚的。因此，梅格的婚礼是在圣三教堂举行的。梅格的丈夫不是肖恩（线索4），也不是罗德尼（线索1），所以是威廉。因此她婚前是贝尔弗莱小姐（线索2）。黛安娜不是跟罗德尼结婚（线索1），她的丈夫是肖恩。罗德尼是跟琼结婚的，所以黛安娜不是希尔斯小姐，而是佩小姐。琼是原希尔斯小姐。

答案：

罗德尼，琼·希尔斯，圣约翰教堂。

肖恩，黛安娜·佩，万圣教堂。

威廉，梅格·贝尔弗莱，圣三教堂。

213 课程研究

哈里特的评分是A－（线索1），所以，海伦·罗伯茨不可能得A（线索2），她得的是B＋，而艾玛是A。布兰得弗德不是哈里特的姓（线索1），所以是艾玛的，因此哈里特姓埃文斯。哈里特的题目是《克伦威尔》（线索3），所以海伦没有选《内战》为题目（线索2），她研究的是《伦敦大火》；艾玛写的是有关内战的文章。

答案：

艾玛·布兰得弗德，内战，A。

哈里特·埃文斯，克伦威尔，A－。

海伦·罗伯茨，伦敦大火，B＋。

214 快乐家庭

迪波拉姓维克斯（线索3），所以

不是姓皮尔森的梅格（线索4），一定是贝尔夫人，余下朱蒂是皮尔森的夫人。梅格·贝尔有3个孩子（线索4），所以根据线索1，比尔和他的妻子有2个孩子。朱蒂不可能有4个孩子（线索2），同时已知她也不可能有3个孩子，所以朱蒂有2个孩子，因此她是比尔的妻子。剩下迪波拉有4个孩子，她的丈夫不是瑞克(线索3)，而是艾伦。瑞克是贝尔先生，即梅格的丈夫。

答案：

艾伦和迪波拉，维克斯，4个孩子。

比尔和朱蒂，皮尔森，2个孩子。

瑞克和梅格，贝尔，3个孩子。

215 十字路口

拿破仑将路标放回原处，这样，上面标有他刚刚去过的城镇的名字的牌子就指向他来的方向，同时，他也知道应该去的地方了。

216 卡车

这种情况只有当卡车的平板是敞开的时候才会发生。但是，这辆卡车的车厢是封起来的，当鸟保持飞的状态时，它们必然会利用与自身体重相当的力量在空气中挥动翅膀。这样，这种力量就会通过空气施加于卡车的平板上。因此，无论鸟是静止还是保持飞的状态，卡车的重量均会保持一致。

217 瓶子和钥匙

这个题只有在阳光充足的日子里才能解决，因为绳子要受阳光的影响。要把钥匙从绳子上取下来，只需要一个放大镜，并使太阳光透过瓶子聚在

绳结上，时间不长，绳结就会烧断，这样，钥匙将落到瓶底。

218 双关语

解答"双关语"思维游戏是需要技巧的。这个题就是其中之一。当你把2与191相加时，你首先在1的右下部画一条横线，然后把2放在下面。此时，这个数字就读作$19\frac{1}{2}$，这当然比20小。换句话说，把2与191相加并不只是将两个数相加。

219 渡河

2，3，8和10，每一排的圆圈都是沿着顺时针方向旋转90°。

220 寄出的信件

埃德娜和鲍克丝夫人应为2号或3号（线索1），而克拉丽斯·弗兰克斯肯定不是4号（线索3），只能是1号。寄出3封信件的女人位于图中3或者4的位置（线索3）。线索2告诉我们邮筒两边寄出的信件数量相同，那么它们必将是5封和2封在邮筒一侧，3封和4封在另一侧，所以寄出4封信件的女人必将位于3或者4的位置。但只有一个人的信件数和位置数相同（线索5），结果只可能是4号女人有3封信而3号女人有4封信。从线索5中知道，2号有2封信件要寄，剩下克拉丽斯·弗兰克斯是5封。我们知道埃德娜和鲍克丝夫人位于图中2或者3的位置，因此现在知道埃德娜是2号，有2封信要寄出，而鲍克丝夫人是3号，有4封信，她不是博比（线索4），那么她就是吉马，剩下在4号位置的博比，不是斯坦布夫人（线索4），那么她只

可能是梅勒，而斯坦布夫人是埃德娜。

答案：

位置 1，克拉丽斯·弗兰克斯，5 封。

位置 2，埃德娜·斯坦布，2 封。

位置 3，吉马·鲍克丝，4 封。

位置 4，博比·梅勒，3 封。

⑳ 柜台交易

朱莉娅是其中一位顾客（线索 2），29 便士是 2 号售货员给 4 号顾客的找零（线索 5），但是 2 号不是莱斯利（线索 3），也不是杰姬，因为后者参与的交易是 17 便士的找零（线索 1），因此 2 号肯定是蒂娜，4 号是朱莉娅（线索 2）。而后者不是买了洗发水的奥利弗夫人（线索 2），那么奥利弗夫人肯定是 3 号。朱莉娅一定买了阿司匹林，她是阿尔叟小姐接待的（线索 4），而阿尔叟小姐肯定是蒂娜。通过排除法，17 便士的找零必定是 1 号售货员给 3 号顾客的，因此通过线索 1，朱莉娅肯定是沃茨夫人，而剩下的 1 号售货员肯定是里德夫人，她也不是莱斯利（线索 3），所以她只能是杰姬，最后得出莱斯利姓奥利弗。

答案：

1 号，杰姬·里德，找零 17 便士。

2 号，蒂娜·阿尔叟，找零 29 便士。

3 号，莱斯利·奥利弗，买洗发水。

4 号，朱莉娅·沃茨，买阿司匹林。

⑳ 春天到了

亚瑟在图中位置 3（线索 4），从线索 1 中知道，看到翠鸟的不是位置 1 也不是位置 4 的人。位置 2 的那个小伙子在玩鳟鱼（线索 5），因此，通过排除法，只能是位置 3 号的亚瑟看到

了翠鸟。另从线索 1 中知道，汤米在 2 号位置，且是玩鳟鱼的人。通过线索 3 知道，比利肯定在 1 号位置，而埃里克在位置 4。我们现在已经知道 3 个位置上人的姓或者所做的事，那么，听到布谷鸟叫的史密斯（线索 2）肯定是 1 号的比利。剩下埃里克只能是看到山楂开花的人。最后，从线索 5 中知道，汤米不是波特，那么他必定是诺米，剩下波特是看到翠鸟的亚瑟。

答案：

位置 1，比利·史密斯，听到布谷鸟叫。

位置 2，汤米·诺米，玩鳟鱼。

位置 3，亚瑟·波特，看到翠鸟。

位置 4，埃里克·普劳曼，看到山楂开花。

⑳ 业余赛马

麦克的姓是阿彻（线索 4），而克里福特不是约翰，他的马是海员赛姆（线索 2），他不可能是萨利（线索 3），那么他就是埃玛。艾塞克斯女孩是第二名（线索 1），第四名的马不是海员赛姆（线索 2），不是西帕龙（线索 4），则一定是蓝色白兰地。他的骑师不是理查德，理查德骑的也不是西帕龙（线索 3），我们已经知道了海员赛姆的骑师，那么理查德的马一定是艾塞克斯女孩。麦克·阿彻不可能是第一名的马的骑师（线索 4），而西帕龙不是第二，他也不在第三名的马（线索 4），所以他肯定是第 4 名马匹的骑师，他的马是蓝色白兰地。因此，从线索 4 中知道，西帕龙是第三名，通过排除法，海员赛姆是第一名。从线索 3 中知道，萨

利姓匹高特，则她的马一定是第三名的西帕龙。最后，剩下第二名的马就是艾塞克斯女孩，骑师是约翰·理查德。

答案：

第一名，海员赛姆，埃玛·克里福特。

第二名，艾塞克斯女孩，约翰·理查德。

第三名，西帕龙，萨利·匹高特。

第四名，蓝色白兰地，麦克·阿彻。

224 扮演马恩的4个演员

朱利叶斯是人物A（线索4），而哈姆雷特紧靠在理查德的右边（线索3），不可能是人物A或者B，他将饰演士兵（线索3），他不可能是人物C，因为人物C扮演孩童时代的马恩（线索1），那么他必将是人物D，理查德是扮演儿童时期的C。我们现在知道3个人的名或者姓，因此安东尼·李尔王（线索2）一定是B。通过排除法，哈姆雷特肯定是约翰。安东尼·李尔王不扮演哲学家（线索2），因此他肯定扮演青少年，而朱利叶斯扮演的是哲学家。最后，通过线索1知道，理查德不是曼彻特，他只能是温特斯，剩下曼彻特就是朱利叶斯，即人物A。

答案：

人物A，朱利叶斯·曼彻特，晚年。

人物B，安东尼·李尔王，青少年。

人物C，理查德·温特斯，孩童。

人物D，约翰·哈姆雷特，士兵。

225 五月皇后

布莱克在1723年5月当选（线索2），安·特伦特是在偶数年份当选

的（线索3）。1721年当选的皇后不姓萨金特（线索1），也不是沃顿，沃顿的父亲是铁匠（线索5），她也不是索亚（线索6），也非米尔福德（线索7），因此只能是安德鲁。从线索4中知道，织工的女儿是在1722年当选的。教区长的女儿不是在1723年之后当选的，但是她也不是在1722年当选的。而布莱克在1723入选，线索1也能排除教区长的女儿在1721年入选。因此，知道教区长的女儿就是布莱克，即1723年的皇后。从线索1中知道，萨金特是1725年当选的，而汉丽特是1727年的皇后。我们已经知道1721年的五月皇后安德鲁的父亲不是织工、教区长和铁匠，也不是箍桶匠（线索7），因为布莱克是在1723年当选的，所以安德鲁的父亲也不是旅馆主人（线索7）和茅屋匠（线索8），通过排除法，他只能是木匠，而安德鲁就是苏珊娜（线索6）。线索6告诉我们索亚是1722年当选的。箍桶匠的姓不是特伦特（线索3），也非米尔福德（线索7），我们知道他也不姓安德鲁、布莱克、索亚、沃顿，因此只可能是萨金特。从线索7中知道，汉丽特的姓不是米尔福德，她的父亲不是旅店主人（线索7），也不是铁匠，所以只能是茅屋匠。线索5告诉我们，铁匠的女儿不是1726年的五月皇后，通过排除法，她应该是在1724年当选的，而沃里特是教区长布莱克的女儿，她在1723年当选（线索5），剩下旅馆主人的女儿是1726年当选的，通过排除法，可以知道她就是安·特伦特。现在从线索7可以知道玛丽就是沃顿，1724年的

皇后。织工的女儿不是比阿特丽斯（线索4），则肯定是简，最后剩下比阿特丽斯就姓萨金特，她是箍桶匠的女儿。

答案：

1721年，苏珊娜·安德鲁，木匠。

1722年，简·索亚，织工。

1723年，沃里特·布莱克，教区长。

1724年，玛丽·沃顿，铁匠。

1725年，比阿特丽斯·萨金特，箍桶匠。

1726年，安·特伦特，旅馆主人。

1727年，汉丽特·米尔福德，茅屋匠。

226 年轻人出行

雷蒙德往东走（线索3），从线索1中知道，骑摩托车去上高尔夫课的人不朝西走。去游泳的人朝南走（线索2），拍卖会不在西面举行（线索2），因此朝西走只可能是去看牙医的人。西尔威斯特坐出租车出行（线索5），不朝北走。同时我们知道雷蒙德不朝北走，安布罗斯也不朝北走（线索1和2），那么朝北走的只可能是欧内斯特。从线索4中知道，坐巴士的人朝东走。我们知道雷蒙德不去游泳，也不去看牙医，而他的出行方式说明他不可能去玩高尔夫，因此他必定是去拍卖会。现在通过排除法知道，骑摩托车去上高尔夫课的人肯定是欧内斯特。从线索1中知道，安布罗斯朝南出行去游泳，剩下西尔威斯特坐出租往西走，去看牙医。最后可以得出安布罗斯开小汽车出行。

答案：

北，欧内斯特，摩托车，上高尔夫课。

东，雷蒙德，巴士，拍卖会。

南，安布罗斯，小汽车，游泳。

西，西尔威斯特，出租车，看牙医。

227 交叉目的

村庄4的名字为克兰菲尔德（线索3），从线索5中知道，波利顿肯定是村庄2，那么利恩村肯定是村庄1，而剩下村庄3是耐特泊。村庄3的居民是出去遛狗的（线索2），从线索5中知道，这个居民一定是丹尼斯。而婚礼发生在利恩村（线索5），参加婚礼的人住的村庄一定是村庄4，即克兰菲尔德，因此，现在从线索4中可以知道，西尔维亚一定住在村庄2，即波利顿村。现在我们已经知道了村庄2和3的居民，以及村民4出行的目的，那么线索1中提到的去看朋友的波利一定住在利恩村。通过排除法，最后知道玛克辛住在克兰菲尔德，而西尔维亚出行的目的是去看望她的母亲。

答案：

村庄1，利恩村，波利，见朋友。

村庄2，波利顿村，西尔维亚，看母亲。

村庄3，耐特泊村，丹尼斯，遛狗。

村庄4，克兰菲尔德村，玛克辛，参加婚礼。

228 可爱的熊

照片A是帕丁顿（线索2），D不是鲁珀特（线索4），也不是泰迪（线索5），因此只能是布鲁马，来自天鹅湖动物园（线索1）。照片B不是格林斯顿的灰熊（线索3），也不是来自天鹅湖的熊。线索5排除了它来自布赖特邦动物园的可能性，因为布赖特邦动物园的熊就在泰迪的右边，因此照片B上的熊一定来自诺斯丘斯特。现在，从线索5中可以知道，泰迪不可能在照片C上，因此，只能是B照片上的来自诺斯丘斯特的熊，而C则是鲁珀特。来自天鹅湖的布鲁马是一只眼镜熊（线索4），从线索5中知道，鲁珀特肯定是在布赖特邦动物园，剩下帕丁顿则是来自格林斯顿的灰熊。来自布赖特邦动物园的不是东方太阳熊（线索5），那么肯定是极地熊，最后剩下东方太阳熊肯定是照片B中的来自诺斯丘斯特动物园的泰迪。

答案：

照片A，帕丁顿，灰熊，格林斯顿动物园。

照片B，泰迪，东方太阳熊，诺斯丘斯特动物园。

照片C，鲁珀特，极地熊，布赖特邦动物园。

照片D，布鲁马，眼镜熊，天鹅湖动物园。

229 下一个出场者

B位置上的是9号选手（线索6）。万能选手6号不可能在A位置上（线索1），而C位置上的选手是乔希（线索4），线索1提示位置D上的不可能是万能选手，那么万能选手一定是C位置上的乔希。现在，从线索1中可以知道，帕迪一定是位置B上的9号选手。我们现在已经知道A不是乔希，也不是帕迪，线索5排除了艾伦，那么他只可能是尼克，他是乡村队的守

门员（线索2），最后剩下艾伦在D位置上。现在，从线索5中知道，艾伦一定是7号，尼克则是8号。而艾伦一定不是旋转投手（线索3），那么他一定是快投，剩下旋转投手是帕迪。

答案：

选手A，尼克，8号，守门员。

选手B，帕迪，9号，旋转投手。

选手C，乔希，6号，万能。

选手D，艾伦，7号，快投。

230 囚室

卡萨得公主在一位王子的对面（线索5），那么吉尼斯公主一定在另外一位王子的对面，后者不是阿姆雷特王子（线索4），那么一定是沃而夫王子。从线索4中知道，按顺时针方向，他们房间分别是卡萨得公主、吉尼斯公主、阿姆雷特王子、沃而夫王子。从线索2中知道，吉尼斯公主的父亲是尤里天的统治者，而沃而夫王子的父亲则统治马兰格丽亚（线索4）。卡萨得公主的父亲不统治卡里得罗（线索5），那么他一定统治欧高连，通过排除法，阿姆雷特王子的父亲必定统治卡里得罗。从线索2中知道，卡萨得公主的父亲一定是阿弗兰国王，而吉尼斯公主的父亲统治尤里天，后者必定是国王西福利亚（线索3）。卡里得罗的阿姆雷特王子的父亲不是国王恩巴（线索5），那么必定是国王尤里，剩下国王恩巴是沃而夫王子的父亲。最后，从线索1中知道，阿姆雷特王子的房间是I，那么沃而夫王子则是II，卡萨得公主是III，而吉尼斯公主在房间IV中。

答案：

I，阿姆雷特王子，国王尤里，卡里得罗。

II，沃而夫王子，国王恩巴，马兰格丽亚。

III，卡萨得公主，国王阿弗兰，欧高连。

IV，吉尼斯公主，国王西福利亚，尤里天。

231 多面体环

所有相同大小的正多面体都可以组成 1 个多面体环，除了正四面体。

232 签名售书

10 号书摊上的作者不是大卫·爱迪生（线索 1）、坦尼娅·斯瓦（线索 2）、卡尔·卢瑟或拜伦·布克（线索 3），也不是曼迪·诺布尔（线索 4），因此一定是保罗·帕内尔。大卫·爱迪生的书摊在拜伦·布克及女作家的书摊之间（线索 1），那他不可能在 7 号书摊。而拜伦·布克的书摊也不是 7 号（线索 3），由此得出大卫·爱迪生不在 6 号书摊。3 号书摊上的作者不是坦尼娅·斯瓦（线索 2），也不是曼迪·诺布尔（线索 4），大卫·爱迪生不在 4 号，那他一定在 3 号，而 4 号是拜伦·布克（线索 1 和 3）。我们从线索 1 中知道，1 号摊上是个女作者，她不是坦尼娅·斯瓦（线索 2），可以得出她是曼迪·诺布尔。现在根据线索 3，卡尔·卢瑟在 6 号摊，排除法得出坦尼娅·斯瓦在 7 号摊。根据线索 3，坦尼娅·斯瓦的书是《英式烹调术》，而线索 4 告诉我们，《城市园艺》是 3 号摊的大卫·爱迪生所写。由线索 2 可

以得出，《乘车向导》是 10 号摊的保罗·帕内尔所写，《自己动手做》这本书的作者是 4 号摊的拜伦·布克签售的。曼迪·诺布尔的书不是《超级适合》（线索 4），而是《业余占星家》，剩下 6 号摊上卡尔·卢瑟签售的是《超级适合》。

答案：

1 号，曼迪·诺布尔，《业余占星家》。

3 号，大卫·爱迪生，《城市园艺》。

4 号，拜伦·布克，《自己动手做》。

6 号，卡尔·卢瑟，《超级适合》。

7 号，坦尼娅·斯瓦，《英式烹调术》。

10 号，保罗·帕内尔，《乘车向导》。

233 牛奶送错了

瓦利在 5 号只留了一瓶牛奶（线索 4），从线索 2 中知道，1 号收到的是 2 或者 3 瓶，而劳来斯本来应该收到的是 3 或者 4 瓶（线索 2）。那天布雷特一家期望得到 4 瓶（线索 1），劳来斯本来应该收到 3 瓶，而 1 号当天收到了 2 瓶（线索 2）。那么收到了 3 瓶的克孜太太（线索 3）应该住在 3 号或 7 号，汀斯戴尔一家也应该住在 3 号或 7 号（线索 3）。克孜订的不止 1 瓶（线索 3），我们知道她的也不是 3 或者 4 瓶，那么肯定是 2 瓶，因此她住在 7 号（线索 5），汀斯戴尔一家住在 3 号，从线索 3 中知道，他们订了 1 瓶牛奶，通过排除法，那天他们收到的是 4 瓶牛奶。从线索 2 中知道，瓦利在劳来斯家放的不是 2 瓶，因此他们不住在 1 号，那么肯定住在 5 号，那天收到了 1 瓶。剩下布雷特一家住在 1 号，本来订了 4 瓶实际上只收到了 2 瓶。

答案：

1号，布雷特，定购4瓶，收到2瓶。

3号，汀斯戴尔，定购1瓶，收到4瓶。

5号，劳莱斯，定购3瓶，收到1瓶。

7号，克孜，定购2瓶，收到3瓶。

234 别尔的行程

到别尔·斯决住所的距离是20英里（线索4）。距离有25英里的丹得宫不是别尔·里格林的（线索3），在考克斯可布住的是别尔·笑特（线索2），那么丹得宫一定是别尔·温蒂后的房子。我们知道别尔·斯决的住所不是丹得宫或者考克斯可布，也不是斯沃克屋（线索4）。那么只能是福卜利会馆。剩下别尔·里格林是斯沃克屋的主人。但它不是房子4（线索4），而福卜利会馆也不是房子4（线索1），丹得宫也不是（线索3），那么考克斯可布一定是房子4。从线索1和3中知道，丹得宫是房子2，福卜利会馆是房子1，剩下别尔·里格林的沃克屋是房子3。从相同线索中知道，别尔·来格斯从福卜利会馆到丹得宫骑了25英里，接着又骑了22英里去了斯沃克屋。我们知道，最短的行程是20英里到别尔·斯决的房子，那么最长的距离就是到考克斯可布的28英里。

答案：

房子1，20英里到福卜利会馆，别尔·斯决。

房子2，25英里到丹得宫，别尔·温蒂后。

房子3，22英里到斯沃克屋，别尔·里格林。

房子4，28英里到考克斯可布，别尔·笑特。

235 巫婆和猫

颇里安娜的主人已经86岁，并且住在4号别墅（线索1），又知道3号别墅的主人75岁（线索4），凯特的主人住在2号别墅（线索3），那么颇里安娜一定是1号别墅主人的猫。住在1号别墅的不是马乔里（线索1），也不是80岁的罗赞娜（线索2）和拥有尼克的塔比瑟（线索5），那么一定是格里泽尔达。这样可以知道2号别墅的主人71岁（线索6），她的猫是凯特，剩下罗赞娜是80岁，并住在4号别墅里。3号别墅的猫不是托比（线索4），那么一定是尼克，并且75岁的塔比瑟住在3号别墅。通过排除法，凯特的主人是71岁的马乔里，而罗赞娜的猫是托比。

答案：

1号别墅，格里泽尔达，86岁，颇里安娜。

2号别墅，马乔里，71岁，凯特。

3号别墅，塔比瑟，75岁，尼克。

4号别墅，罗赞娜，80岁，托比。

236 女英雄希拉

由于设有巨石陷阱的红门的后面不是一个跳舞的女孩（线索2），绊网陷阱保护的是老鹰像（线索1），并且战士金像在黄门后面（线索4），因此红门后面是狮子像，红门也就是2号门（线索3）。这样根据线索2，跳舞女孩在1号门后面，但1号门不是绿门（线索2），也不是红门或黄门，那么它一定是蓝门，绿门后面就是老鹰像和绊网陷阱。黄门不是3号门（线索4），而是4号门，因此3号门是绿色的。最后根据线索4，地板陷阱不保护4号黄门后面的战士金像，得出后者的陷阱一定是断头台，剩下地板陷阱保护1号蓝门后面的跳舞女孩。

答案：

1号门，蓝色，跳舞女孩，地板陷阱。

2号门，红色，狮子，石头陷阱。

3号门，绿色，鹰，绊网陷阱。

4号门，黄色，战士，断头台。

237 改变形象的染发

由于坐在1号位置上的红头发妇女（线索3）不是莫利（线索1）或霍莉（线索2），也不是多莉（线索4），所以她只能是颇莉。根据线索4，2号位置上的妇女想把她的头发染成黑色。已知那位原本灰发并想把头发染成赤褐色（线索5）的女性不在1号或2号位置，也不在3号位置（线索5），那么她肯定在4号。她不可能是霍莉（线索2），而且线索2也说明霍莉的头发不是金黄色的。我们已经知道她的头发不是红色，那么一定是棕色的。红头发的颇莉不可能再把头发染成红色，故她想染的颜色是白色，所以3号位置上的妇女想把她的头发染成红色。现在根据线索3，得到霍莉坐在2号位置，而3号位置上的妇女有一头金发。线索4告诉我们多莉在4号位置，莫利在3号位置。

答案：

1号，颇莉，红色，染成白色。

2号，霍莉，棕色，染成黑色。

3号，莫利，金黄色，染成红色。

4号，多莉，灰色，染成赤褐色。

238 帕劳旅馆之外

来恩·摩尔是76岁（线索4），74岁的退休邮递员不是珀西·奎因（线索2），也不是牧场主人乔·可比（线索1），因此一定是C位置上的罗恩·斯诺。这样根据线索2，珀西·奎因在D位置上，他不是72岁（线索3），而是78岁，剩下乔·可比是72岁。来恩·摩尔不是马医（线索4），而是机修工。因此他不在B位置上（线索5），而在A位置上，剩下B位置上的是乔·可比。通过排除法，78岁的珀西·奎因在D位置上，并且是个马医。

答案：

位置A，来恩·摩尔，76岁，机修工。

位置B，乔·可比，72岁，牧场主人。

位置C，罗恩·斯诺，74岁，邮递员。

位置D，珀西·奎因，78岁，马医。

239 杰克和吉尔

由于他们计划星期三去喂猫（线索4），星期四去草地（线索2），所以根据线索1可以知道，他们星期二去山上取水，星期一沿2号方向前进。他们声称朝4号方向前进是去清理茶匙（线索3），因此那天不是星期一，也不是星期二或星期三，那么一定是星期四，并且是去草地。剩下星期一他们去割卷心菜，但不是在河边（线索5），而是在树林中，剩下河边是他们星期三去喂猫的地方，但不是在1号方向（线索4），而是在3号方向，最后得出他们在星期二沿1号方向去爬山。

答案：

1号方向，星期二，山上，取水。

2号方向，星期一，树林，割卷心菜。

3号方向，星期三，河边，喂猫。

4号方向，星期四，草地，清理茶匙。

240 曼诺托1号

A位置上的军官是罕克·吉米斯（线索2），坐在C位置上的是宇航员（线索5），因此弗朗茨·格鲁纳工程师（线索1）一定在B或D位置上，而陆军少校也在B或D位置上（线索1）。空军上校在B位置上（线索3），这样根据线索1，他一定是工程师弗朗茨·格鲁纳，而陆军少校在D位置上。我们现在已经知道罕克·吉米斯不是宇航员或工程师，也不是军医，因此他一定是飞行员，剩下坐在D位置上的陆军少校是个军医，根据线索4，他是尤瑞·赞洛夫，C位置上的宇航员是萨姆·罗伊斯，但她不是海军司令官（线索5），而是海军上尉，剩下海军司令官是A位置上的罕克·吉米斯。

答案：

位置A，罕克·吉米斯，海军司令官，飞行员。

位置B，弗朗茨·格鲁纳，空军上校，工程师。

位置C，萨姆·罗伊斯，海军上尉，宇航员。

位置D，尤瑞·赞洛夫，陆军少校，军医。

241 谁的房子

由于瑞克特立建筑始于1708年（线索4），詹姆士·皮卡德拥有的财产在1685年建造（线索3），丽贝卡·德

雷克拥有的佛乔别墅不是始于1770年（线索1），而是1610年。这样线索1就告诉我们2号建筑始于1685年，并且属于詹姆士·皮卡德，但不是曼纳小屋（线索3），我们知道它也不是瑞克特立建筑或佛乔别墅，因此必定是狗和鸭建筑，剩下曼纳小屋是1770年建造的。线索2现在告诉我们，巴兹尔·布立维特是1号建筑的主人。史密塞斯上校不拥有曼纳小屋（线索5），因此他的房子一定是瑞克特立建筑，剩下1号建筑是曼纳小屋，并属于巴兹尔·布立维特。而瑞克特立建筑不是3号房子（线索4），只能是4号，剩下的佛乔别墅在3号位置。

答案：

1号，曼纳小屋，1770年，巴兹尔·布立维特。

2号，狗和鸭建筑，1685年，詹姆士·皮卡德。

3号，佛乔别墅，1610年，丽贝卡·德雷克。

4号，瑞克特立建筑，1708年，史密塞斯上校。

242 神像

由于D面上的神像拥有水蟒的面孔（线索3），这样根据线索2，战神爱克斯卡克斯特不在B面；而B面神像不是爱神（线索4），A面代表了气候神（线索4），因此B面上的是事业神。可以得出C面神像以蝙蝠为面孔（线索5）。事业神的名字不是埃克斯特里卡特尔（线索5），也不是爱克斯卡克斯特或奥克特拉克斯特（线索4），因此他一定是乌卡特克斯赖特，而B

面神像的面孔是水怪（线索1）。通过排除法，A面神像拥有美洲虎的面孔，这样根据线索3，战神爱克斯卡克斯特一定在C面上，剩下以水蟒为面孔的神像在D面，并且他是爱神。奥克特拉克斯特不在A面（线索4），那只能在D面，剩下A面神像是埃克斯特里卡特尔。

答案：

A面，美洲虎，埃克斯特里卡特尔，气候。

B面，水怪，乌卡特克斯赖特，事业。

C面，蝙蝠，爱克斯卡克斯特，战争。

D面，水蟒，奥克特拉克斯特，爱情。

243 新来的人

住了16年的那个居民是在罗斯村（线索4），住龄8年的住户，他家不在怀特盖茨村（线索3），所以一定是在牧场，因此他是沃尔特·杨（线索1）；他不是来自艾林特（线索1），也不可能来自帕丁顿（线索2），所以一定是来自柏特斯。艾伦·布拉德利不是来自帕丁顿（线索2），所以一定是从艾林特来的。剩下梅维斯·诺顿是来自帕丁顿的那个人，他在镇上的罗斯村生活了16年（线索2）。综上可知，艾伦·布拉德利在怀特盖茨村生活了11年。

答案：

艾伦·布拉德利，艾林特，11年，怀特盖茨村。

梅维斯·诺顿，帕丁顿，16年，罗斯村。

沃尔特·杨，柏特斯，8年，牧场。

244 退货

排在第三位退牛仔裤的女士不是希拉（线索1），不是退剪草机的马里恩（线索3），也不是排在第四位的希瑟（线索4），所以，她是卡罗尔。现在我们已知其中两位女士的名字；希拉·普里斯（线索1）不是排在第一位，排第一位的是特威德夫人（线索5），所以希拉·普里斯排的是第二位。综上所述，排第一位的特威德夫人是马里恩。现在我们知道了两位女士的姓，希瑟不姓克拉普（线索4），她姓夏普。因此退牛仔裤的卡罗尔是克拉普夫人。从线索2得出，希瑟·夏普排第四位，她退的不是烤箱，是手提箱。退回烤箱的是排在第二位的希拉·普里斯。

答案：

第一位，马里恩·特威德，剪草机。

第二位，希拉·普里斯，烤箱。

第三位，卡罗尔·克拉普，牛仔裤。

第四位，希瑟·夏普，手提箱。

245 租车

罗孚汽车停在位置5（线索1），所以不在位置2、3、4的沃尔沃汽车（线索4）一定在位置1。在位置3的车是白色的（线索3），因此，在位置5的罗孚汽车的颜色不是黄色，黄色是菲亚特汽车的颜色（线索3），不是棕色（线索5）或红色（线索2），所以一定是绿色。在位置4的车我们已知不可能是罗孚或沃尔沃汽车，根据线索2，它也不是福特，位置3的车是白色的（线索3），而线索5排除了丰田在位置4的可能。所以，位置4停的是黄色的菲亚特。再根据线索5，棕色汽车不在位置1，所以是在位置2。而在位置1的沃尔沃必定是红色的。现在由线索2得出，位置2的棕色车子是福特，由线索5得出在位置3的白色车子是丰田。

答案：

1号，红色沃尔沃。

2号，棕色福特。

3号，白色丰田。

4号，黄色菲亚特。

5号，绿色罗孚。

246 书报亭

雅克的顾客叫阿曼裕（线索4），乔·埃尔买的是诗集（线索2），因传记是玛丽安在出售，且不是由斯尔温购买(线索5)，所以必定是威廉买去的。玛丽安的书亭不是1号和4号书亭（线索1）。结合小说是在3号书亭买到的（线索3），所以玛丽安的书亭是3号。因此，从线索1得出字典是由3号书亭出售，而从线索5得出斯尔温一定是在3号书亭买了小说的顾客。余下阿曼裕在1号书亭。排除上面已知的，乔·埃尔一定在4号书亭买书，而4号书亭不是由艾兰恩经营的（线索2），它是波莱特的，剩下艾兰恩在3号书亭卖小说给斯尔温。

答案：

1号，雅克，阿曼裕，字典。

2号，玛丽安，威廉，传记。

3号，艾兰恩，斯尔温，小说。

4号，波莱特，乔·埃尔，诗集。

247 小镇

标号3的镇是肯思费尔得（线索4），所以亚克斯雷不是4号镇(线索1)，不是6号镇（因为6号镇没有其他镇在它的东北方向），也不是8号镇（因为根据线索1，它们两者都没有一个镇在它们的偏南方），又因为它在图上是偶数标记的（线索1），所以亚克斯雷镇是2号镇。因此，根据线索1，布赖圣特恩是1号镇。由线索5，威格比不是9号镇，同时我们知道它不是3号镇，又因为它的偏西方有一个镇（线索5），所以威格比一定是6号镇。再结合线索5，摩德维尔一定是5号镇。根据线索1，科尔布雷杰一定是8号镇。已知勒索普不是2号、5号或8号镇，也不可能是4号或7号镇（线索2），再根据线索2，勒索普一定是10号镇，而波特菲尔得是9号镇，最后，由线索3，德利威尔一定是7号镇，欧德马科特是4号镇。

答案：

1号，布赖圣特恩镇；

2号，亚克斯雷镇；

3号，肯思费尔德镇；

4号，欧德马科特镇；

5号，摩德维尔镇；

6号，威格比镇；

7号，德利威尔镇；

8号，科尔布雷杰镇；

9号，波特菲尔得镇；

10号，勒索普镇。

248 美好记忆

8月份的那次度假不是坐长途汽车去的（线索1），也不是小汽车（线索2），而是火车。8月份的假期去的不是科茨沃尔德（线索2），也不是英国的湖泊地区（线索3），而是康沃尔。爱丽丝是开小汽车去科茨沃尔德的（线索2），所以长途汽车之旅去的是英国的湖泊地区，但是不是在5月份（线索3），所以是在6月份。综上，5月份的假期是在科茨沃尔德度过的。在英国的湖泊地区的度假不是在1986年（线索3），也不是1971年（线索1），而是1974年。最后，由线索1得出，康沃尔的假期是在1971年，去科茨沃尔德是在1986年。

答案：

5月份，1986年，科茨沃尔德，小汽车。

6月份，1974年，英国的湖泊地区，长途汽车。

8月份，1971年，康沃尔，火车。

249 环行线路

德莫特住在提姆布利村（线索2）；村庄2是格里斯特里村，经过它的环线朝东方开（线索1）。5千米长朝南开的路程起始自罗莉住的那个村庄（线索4），所以她不可能住在6千米路段的起始地桑德莱比村（线索3），罗莉是住在托维尔村。7千米路段不是起始自格里斯特里村（线索1），同时已知它不可能起始自桑德莱比村或托维尔村，所以它一定是起始自德莫特家所在的提姆布利村。剩下4千米路段的起始自格里斯特里村。阿诺德不住在桑德莱比村（线索2），所以他住在格里斯特里村。而桑德莱比村是吉姆住的村庄。提姆布利不是村庄3（线索1），

所以它是村庄4。因此，罗莉的村庄托维尔，自它开始的环线车朝南开（线索4），一定是村庄3，余下桑德莱比是村庄1，作为整个车程的开始点。

答案：

村庄1，桑德莱比村，吉姆，6千米。

村庄2，格里斯特里村，阿诺德，4千米。

村庄3，托维尔村，罗莉，5千米。

村庄4，提姆布利村，德莫特，7千米。

250 修理店的汽车

4号汽车是深蓝色的（线索4），灰色美洲豹不是1号汽车（线索1），它肯定是2号汽车或3号汽车，而且它肯定是丰田（线索3）。既然4号汽车不是流浪者（线索4），它肯定是宝马。4号汽车不归阿尔玛所有（线索3），同时阿尔玛的汽车也不可能是美洲豹或者丰田，因为这两辆车都在汽油泵旁边（线索3），所以她的汽车肯定是流浪者，同时肯定是1号汽车。从线索1中可以看出，灰色美洲豹是3号汽车，哈森的汽车是2号，而且必定是丰田，它不是绿色的（线索3），所以它肯定是浅蓝色的。剩下阿尔玛的流浪者牌是绿色的。最后，根据线索2中，蒂莫西的汽车肯定是灰色美洲豹，而深蓝色宝马必定是杰拉尔丁的汽车。

答案：

1号，阿尔玛，绿色流浪者。

2号，哈森，浅蓝色丰田。

3号，蒂莫西，灰色美洲豹。

4号，杰拉尔丁，深蓝色宝马。

251 遍地开花

家庭主妇的花展是蓝色（线索5），主要使用黄花的夏洛特不是牙科接待员（线索1），艾里斯是健康访问员（线索4），所以夏洛特一定是蔬菜水果商，因此她的展出不是在3号展厅（线索2）。线索1排除在1号展厅的可能，而展厅4是卢斯的（线索3），所以夏洛特设计的花展一定是在2号的北耳堂。因此根据线索1得出，牙科接待员最有可能是在1号展厅。所以她不可能是卢斯，已知她也不是夏洛特或艾里斯，她是米兰达。剩下卢斯是家庭主妇。综上可得，艾里斯设计了3号花展，即圣餐桌，它的基本颜色不是粉红色（线索4），所以一定是白色。最后粉红色花展是米兰达设计的。

答案：

1号展厅，米兰达，牙科接待员，粉红色。

2号展厅，夏洛特，蔬菜水果商，黄色。

3号展厅，艾里斯，健康访问员，白色。

4号展厅，卢斯，家庭主妇，蓝色。

252 博物馆的展品

B物是胸针，不是在1912年被赠出的（线索3），根据线索5，A物不可能是酒杯或在1912年被赠出之物，而这两者是邻排的。A物也不可能是剑（线索4），所以它是银匙。已知B物胸针、A物银匙都不是在1912年被赠出，酒杯也不是（线索5），所以赠出的是那把剑。它出产的时间不是10世纪（线索4）或9世纪（线索5），

也不是12世纪（线索2），所以那把剑是出产于11世纪。因此，根据线索5可知，酒杯是10世纪的东西。已知它不是A物或B物，根据线索4得出也不是D物，所以是C。剩下D物是11世纪的那把剑。产于10世纪的酒杯赠送的时间不是1936年（线索1），不是1948年（线索2）或1912年（线索5），所以是1929年。银匙不是9世纪的东西（线索1），它是12世纪出产1948年赠出的（线索2）。最后，B物胸针一定是9世纪出产并在1936年赠出。

答案：

物品A，银匙，12世纪，1948年。

物品B，银胸针，9世纪，1936年。

物品C，银酒杯，10世纪，1929年。

物品D，银剑，11世纪，1912年。

253 偶然所得

阿曼达发现的是20便士（线索2），根据线索1，韦斯利发现的一定是10便士，所以那个5便士的硬币一定是在公园被发现的。综上可知，它的发现者是约瑟夫。约瑟夫不是5岁（线索1），而6岁的小孩在人行道上发现一个硬币（线索3），所以约瑟夫是7岁。阿曼达不可能是在停车场发现那20便士的（线索2），所以她是在人行道上发现的，因此阿曼达6岁。剩下韦斯利是5岁，他是在停车场发现那10便士硬币的。

答案：

阿曼达，6岁，20便士，人行道。

约瑟夫，7岁，5便士，公园。

韦斯利，5岁，10便士，停车场。

254 盾形徽章

徽章 C 是绿色的（线索 4），徽章 A 不是蓝色的（线索 1），也不是黄色的（线索 2），所以徽章 A 是红色，因为徽章 A 的主人是莱弗赛奇领主（线索 5），根据线索 1，蓝色的徽章不是徽章 B。综上所述，它是徽章 D，剩下徽章 B 是黄色的那个。因此，根据线索 2，鹰是莱弗赛奇领主的红色徽章上的图案。再根据线索 2，徽章 B 属于伯特伦领主，莱可汉姆领主的有火鸡图案的徽章不是徽章 D（线索 1），所以它一定是徽章 C。留下徽章 D 是曼伦德领主的。曼伦德领主徽章上的图案不是狮子（线索 3），而是牡鹿，狮子是伯特伦领主黄色的徽章上的图案。

答案：

徽章 A，莱弗赛奇领主，鹰，红色。

徽章 B，伯特伦领主，狮子，黄色。

徽章 C，莱可汉姆领主，火鸡，绿色。

徽章 D，曼伦德领主，牡鹿，蓝色。

255 宠物

萨姆不是阿尔萨斯犬（线索 1），萨姆的主人是利德（线索 1），它不是吉娃娃狗，那是克勒家的狗（线索 3），而马克斯是约克夏小猎犬（线索 6），综上所述，萨姆是拳师犬，它住在 17 号房子（线索 2）。因此，根据线索 1，阿尔萨斯犬应该住在 19 号房子，它的主人不叫肯内尔（线索 5），也不可能是利德或克勒，所以是叫波尼。因此，马克斯是肯内尔家的。因为弗雷迪的家不是 21 号房子（线索 4），它也不是阿尔萨斯犬，所以它是克勒家的吉娃娃狗。最后，阿尔萨斯犬名叫迪克，肯内尔家住在 23 号房子。

答案：

17 号，利德家，拳师犬，萨姆。

19 号，波尼家，阿尔萨斯犬，迪克。

21 号，克勒家，吉娃娃狗，弗雷迪。

23 号，肯内尔家，约克夏小猎犬，马克斯。

256 罗希的玫瑰花结

D 玫瑰花结上的马不是"爵士"（线索 1），不是"小鬼"（线索 2）或"斯玛特"（线索 3），是"花花公子"。罗希没有骑"花花公子"去切尔特娱乐中心（线索 2），也不是骑着"爵士"（线索 1）或"小鬼"（线索 2），所以是斯玛特。因此，罗希在 1998 年骑的不可能是"斯玛特"（线索 1），不是"爵士"（线索 1）或"小鬼"（线索 2），所以是"花花公子"，因此，C 玫瑰花结上的是"爵士"（线索 1）。在切尔特娱乐中心颁的玫瑰花结在"小鬼"赢的玫瑰花结右边（线索 2），它不是 A 玫瑰花结，也不是"爵士"的 C 玫瑰花结，所以一定是 B 玫瑰花结，而"小鬼"是 A 玫瑰花结。A 玫瑰花结不是在梅尔弗德公园（线索 4）和斯特克农场（线索 5）赢的，是在提伊山赢的。因为斯特克农场的玫瑰花结不是 B，1996 年的不是 A（线索 5），A 也不是 2001 年的（线索 4），A 玫瑰花结是 1999 年的，因此，根据线索 2 得出，B 玫瑰花结是 2001 年的。最后，1996 年的是 C，斯特克农场的玫瑰花结是 D（线索 5），剩下梅尔弗德公园的玫瑰花结是 C。

答案：

玫瑰花结 A，"小鬼"，提伊山，1999 年。

玫瑰花结 B，"斯玛特"，切尔特娱乐中心，2001 年。

玫瑰花结 C，"爵士"，梅尔弗德公园，1996 年。

玫瑰花结 D，"花花公子"，斯特克农场，1998 年。

257 加油

伯特使用的是 5 号泵（线索 3），一位女士使用的是 2 号泵（线索 5），所以彼得用的是 3 号或 8 号泵。因为报纸是在 3 号泵的开车人买的（线索 4），线索 1 排除了彼得使用 8 号泵的可能性，所以彼得是买了报纸并在 3 号泵加油的人。同时根据线索 1 得出，买糖果的标致车的驾驶员用的是 8 号泵。在 2 号泵的女士没有买书（线索 5），她买的是杂志，所以不是萨利（线索 2），一定是尤妮斯。剩下萨利是开标致车的人，他买了糖果。综上所述，伯特买的是书。尤妮斯的车不是福特车（线索 5），也不是沃克斯豪尔车（线索 2）和标致车，所以它是丰田车。最后，根据线索 5，开福特的人不是买书的伯特，所以彼得的车是福特，伯特的车是沃克斯豪尔。

答案：

2 号泵，尤妮斯，丰田，杂志。

3 号泵，彼得，福特，报纸。

5 号泵，伯特，沃克斯豪尔，书。

8 号泵，萨利，标致，糖果。

258 迟到

星期五艾丽丝预约出租车的时间不是下午 2:40（线索 4），也不是上午 11:15（线索 1），所以是上午 9:20。她去看皮肤科医生是在星期四（线索 2），又因为她去医院那天不是星期五（线索 4），所以是在星期二去医院的。而星期五她是去中心公园，当时出租车迟到了 5 分钟（线索 3）。迟到 10 分钟的那辆出租车不是在星期四预约的（线索 2），所以是在星期二。星期四那天等出租车等了 15 分钟。艾丽丝为去医院预订了下午 2:40 的出租车（线索 4）。所以是在上午 11:15 去皮肤科医生那里的。

答案：

星期二，下午 2:40，10 分钟，医院。

星期四，上午 11:15，15 分钟，皮肤科医生。

星期五，上午 9:20，5 分钟，中心公园。

259 遮住眼睛

3 号女孩戴着白色的帽子（线索 4），4 号女孩的帽子不是黄色的（线索 2），4 号女孩也不可能是叫曼尼斯（线索 3），所以她是杰西卡，戴着粉红色的礼帽（线索 1）。1 号女孩不可能是爱莉尔（线索 2）或莎拉（线索 3），所以她是路易丝。因此 2 号女孩姓肯特（5）。已知她的帽子不可能是白色或粉红色，而肯特这个姓排除了绿色，所以是黄色。因而爱莉尔一定是 3 号女孩（线索 2）。综上所述，曼尼斯是 1 号女孩的姓，所以 1 号女孩是路易丝。而 2 号女孩的全名是莎拉·肯特。爱莉尔不姓修斯（线索 4），所以她姓巴塞特，剩下 4 号女孩是杰西卡·修斯。

答案：

1 号，路易丝·曼尼斯，绿色。

2号，莎拉·肯特，黄色。

3号，爱莉尔·巴塞特，白色。

4号，杰西卡·修斯，粉红色。

260 雕像交易

加尔文赔了4元钱。他在第一个雕像交易中赚了18元（198元除以11就是10%的利润）。然而，在第二个雕像交易中他却赔了22元（198元除以9就是10%的损失）。这样，赔的22元减去赚的18元就是损失的钱。

261 卖小鸡

如果按照正常计算，艾米和贝茜分别会卖得15元和10元，一共是25元。当贝茜带60只小鸡去集市，每5只小鸡中，2只是自己的，3只是艾米的，这样直到把艾米的小鸡卖完；接下来，她开始卖自己剩下的10只小鸡。按理说，她自己的5只小鸡应该价值2.5元，但是，在最后两笔交易中她每次都损失了5角。所以，最终少了1元。

262 密码

答案为：37—37—37。这几个数计算如下：$37 \times 3 = 111$；$37 \times 6 = 222$；$37 \times 9 = 333$。

263 提起火柴

首先，将第4根火柴点着，然后，用它点燃3根按金字塔形状放置的火柴。之后，快速将这4根火柴熄灭。这时，你会发现组成金字塔的3根火柴已经熔合在一起，这样，你就可以用第4根火柴轻而易举地把它们从桌子上抬起来。

264 浴缸

需要5分钟的时间。解决这个问题，首先要把时间转换成秒。

（1）打开凉水的水龙头，浴缸放满水需要400秒，即每秒进1/400的水。

（2）打开热水的水龙头，需要480秒的时间，即每秒进1/480的水。

（3）浴缸放完水需要800秒的时间，即每秒排1/800的水。

如果我们取4800作为它们共同的分母，便会得出以下等式：

$$\frac{12}{4800} + \frac{10}{4800} + \frac{6}{4800} + \frac{16}{4800} = \frac{1}{300}$$

这个值就是每秒放入浴缸的实际水量。这样，浴缸放满水就需要300秒，即5分钟。

265 泰迪玩具熊

她们开始以10元3只的价格出售玩具熊。第一个女人卖了30只玩具熊，赚了100元；第二个女人卖了24只玩具熊，赚了80元；第三个女人卖了21只玩具熊，赚了70元。下午的时候，她们开始以10元1只的价格出售玩具熊。这样，第一个女人卖了她最后的3只玩具熊，赚了30元；第二个女人卖了剩下的5只玩具熊，赚了50元；第三个女人卖了剩下的6只玩具熊，赚了60元。所以，她们每个人都赚了130元。

266 岔轨

火车头T将车厢B向上推，使它进入C。然后T绕到另一侧将车厢A向上推，使它与车厢B相连接；接着，T将车厢A和车厢B向下拉，使它们都在右边的岔轨。然后，T再经左边绕到C，接着，再将车厢A推到主铁轨。T将车厢B留在右边的岔轨，然后再绕回到车厢A，并把它拉到主铁

323

轨与左边岔轨的交叉口，接着再把它向上推，使它进入左边的岔轨。最后，T 再回到原来的出发地。

267 钟

当多朗格·基德开始拽绳子时，他会发现自己也升在空中而且距离地面的高度与钟相同。当钟距离地面 1 米时，基德也是 1 米。无论他拽绳子有多快或者慢，他距离地面的高度与钟相同。两者会一起到达塔的上面，而这也是牧师想要做的。

268 孩子的年龄

在圣诞节这一天，巴顿是 8 岁、温德尔是 5 岁、苏珊是 3 岁。

269 跨栏

在找出最短的路线的同时要跨过 12 个跨栏，即偶数数量的跨栏。虽然有很多包括 12 个跨栏的路线，但是我们要找出数字相加为最大值的那条路线。最大值是 36，那条路线就是下图中用虚线标出的路线。

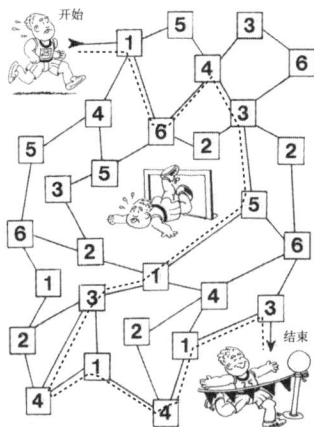

270 隧道

以 75 千米 / 小时的速度，客车穿过 0.5 千米的隧道需要 24 秒（1 小时为 3600 秒，除以 75 千米 / 小时，得出火车行驶 1 千米需要 48 秒的时间。这样，穿过 0.5 千米的隧道就需要 24 秒）。这就是说，当弗瑞德到达隧道出口时，火车头已经从隧道口出来并行驶了 3 秒；因此时间太晚，他无法引起司机的注意。但是，由于火车完全进入隧道需要 6 秒的时间，所以等最后的车厢从隧道出来也需要 6 秒的时间。从弗瑞德开始向隧道出口跑，整个火车需要 30 秒才能驶出隧道。而弗瑞德跑到隧道出口需要 27 秒，这足够可以吸引煞车手的注意，从而拯救了乘车的旅客。

271 纺织女

格瑞特在织袜子，她喜欢消化饼和咖啡。

艾达在织毛衣，她喜欢生姜饼干和茶。

凯伊在织围裙，她喜欢果酱饼干和水。

丽丝在织披肩，她喜欢黄油饼干和橙汁。

尼斯萨在织围巾，她喜欢朱古力饼干和汤。

272 母亲节

安特尼特将收到罗恩特送的蓝色玫瑰。

多米尼克将收到巴斯坦送的红色兰花。

艾丝泰勒将收到蒂第尔送的白色康乃馨。

玛克西将收到华森特送的粉色菊花。

塞宾将收到乔治送的黄色百合花。

第七章 假设法

273 碑铭

根据碑铭上所说的，莎拉·方丹太太比她的丈夫先去世。如果是那样的话，她怎么会是寡妇呢？

274 一样的小马

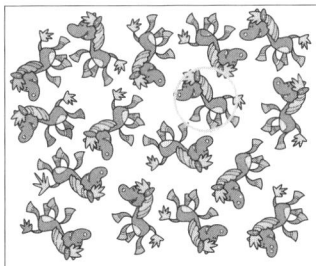

275 最适合

E。每一竖行里的数字每次将被颠倒顺序，竖行里最小的数字将被去掉。

276 堆积

从上到下：C，A，B，F，E，D。

277 商业调查

先分析一下调查结果：

（1）在食用辛辣芥末的234人当中，有90个人只食用辛辣芥末（234 − 144 = 90）。（2）在食用清淡芥末的213个人当中，有69个人只食用清淡芥末（213 − 144 = 69）。

这就说明有三类人群：

（1）只食用辛辣芥末的有90人。（2）只食用清淡芥末的有69人。（3）既食用辛辣芥末又食用清淡芥末的有144人。共303人。

然而报告上却显示只有300个人接受了调查。

278 隐藏的图形

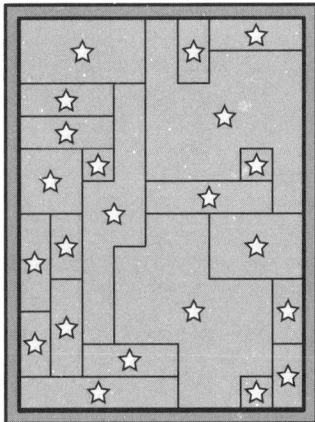

279 小丑

约翰扮演了高尔夫球手和理发师；迪克扮演了喇叭手和作家；罗杰扮演了计算机技术员和卡车司机。

280 玩具

加尔文为每辆拖拉机花了60元，为每辆挖土机花了15元，为每辆卡车花了5元。这样，第三堆玩具一共花了950元，第四堆玩具共花了80元。

281 卡兰德手表

如果这3块手表要再次在中午显示正确时间，那么，每天慢1分钟的那块表必须等到它慢24小时中的12个小时，而每天都快1分钟的那块表必须等到它快24小时中的12个小时。以每天1分钟的速度，那么这3块表要过整整720天才能再次在中午显示正确时间。

282 考古

这个题的答案与题本身一样，都

有很长的历史了……即：人。当人是婴儿的时候，人四肢着地；壮年时，人用两条腿走路；年老时，人走路就需要拐杖帮忙了。

283 埋伏地点

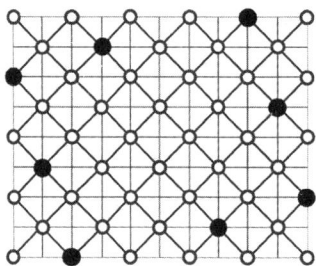

284 猜纸牌

这 4 张正面朝下的扑克牌从左到右依次是红桃 K、方块 J、黑桃 Q、梅花 A。

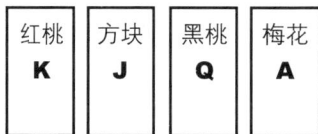

285 左撇子，右撇子

N 是既是左撇子同时也是右撇子的学生数。

7N 个人是左撇子，9N 个人是右撇子。

那么 N+6N+8N=15N 即全班的学生数。

而右撇子在学生总数中所占的比例是 9N/15N，即 3/5，超过班上一半的人数。

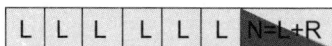

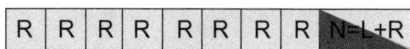

286 选票

格拉德汉德尔先生获得 1336 张选票；墨菲先生获得 1314 张选票—少了 22 张；霍夫曼先生获得 1306 张选票—少了 30 张；唐吉菲尔德先生获得 1263 张选票—少了 73 张，共 5219 张选票。

287 假币

把 8 个金币分成 2 个部分，一部分 6 个金币，一部分 2 个。

不管假币在哪一部分，我们只用 2 步就可以把它找出来：

先将第一部分的金币一边 3 个分别放在天平的左右两边。如果天平是平衡的，那么假币一定在剩下的 2 个中。

再将剩下的 2 个金币分别放在天平的两端，翘起的那一端的金币较轻，这个就是假币。

如果第一步分别将 3 个金币放在天平的两端，天平是不平衡的，那么假币在翘起的那端。

再取这 3 个金币中的任意 2 个分别放在天平的两端，如果天平不平衡，那么轻的那一端放的就是假币。

如果天平仍然是平衡的，那么剩下的那个就是假币。

288 黄金产权

他们是按下面的方法平分遗产的：

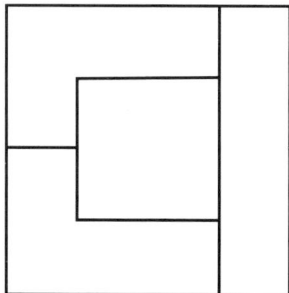

289 红白筹码

将 2 号和 3 号筹码移到方格 9 和 10；将 5 号和 6 号筹码移到方格 2 和 3；将 8 号和 9 号筹码移到方格 5 和 6；将 1 号和 2 号筹码移到方格 8 和 9。

290 煮鸡蛋

当水沸腾后，艾伯特将鸡蛋放进去，并把两个沙漏都倒放过来。当 7 分钟的沙漏中的沙子漏光时，他把它再倒放过来；这时，11 分钟的沙漏还剩下 4 分钟，当里面的沙子漏光时，7 分钟的沙漏底部正好有 4 分钟的沙子。艾伯特再把 7 分钟的沙漏倒放，这样，等到沙子再漏光时，时间正好是 15 分钟，然后他把鸡蛋从水里拿出来。

291 假砝码

首先，他们把 9 个砝码分成 3 堆、每堆 3 个砝码。然后把其中的两堆放在秤上，一边一堆。如果两堆中有一堆向上升，那么那个假砝码肯定在这堆砝码里；如果两边保持平衡，那么那个假砝码肯定在第三堆砝码里。无论哪种情况，在称了一次后就知道假砝码在哪一堆里。称第二次时，他们从放有假砝码的那堆砝码里挑出两个砝码，然后把它们放在秤上，一边一个。如果秤两边保持平衡，那么第 3 个砝码就是假砝码；否则，向上升的那个砝码就是他们要找的。

292 水下答题人

拜罗斯夫人是 30 岁，她女儿塞西莉是 10 岁。现在，拜罗斯夫人的年龄是她女儿的 3 倍。5 年前，当她 25 岁时，塞西莉是 5 岁，即是女儿年龄的 5 倍。

293 古董车

题中在 1948 年所提到的汽车是：

（1）产于 1924 年的艾塞克斯轿车，它已经买了 24 年。

（2）产于 1928 年的林肯敞篷车，它已经买了 20 年。

（3）产于 1932 年的杜森伯格汽车，它已经买了 16 年。

（4）产于 1936 年的考特 812 型汽车，它已经买了 12 年。

294 城镇

1. F
2. B
3. E
4. F
5. C

295 狂欢大转盘

中间数字为：6。

$5 + 6 + 7$

$9 + 6 + 3$

$10 + 6 + 2$

$11 + 6 + 1$

$8 + 6 + 4$

如图：

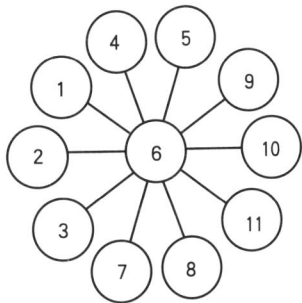

296 硬币置换

移动的步骤如下：从 2 号到 3 号、

从 8 号到 5 号、从 10 号到 7 号、从 3
号到 9 号、从 5 号到 2 号、从 7 号到 4 号、
从 9 号到 6 号、从 4 号到 10 号、从 6
号到 8 号、从 1 号到 6 号、从 2 号到
4 号、从 6 号到 5 号、从 4 号到 3 号、
从 10 号到 9 号、从 5 号到 7 号、从 3
号到 2 号、从 9 号到 1 号、从 7 号到
10 号。

297 牌点

第 1 个多米诺骨牌：上半部分有
6 个点；下半部分有 4 个点。

第 2 个多米诺骨牌：上半部分有
1 个点；下半部分有 1 个点。

第 3 个多米诺骨牌：上半部分有
1 个点。

第 4 个多米诺骨牌：上半部分有
1 个点；下半部分有 4 个点。

如图所示：

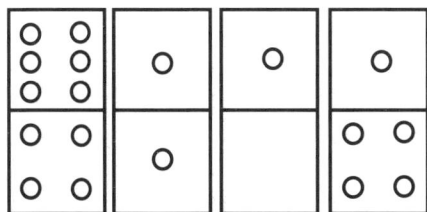

298 铁皮

如图：

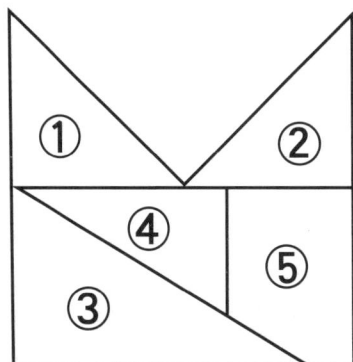

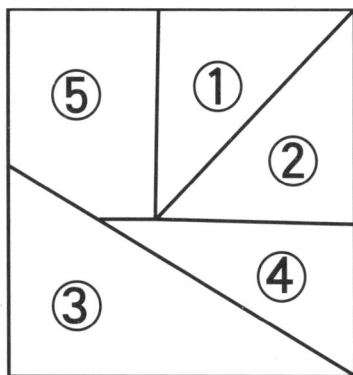

299 蜂箱

这个题的解法有很多。下面是其
中一个：

300 热狗

如图：

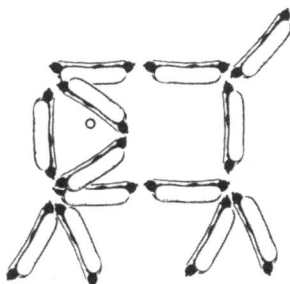

301 玻璃杯难题

在拿走玻璃杯之前，先把第二根
火柴点着。然后，再用它点着支撑在两
个玻璃杯之间的那根火柴；当这根也
点着时，等一两秒钟，然后吹灭。稍等

片刻，这根火柴就会熔贴在玻璃杯上。然后，你可以将另一侧的玻璃杯拿走，这时，这根火柴将会悬在空中。

302 换位置

这 22 步依次如下：10 号到 5 号、1 号到 8 号、11 号到 6 号、2 号到 9 号、12 号到 7 号、3 号到 4 号、5 号到 12 号、8 号到 3 号、6 号到 1 号、9 号到 10 号、7 号到 6 号、4 号到 9 号、12 号到 7 号、3 号到 4 号、1 号到 8 号、10 号到 5 号、6 号到 1 号、9 号到 10 号、7 号到 2 号、4 号到 11 号、8 号到 3 号、5 号到 12 号。

303 筹码

我们知道，可以排列的最多的偶数行列数是 16。下图就是所要画出的棋盘。你也可以把筹码放在与之不同的地方，但是结果要保持一致。

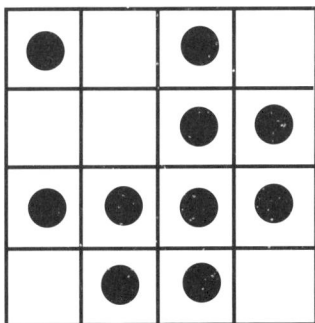

304 标志牌

$$
\begin{array}{r}
96233 \\
+\ 62513 \\
\hline
158746
\end{array}
$$

305 棋盘上的硬币

答案为：从 1 号移到 4 号、从 7 号移到 1 号、从 6 号移到 7 号、从 5

号移到 6 号、从 3 号移到 5 号、从 2 号移到 3 号、从 1 号移到 2 号、从 7 号移到 1 号、从 6 移到 7 号、从 5 号移到 6 号、从 3 号移到 5 号、从 2 号移到 3 号、从 1 号移到 2 号、从 7 号移到 1 号、从 4 号移到 7 号。

306 撞球

如图：

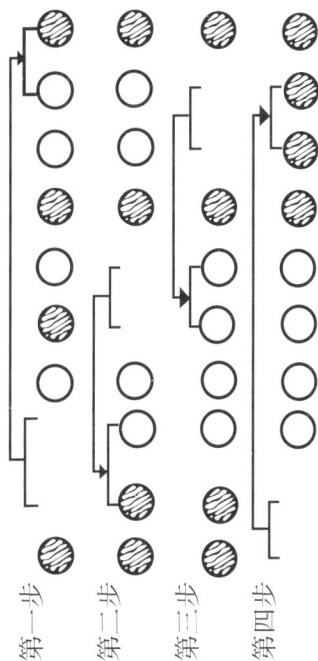

第一步　第二步　第三步　第四步

307 可可豆盒

将盒子的一边沿着桌边放置，并在桌子上留出与盒子一样宽的长度

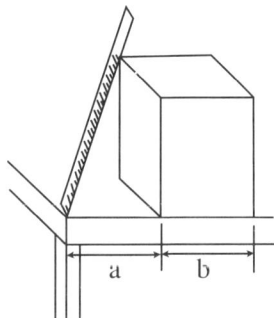

（即，a 的长度与 b 的长度相等，如图所示）。现在，拿起尺子，并将它放在桌子角的末端，然后，测量桌角与盒子后面左侧顶角的长度。而这个长度与盒子主对角线的长度相等。

308 硬币游戏

（a—bc）是指 a 硬币从位置 a 移到另一个地方，它在那里可以与另外两个硬币 b 和 c 相接触。本题移动的步骤为:(1—56)、(3—14)、(4—58)、(5—23)、(2—54)。

309 盐和胡椒粉

如果你有浓密的头发，那么它会有助于你解决这个题。拿出你的梳子在头上梳几下,然后把梳子往下放,并使梳子齿放在胡椒粉的上方。这样,胡椒粉就会从盐里分离并吸附在带电的梳子上,原因在于你在梳头时将静电传在了梳子上。

310 扑克牌点

按照下图所示的样子将 4 张扑克牌放在一起,每张扑克牌的右上角都彼此相互重叠,就能显出 16 个牌点了。

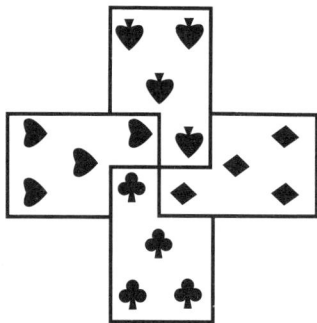

311 蜘蛛的路线

解决这个题之前,先把这个圆柱体想象成一个展开的平面（如下图所示）。苍蝇的位置在 F 点,蜘蛛的位置在 S 点。将左边的线段延长 1 厘米至 B 点,线段 BS 与图中顶端线段相交于 A 点,而这个点就是蜘蛛应该从圆柱体边上经过的地方。蜘蛛行走的路线就是一个直角三角形的斜边,这个三角形底边长 4 厘米、高 3 厘米。这样,斜边长为 5 厘米,这是蜘蛛所能走的最短路线。

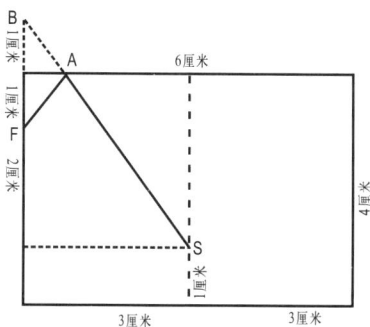

312 寄钱

这个大三学生需要 10652 元。

$$
\begin{array}{r}
\text{S E N D} \\
+ \text{M O R E} \\
\hline
\text{M O N E Y}
\end{array}
\qquad
\begin{array}{r}
9567 \\
+ 1085 \\
\hline
10652
\end{array}
$$

313 逃出高塔

女儿将炮弹作为平衡物先下去,然后国王和儿子把上面篮子里的炮弹取出来,让儿子下去,这时让女儿作为平衡物。接着,让炮弹单独下去,当它落地时,让儿子和炮弹作为平衡物,他们的合力可以使国王下来。王子然后从篮子里出来,再让炮弹单独下去。接着,女儿下去,炮弹上来。儿子再把炮弹取出来,然后单独下来,他的妹妹上去。女儿接着把炮弹放在另一个篮子里,使自己降落到地面上。

314 滑行路线

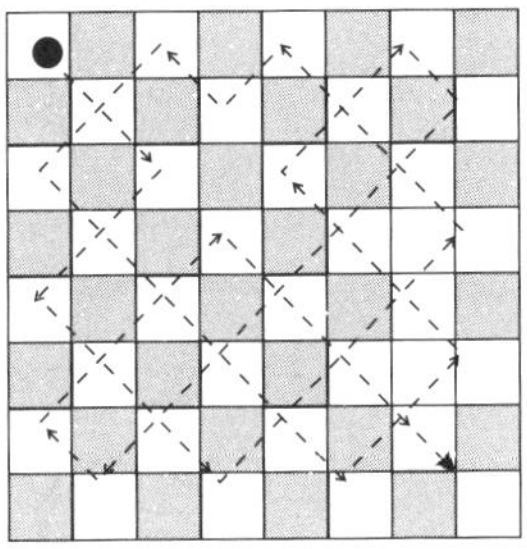

315 烈酒

斯威夫特是按如下方式分配酒的：

萨尔的酒吧获得 8 箱——比汉拉迪的酒吧多 2 箱。

汉拉迪的酒吧获得了 6 箱——比荷兰人的咖啡厅多 2 箱。

荷兰人的咖啡厅获得 4 箱——比埃德娜的海德威酒吧多 2 箱。

埃德娜的海德威酒吧获得 2 箱——比萨尔的酒吧少 6 箱。

316 打赌

打这个赌，每副牌你都会赢 26 元。每对儿扑克的确是一张红、一张黑。因为每堆扑克底部的扑克牌颜色不同，所以当你洗牌时，扑克牌都是交互排列的。你自己不妨试试看。但是，你只能洗一次牌。

317 吹翻书

拿一个结实的纸袋子放在桌子上，

使开口的那边悬在桌边。接着，把这两本书放在袋子的另一边。现在，你要做的就只是往袋子口里吹气，但是袋子要贴紧嘴巴，保证不漏气。只要使劲吹两下，书肯定会倾斜并翻倒。

318 牙签游戏

将原图中最右边的 3 根牙签移到下图中的新位置上，这样，图中就有 9 个小正方形、4 个由 4 个小正方形组成的中等正方形以及 1 个由 9 个小正方形组成的大正方形，一共是 14 个正方形。

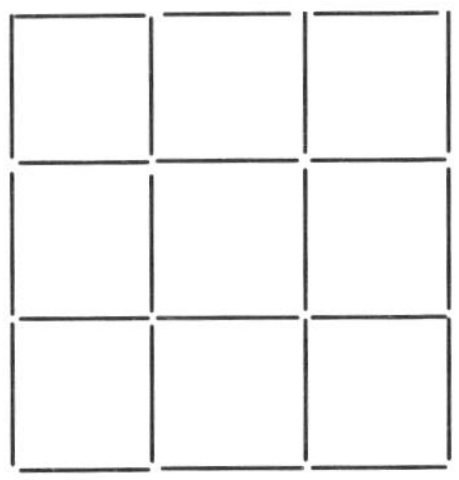

319 奇怪的装饰品

图中虚线所示的 3 根棍子就是应从图形上拿走的棍子。这之后图形上就剩下 3 个小三角形、3 个中型三角形以及 1 个包括所有三角形的大三角形。毕竟，这位女士并没有指明这 7 个三角形必须一样大。

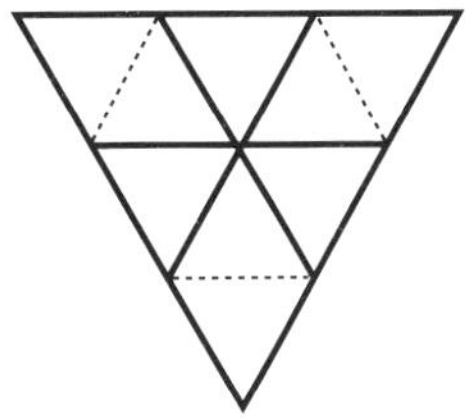

320 圣诞老人

拿起笔和尺子，将正方形画成 25 个小正方形（如图 1 所示）。再将正方形切成 4 块儿（沿着深色线切），把这 4 块儿标成 1 至 4 部分。如果你按照图2和图3将这4部分重新拼的话，那么，你会拼成2个正方形，而每个正方形都各有一个完整的圣诞老人。

321 海马

正确的移动步骤如下：2号移到1号、5号移到2号、3号移到5号、6号移到3号、7号移到6号、4号移到7号、1号移到4号、3号移到1号、6号移到3号、7号移到6号。这样，6只海马互换了位置，最后7号位置是空的。

322 作弊

如果那个知道奥妙的玩家第二个走，那么他就会获胜。这个秘密就是：如果受骗者先拿走1张扑克牌，那么骗子就拿走2张扑克牌；如果受骗者先拿走2张扑克牌，那么骗子就拿走1张扑克牌；无论哪种情况，当骗子拿牌之后，那个圆圈必定被分成两个半圆，各自包括5张扑克牌。接下来，骗子从对方相反的半圆中拿走与之相同数量的扑克牌，这样，他就总能拿到最后一张牌并在打赌中获胜。

如果骗子先拿一张扑克牌，那么，要等待可以将扑克牌分成各含相同数量的扑克牌的两个部分的机会。只要稍加练习，那么十之八九都是骗子赢。

当然，如果对家也知道其中的奥妙，那么骗子就不一定能赢了。

323 为难人的扑克牌

这个题有几种排列方式，下图中的答案是其中之一。

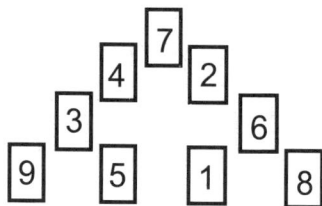

324 长袜里的玩具

大的长袜里有54个玩具，小的长袜里则有45个玩具。54正好是45的翻版。2个袜子里的玩具总和为99，其$\frac{1}{11}$为9，即2个长袜里玩具个数的差。

325 纽扣图形

如图：

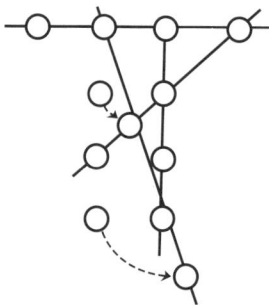

326 抢劫计划

如图：

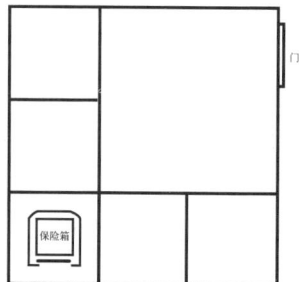

327 跳棋

第一步将 9 号正方形内的棋子依次从下面正方形跳过，13 号、14 号、6 号、4 号、3 号、1 号、2 号、7 号、15 号、17 号、16 号和 11 号，然后将被跳过棋子全都拿走；第二步将 12 号正方形内的棋子从 8 号正方形跳过；第三步将 10 号正方形内的棋子从 5 号和 12 号正方形跳过；最后一步将原来 9 号正方形内的棋子从原来 10 号正方形内的棋子上跳过，这样，原来的 9 号棋子就回到了最初跳到的地方。

328 合理安排

要解决这个难题，施工人员必须先安装其中的一条水管道，该管道应该从水厂出来然后经过 1 号房子的下面到达 3 号房子。这条管道完成之后，其余的就容易解决了。

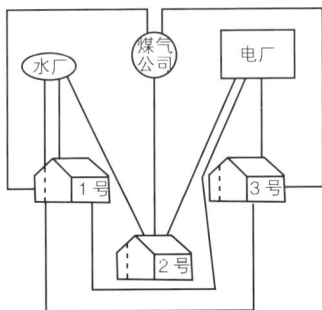

329 冰激凌棒

下图可以说明一切。因为并没有限定这 6 个正方形必须大小相同。

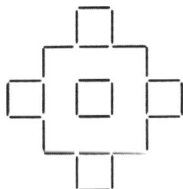

330 玩具火车

16 步依次如下：从 1 号车厢移到 5 号车厢、从 3 号车厢移到 7 号车厢、从 7 号车厢移到 1 号车厢、从 8 号车厢移到 4 号车厢、从 4 号车厢移到 3 号车厢、从 3 号车厢移到 7 号车厢、从 6 号车厢移到 2 号车厢、从 2 号车厢移到 8 号车厢、从 8 号车厢移到 4 号车厢、从 4 号车厢移到 3 号车厢、从 5 号车厢移到 6 号车厢、从 6 号车厢移到 2 号车厢、从 2 号车厢移到 8 号车厢、从 1 号车厢移到 5 号车厢、从 5 号车厢移到 6 号车厢、从 7 号车厢移到 1 号车厢。

331 线轴

巴斯卡姆按照下面的方式支配弗勒莱特手中的 8 元：5 个价值 2 角的蓝色线轴、30 个价值 1 角的红色线轴以及 8 个价值 5 角的绿色线轴。这样，一共是 8 元，而且出纳内维尔在做账时也容易多了。

332 黄金之城五角星

放硬币第 1 个的位置就是最开始放硬币的圆圈。第 2 个位置就是跳过

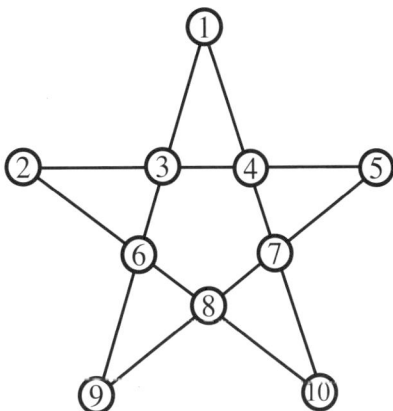

介于中间的圆圈后的圆圈：从 2 号圆圈跳到 4 号圆圈、从 8 号圆圈跳到 2 号圆圈、从 5 号圆圈跳到 8 号圆圈、从 3 号圆圈跳到 5 号圆圈、从 9 号圆圈跳到 3 号圆圈、从 7 号圆圈跳到 9 号圆圈、从 1 号圆圈跳到 7 号圆圈、从 6 号圆圈跳到 1 号圆圈、从 10 号圆圈跳到 6 号圆圈。

333 法拉比奥手表比赛

答案如图：

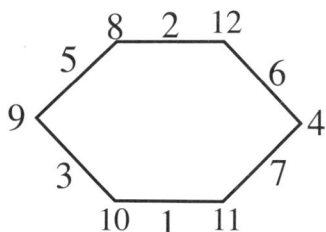

第八章　推理法

334 他绝不是自杀

探长的伤口在左侧太阳穴。

335 栅栏

每 3 米长的栅栏都是从左边的栅栏柱开始延伸，唯有最后 3 米长的栅栏是从左边的栅栏柱开始、在右边的栅栏柱结束。因而西姆斯应该买 34 个栅栏柱，并非 33 个。

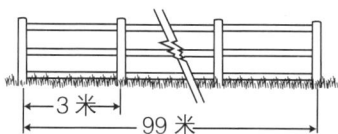

336 名字

尼德尔瓦勒先生的那个朋友是位女士，而不是男士；她女儿的名字当然就是埃莉诺。

337 感染病毒的计算机

第一行是 2，3，1；中间是 1，2，3；最后一行是 3,1,2。或者，第一行是 3,1,2；中间是 1，2，3；最后一行是 2，3，1。

338 绳管道

绳子将与管道脱离。

339 相同符号

B 和 H。

340 抢劫

旅行包里有 1 枚 5 角硬币、39 枚 1 角硬币以及 60 枚 1 分硬币。

341 遗嘱

他留给后人的是"一无所有"。

342 置换棋子

移动的步骤如下：

从 2 号移到 6 号、从 1 号移到 5 号、从 8 号移到 2 号、从 7 号移到 1 号、从 4 号移到 8 号、从 3 号移到 7 号、从 10 号移到 4 号、从 9 号移到 3 号、从 6 号移到 10 号、从 5 号移到 9 号。

343 顶针

你只需要保证从下一个放顶针的位置可以滑到前一个顶针开始的位置。比如：将顶针放在 W 点，并把它滑到 X 点；然后，将下一个顶针放在 Y 点，并把它滑到 W 点；接着，再把一个顶针放在 Z 点，并把它滑到 Y 点。依此类推，直到所有 7 个顶针都放好。

344 人物关系

这幅画中的人是买这幅画的先生的儿子。

345 大厦

在第 121 号大厦和编号开始处之间一共有 120 栋大厦。相应地就有 120 栋编号高于 294 的大厦。因此，街两旁建筑共有 294 + 120=414 栋。

346 家庭关系

祖父的生日宴会有许多人参加。下面列出的是在场的家庭成员，其中也包括祖父：2 个弟兄、2 个姐妹，他们的父母，以及父母各自的父母——这样，对孩子而言就有 1 个祖父和 1 个外祖父，1 个祖母和 1 个外祖母。因此，共有 10 位家庭成员。

347 不同的路线

奥托在开始新一轮骑车路线之前将走整整 70 条不同的路线。

348 立方体

答案如下：

（1）3 个面灰色的小立方体数：8 个；

（2）2 个面灰色的小立方体数：12 个；

（3）1 个面灰色的小立方体数：6 个；

（4）无色的小立方体数：1 个。

349 冬日受伤记

泊尔去了法国（线索 1），去澳大利亚旅游的人摔断了一条腿（线索 2），所以，摔断了锁骨的索尼亚（线索 4）一定是在瑞士受伤的。综上所述，泊尔一定是摔断了她的手臂，去澳大利亚的是迪莉娅。斯塔布斯夫人既不叫索尼亚也不叫泊尔（线索 3），所以她叫迪莉娅。索尼亚不是霍普夫人（线索 4），所以她是费尔夫人，霍普夫人的名字是泊尔。

答案：

迪莉娅·斯塔布斯，澳大利亚，腿。

泊尔·霍普，法国，手臂。

索尼亚·费尔，瑞士，锁骨。

350 纽扣

以下是移动的步骤（W 表示白色，G 表示灰色；以纽扣所在的棋盘位置标识）：W2 移到 3；G4 移到 2；G5 移到 4；W3 移到 5；W1 移到 3；G2 移到 1；G4 移到 2；W3 移到 4。

351 绳梯

因为船会随着潮水而上下浮动，所以潮水涨至最高点时水面上仍有 50 条横档。

352 扑克筹码

两行筹码要相交在一个角。这样，一行有 3 个筹码而另一行有 4 个筹码（如图所示）。

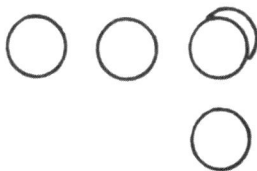

353 正方形木板

沿图 1 虚线切木板，然后按图 2 中的样子排列。

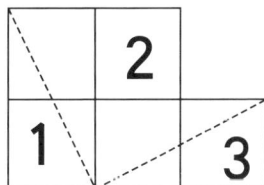

图 1

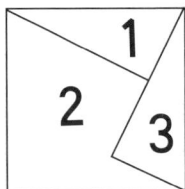

图2

354 三位数

你只需保证第一张牌和第三张牌的相加的和等于中间那张牌的数值。

355 多米诺骨牌

这个题的答案就是快速行动。移动B骨牌使其垂直竖立时正好可以碰到A骨牌的边。将你的食指穿过塔的拱门，然后放在B骨牌的底边并且按紧；之后，"弹起"并迅速击打A骨牌。这样，A骨牌便会从塔上分离，它上面的骨牌随即落在两边竖立的骨牌上，而塔安然无恙。

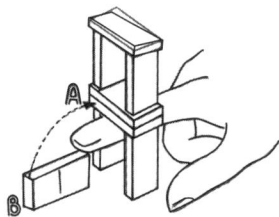

356 魔术硬币

首先使2枚硬币在桌上相接触，然后，再把2枚硬币放在它们上面，使4枚硬币相接触。最后，将第5枚硬币竖立放置（如图所示）。这样，所有5枚硬币都彼此接触。

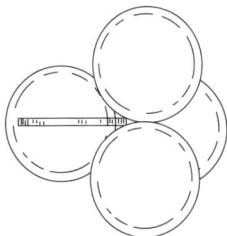

357 拿走硬币

把脸靠近这枚硬币，然后吹。如果用力吹，那么风会把这枚硬币将从盘子上吹下来。你所挑选的盘子的边缘坡度要小。

358 绳索

答案的奥秘所在就是你要在拿绳子之前先将胳膊交叉。当你把绳子两端分别拿在手中时，再展开两个胳膊；这时，绳子中间就出现了结点。

359 拿走扑克牌

任何一个不知情的人都会将扑克牌慢慢地抽出，这无疑会失败。正确的方法是用左手向扑克牌的一个角猛弹，如果运用得当的话，扑克牌将旋转着快速飞出去，而硬币仍会安然停留在你的右手拇指上。

360 移动钉子

如果将下图中虚线所示的钉子拿走的话，那么将有5个小正方形和1个大正方形，一共是6个。

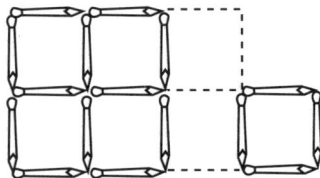

361 圈地

农夫先圈出3块地，并在每块儿地里圈3头小母牛；然后，他们再把这

3 块地圈起来，圈出第 4 块儿地。这样一来，每块地都有奇数数量的小母牛。

362 路径逻辑

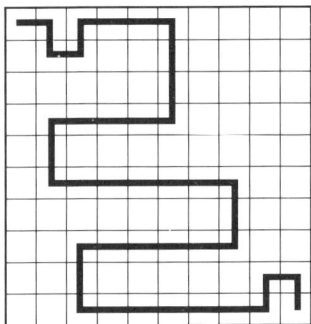

363 房间之谜

SD 间谍在 6 号房间（线索 2），从线索 5 中知道，OSS 间谍一定在 5 号房间，而 SDECE 间谍在 3 号房间，鲁宾在 1 号房间。2 号房间的间谍不可能来自阿布威（线索 3），也不来自 M16，而间谍加西亚不在 1 号房间（线索 1），那么他肯定是 GRU 的间谍。从线索 4 中知道，毛罗斯先生的房间是 4 号，罗布斯不可能在 3 号（线索 1），也不可能在 2 号房间，因为加西亚不在 4 号房间，所以罗布斯也不可能在 6 号。罗布斯只能在 5 号房间，而加西亚在 3 号，M16 的间谍则在 4 号房间(线索 1)。6 号房间的 SD 间谍不是罗布斯（线索 2），则肯定是戴兹，剩下罗布斯一定是 2 号房间的 GRU 间谍，最后通过排除法，1 号房间的鲁宾是阿布威的间谍。

答案：

1 号房间，鲁宾，阿布威。

2 号房间，罗佩兹，GRU。

3 号房间，加西亚，SD-ECE。

4 号房间，毛罗斯，M16。

5 号房间，罗布斯，OSS。

6 号房间，戴兹，SD。

364 女运动员

人物 3 的运动项目是射击（线索 3），人物 5 的项目不是滑冰（线索 1）、羽毛球（线索 3）和台球（线索 4），则一定是高尔夫，那么人物 4 就是斯特拉·提兹（线索 2），她的项目不是滑冰（线索 1）和台球（线索 4），那么一定是羽毛球。人物 5 刚从卡萨布兰卡回来（线索 3），人物 1 不从罗马回来（线索 5)，也不是来自洛杉矶（线索 1）和东京（线索 4），那么一定从布里斯班来。人物 2 不是来自洛杉矶（线索 1），也非东京（线索 5），那么一定来自罗马。人物 3 和 4 来自洛杉矶或者东京。如果 4 来自洛杉矶，则从线索 1 中知道凯特·肯德尔就是人物 3，来自东京。但线索 1 告诉我们，凯特·肯德尔不是来自东京，因此 3 一定来自洛杉矶，而 4 来自东京。因此凯特·肯德尔就是人物 2。人物 1 的项目就是滑冰（线索 1），人物 5 不是黛安娜·埃尔金（线索 5），也不是格丽尼斯·福特（线索 4），则 定是莫娜·洛甫特斯。黛安娜·埃尔金也不是人物 1（线索 5），那么她肯定是人物 3，人物 1 就是格丽尼斯·福特。人物 2 凯特·肯德尔的项目是台球。

答案：

1 号，格丽尼斯·福特，布里斯班，滑冰。

2 号，凯特·肯德尔，罗马，台球。

3 号，黛安娜·埃尔金，洛杉矶，射击。

4号,斯特拉·提兹,东京,羽毛球。

5号,莫娜·洛甫特斯,卡萨布兰卡,高尔夫。

365 巴士停靠站

从线索1知道,雷停靠的巴士牌号要比324号大。7号的车牌不是324（线索2）,雷停靠的也不是5号位置的车牌号为340的巴士（线索5）。特里的车号是361,那么雷的就是397。它不在6或者7号位置（线索1）。赖斯把车停靠在4号位置（线索7）,5号的车牌是340,这就排除了雷的车是3号的可能性（线索1）。因3号车的车牌号要比邻近的车牌号都大（线索4）,雷的车也不可能是2号（线索1）,那么雷的车一定在1号位置。从线索1中知道,324一定在3号位置。从线索4中知道,2和4号位置的车牌都是2开头的。因此可以从线索2中知道,7号的车牌是361,是特里停靠的（线索3）。2号位置的车牌不是286（线索2）,6号的也不是286（线索5）,通过排除法,286一定是4号的车牌,是赖斯停靠的。线索6告诉我们车牌号为253的不在2号位置,那么它一定在6号。因此肯停靠的车在5号位置（线索6）。罗宾的车不在2或者3号（线索8）,那么一定是6号。通过排除法,2号位置的车号一定是279。3号位置车的司机不是戴夫（线索4）,则一定是埃迪,剩下戴夫是把车号为279的车停在2号位置的司机。

答案:

1号,雷,397。

2号,戴夫,279。

3号,埃迪,324。

4号,赖斯,286。

5号,肯,340。

6号,罗宾,253。

7号,特里,361。

366 说谎的女孩

杰茜的宠物是一条小狗（线索5）。朱莉娅的宠物不是虎皮鹦鹉（线索4）,也不是乌龟（线索3）,那么一定是只猫。因此她不是4号位置的女孩,后者的宠物是虎皮鹦鹉（线索5）。此事实也排除了杰茜是4号,线索1排除了詹妮,那么4号位置的一定是杰迈玛。通过排除法,乌龟是詹妮的宠物。因为杰迈玛在4号,那么朱莉娅不可能在3号（线索3）,她也不可能在2号（线索4）,所以她一定在1号位置。因朱莉娅的宠物是猫,那么杰茜不可能在2号（线索2）。因此她肯定在3号位置,2号则是詹妮。线索5告诉我们杰茜10岁,而朱莉娅不可能是8岁（线索4）和9岁（线索3）,那么一定是11岁。詹妮不是9岁（线索1）,那么一定是8岁,剩下杰迈玛今年9岁。

答案:

位置1,朱莉娅,11,猫。

位置2,詹妮,8,乌龟。

位置3,杰茜,10,小狗。

位置4,杰迈玛,9,虎皮鹦鹉。

367 邮票的面值

数字5都不是棕色的（线索1）,那么棕色邮票的面值一定是10分,但不是第4张（线索2）,因此在面值中有个1的第4张邮票（线索3）面值一定是15分。这样根据线索4,第二张邮票是蓝色的。由线索 2 告诉我们，描写大教堂的那张邮票的面值中有个 0，但不是第四张，而是第二张，从这个线索中，我们也可以知道第一张就是棕色的 10 分面值的邮票。根据同一个线索，第二张蓝色邮票的面值是 50 分。通过排除法，第三张邮票一定是 25 分面值的。山峰不是第一张 10 分邮票上的图案（线索 5），也不是 25 分面值邮票上的图案（线索 5），因为 50 分面值的邮票边框是蓝色的。而我们知道它也不是 50 分面值邮票上的图案，那只能是第四张 15 分邮票上的图案。这样根据线索 5，25 分邮票的边框是红色的，剩下 15 分邮票边框是绿色的。线索 3 告诉我们第三张邮票描写的不是海湾，那一定是瀑布，剩下海湾是棕色的、10 分面值的、第 1 张邮票上的图案。

答案：

第一张，海湾，10 分，棕色。

第二张，大教堂，50 分，蓝色。

第三张，瀑布，25 分，红色。

第四张，山峰，15 分，绿色。

368 与朋友相遇

因为穿红毛衣的不是丹尼或吃巧克力派的刘易丝（线索 4），而凯文的毛衣是蓝色的（线索 1），所以穿红毛衣的一定是西蒙。碰到的第一位朋友穿的毛衣不是红色的（线索 4），也不是蓝色的（线索 1），而第三位穿着米色毛衣（线索 2），由此得出第一位一定穿着绿毛衣。这样根据线索 3，第二位朋友在吃香蕉，而且我们知道他的毛衣不是米色或绿色的，他也不是穿红毛衣的西蒙（线索 3），那他一定是

穿蓝毛衣的凯文。接着根据线索 1，穿绿毛衣的第一位朋友在吃棒棒糖，排除了凯文、刘易丝和西蒙，那他只能是丹尼。通过排除法，西蒙在吃苹果，刘易丝是汤米碰到的第三位穿米色毛衣的朋友，最后碰到的是西蒙。

答案：

第一位，丹尼，绿色，棒棒糖。

第二位，凯文，蓝色，香蕉。

第三位，刘易丝，米色，巧克力派。

第四位，西蒙，红色，苹果。

369 出租车

已知索菲在多恩卡斯特上车（线索 4）。根据线索 1，黛安娜不是从约克角旅行回来，线索 1 和 3 又排除了她来自格兰瑟姆的可能，而且搭乘 1 号出租车的妇女来自格兰瑟姆，所以可以得出黛安娜在皮特博芮上火车。我们现在知道从格兰瑟姆来的乘客不是黛安娜或索菲，也不是伯尼的乘客帕查（线索 3），因此她是安妮特。排除法得出帕查从约克角旅行回来。黛安娜的司机不是詹森（线索 1），也不是诺埃尔（线索 2），那么他就是克莱德，而她搭乘的是 4 号出租车（线索 5）。然后根据线索 1，詹森是 3 号出租车的司机，他的乘客不是伯尼的乘客帕查，而是索菲。最后通过排除法，我们知道安妮特的司机是诺埃尔，伯尼的车是 2 号车。

答案：

1 号，诺埃尔，安妮特，格兰瑟姆。

2 号，伯尼，帕查，约克角。

3 号，詹森，索菲，多恩卡斯特。

4 号，克莱德，黛安娜，皮特博芮。

370 电影制片厂

由于言情电影（线索1）、枪战电影（线索2）和喜剧片（线索5）都不在C制片厂上，因此通过排除法，拉娜·范姆帕担任女主角的警匪片（线索4）是在那里拍摄的。然后根据线索4，奥尔弗·楞次在B制片厂担任导演。我们知道他不是和拉娜·范姆帕一起工作，线索1也排除了海伦·皮奇在B制片厂工作的可能。西尔维亚·斯敦汉姆由卡尔·卡马拉导演（线索3），因此奥尔弗导演多拉·贝尔。海伦·皮奇不在D制片厂工作（线索1），而是在A制片厂，剩下卡尔和西尔维亚在D制片厂工作。线索1现在告诉我们，奥尔弗和多拉在拍言情电影，这样根据线索2，枪战电影一定在A制片厂拍摄，喜剧在D制片厂。线索2得出，沃尔多·特恩汉姆在C制片厂导演警匪片，鲍里斯·旭茨在A制片厂导演枪战电影，其中海伦·皮奇是女主角。

答案：

A制片厂，枪战，鲍里斯·旭茨，海伦·皮奇。

B制片厂，言情，奥尔弗·楞次，多拉·贝尔。

C制片厂，警匪，沃尔多·特恩汉姆，拉娜·范姆帕。

D制片厂，喜剧，卡尔·卡马拉，西尔维亚·斯敦汉姆。

371 刺绣展览

2号作品不可能是凯维丝夫人的（线索1），也不是福瑞木夫人的（线索2）。线索4告诉我们萨利·斯瑞德的作品在3或4号位置，这样通过排除法，

2号作品是尼得勒夫人的。然后根据线索5，以斯帖刺绣了1号作品，但不是《雪景》（线索1）或《河边》（线索3），伊冯刺绣了《村舍花园》（线索2），可以得出以斯帖的作品是《乡村客栈》。接着根据线索4，萨利·斯瑞德制作了4号作品。根据线索3，赫尔迈厄尼就是刺绣2号作品的尼得勒夫人。排除法得出3号作品是伊冯的《村舍花园》，但她不是福瑞木夫人（线索2），而是凯维丝夫人，剩下福瑞木夫人是以斯帖。赫尔迈厄尼没有刺绣《河边》（线索3），因此她的作品一定是《雪景》，剩下《河边》是萨利·斯瑞德的作品。

答案：

1号，《乡村客栈》，以斯帖·福瑞木。
2号，《雪景》，赫尔迈厄尼·尼得勒。
3号，《村舍花园》，伊冯·凯维丝。
4号，《河边》，萨利·斯瑞德。

372 欢度国庆

第2个村庄是丝特·多米尼克村（线索2）。丹尼斯住在村庄3（线索3），线索1说明波科勒村不是村庄1或村庄4，那么圣子埃特鲁米亚展览（线索1）一定在村庄3开展，丹尼斯观看了这场展览。线索1告诉我们克里斯多佛住在村庄2，安德烈住在墨维里（线索4），通过排除法，马丁所在的村庄是格鲁丝莫村，但它不是村庄1（线索5），而是村庄4，剩下村庄1是墨维里。住在那里的安德烈没有在街道上跳舞（线索3），也没有看电视（线索4），那他一定参加了烟花大会。由线索4得知马丁没有看电视，那她一定在街道上跳舞，剩下克里斯多佛待在

家里看电视。

答案：

村庄1，墨维里村，安德烈，烟花大会。

村庄2，丝特·多米尼克村，克里斯多佛，看电视。

村庄3，波科勒村，丹尼斯，圣子埃特鲁米亚展览。

村庄4，格鲁丝莫村，马丁，街道舞蹈。

373 美好的火车旅行

已知斯杰普生德桥是第2号桥(线索2)。4号桥不是托福汉姆桥（线索1）或悬臂建筑维斯吉格桥（线索4），那么一定是埃斯博格桥。第1条河不是被吊桥横跨的波罗特（线索1），也不是戴斯尔河（线索3）或科玛河（线索4），因此一定是斯沃伦河。我们现在知道托福汉姆桥和维斯吉格桥是1号或3号桥，那么波罗特河（线索1）和科玛河（线索4）不可能是3号河，因此排除法得出第3条河是戴斯尔，而它上面的桥不是拱桥（线索3），也不是摆桥（线索5）或吊桥，而是悬臂桥维斯吉格。根据线索4，科玛是被埃斯博格横跨的第4条河。通过排除法，第1条河斯沃伦被托福汉姆横跨，线索1得出，在波罗特河上的吊桥就是2号桥斯杰普生德。根据线索1和5，1号桥托福汉姆是座拱桥，而4号桥埃斯博格在科玛河上，并且是座摆桥。

答案：

1号桥，托福汉姆桥，斯沃伦河，拱桥。

2号桥，斯杰普生德桥，波罗特河，吊桥。

3号桥，维斯吉格桥，戴斯尔河，悬臂桥。

4号桥，埃斯博格桥，科玛河，摆桥。

374 沿下游方向

由于C位置上的旅店名是升起的太阳（线索3），D位置上的船属于凯斯家庭（线索4），因此根据线索1，停泊在挪亚方舟处的费希尔家庭的船在B位置上，而斯恩费希船在A位置上。我们知道停在狗和鸭码头的帕切尔号（线索2）不在A、B或C位置上，所以它一定属于D位置上的凯斯家庭。现在通过排除法，A位置上的旅店是钓鱼者休息处。罗德尼家庭的船不是停靠在升起的太阳处（线索3），而是在A位置上的钓鱼者休息处，并且是斯恩费希号，剩下停在C位置上的升起的太阳处的船属于德雷克家庭，但不是南尼斯号（线索3），而是罗特斯号，费希尔家庭的船南尼斯停在B位置上的挪亚方舟处。

答案：

位置A，罗德尼，斯恩费希，钓鱼者休息处。

位置B，费希尔，南尼斯，挪亚方舟。

位置C，德雷克，罗特斯，升起的太阳。

位置D，凯斯，帕切尔，狗和鸭客栈。

375 穿过通道

由于最前面一辆车的司机不是菲利普（线索1）和曼纽尔（线索3），并且也不是汉斯（线索4），因此一定是安东尼奥。这样根据线索5，红车在2号位置上，那么它的数字是15（线索2）。第4个位置上的车不是车牌号为27的黄车（线索1），它的车牌号也不是38（线索3），排除法得出它的车牌号是9。我们知道它不是红色或黄色，也不是绿色（线索4），那只能是蓝色。剩下车牌号38的车是绿色的，但绿车不在3号位置（线索3），因此它是领先的安东尼奥的车，剩下3号车是带数字27的黄车。线索4现在告诉我们汉斯是2号红车的司机，线索1说明菲利普是4号蓝车的司机，剩下曼纽尔是3号黄车的司机。

答案：

1号位置，安东尼奥，绿色，38。

2号位置，汉斯，红色，15。

3号位置，曼纽尔，黄色，27。

4号位置，菲利普，蓝色，9。

376 叠纸牌

罗斯的房子达到7层高（线索5），所以她不可能是叠出4层高房子的2号女孩（线索2）。线索4排除了她在3号位置用蓝色纸牌的可能，她也不是在4号位置（线索5），所以，罗斯坐在1号座位。我们已知夏洛特用的纸牌是绿色的（线索1），她不在位置1或3，因为2号女孩叠出4层楼，所以，夏洛特不可能是在4号位置（线索1），她是在位子2，造出了4层楼的房子。因此，由线索1得出，5层楼的房子是由4号女孩建造的。留下用蓝色纸牌造的6层房子在位置3。综上，根据线索4，罗斯用的是红色的纸牌，剩下由黑色纸牌构成的在位置4的5层房子，它不是由安吉拉建造的（线索3），而是蒂娜做的。安吉拉坐在3号位置，

持蓝色纸牌。

答案：

座位1，罗斯，红色，7层楼。

座位2，夏洛特，绿色，4层楼。

座位3，安吉拉，蓝色，6层楼。

座位4，蒂娜，黑色，5层楼。

377 票

亨利排在队伍的第3个位子（线索3）。第4个位子排的不是珀西瓦尔（线索1），也不是马克斯（线索2），所以，一是威洛比。威洛比买的是星期五晚上的票（线索4）。星期六晚上定在包厢座位的票不是珀西瓦尔买的（线索1），也不是亨利的（线索3），排除法得知买票的是马克斯。所以，马克斯不可能是排在第1位的（线索1），而是排在第2位，第1位排的是珀西瓦尔。因此据线索2可得，第3位是亨利，买的是剧院花楼的票。但不是星期四的演出（线索2），是星期三的。剩下珀西瓦尔买的是星期四的票，并根据线索3得出，是在正厅后排的座位。所以，威洛比星期五晚上的票是正厅前排的座位。

答案：

位置1，珀西瓦尔，星期四，正厅后排座位。

位置2，马克斯，星期六，包厢。

位置3，亨利，星期三，剧院花楼。

位置4，威洛比，星期五，正厅前排座位。

378 加薪要求

思德·塔克坐在C位置（线索1），BBMU的人坐在D位置（线索4），所以来自UMBM，不是坐在B位置的

雷·肖（线索5），一定是在 A 位置。现在根据线索2，代表 ABM 的6位成员的那个人不可能是坐在 A 或 C 位置，也排除了坐在 D 位置的可能，所以他是坐在 B 位置；同样根据线索2，阿尔夫·巴特一定是在 D 位置。综上，吉姆·诺克斯坐在 B 位置，思德·塔克代表 BBT 坐在 C 位置。所以 BBT 代表的不是7位成员（线索3），也不是4位（线索1），我们知道是吉姆·诺克斯代表有6位成员的 ABM，所以 BBT 有3位成员。UMBM 的雷·肖代表的人数比 ABM 的吉姆·诺克斯代表的少（线索5），所以 UMBM 一定有4位成员，而 BBMU 的阿尔夫·巴特代表的是7位成员。

答案：

位置 A，雷·肖，UMBM，4。

位置 B，吉姆·诺克斯，ABM，6。

位置 C，思德·塔克，BBT，3。

位置 D，阿尔夫·巴特，BBMU，7。

379 照片定输赢

"布鲁克林"是第一名（线索5），身穿红色和橘黄色衣服的骑师是第三名（线索4），由线索1排除了"矶鹞"得第二名和第四名的可能性，所以，它排在第三名。根据线索1得出，卢克·格兰费尔身着黑蓝两色，骑的是排在第四的马。已知"国王兰赛姆"是马文·盖尔骑的那匹马（线索2），排名不是一、三或四，所以是第二名；剩下卢克·格兰费尔骑的马叫"蓝色闪电"。马文穿的不是粉色和白色（线索2），所以应是黄色和绿色。而粉色和白色是穿在胜利的骑师身上。得胜的不是杰姬·摩兰恩（线索3），而是科纳·欧博里恩。杰姬·摩兰恩的马

是排在第三名的"矶鹞"。

答案：

第一名，"布鲁克林"。科纳·欧博里恩，粉色和白色。

第二名，"国王兰赛姆"，马文·盖尔，黄色和绿色。

第三名，"矶鹞"，杰姬·摩兰恩，红色和橘黄色。

第四名，"蓝色闪电"，卢克·格兰费尔，黑色和蓝色。

380 溜冰

肖特带着红色的围巾（线索2），伯妮斯·海恩的围巾不是黄色的（线索1），她也不是围着蓝色围巾的1号位置的溜冰者（线索1和4），所以她的围巾是绿色的，已知她不在1号位置，因为1号位置的人带着蓝色围巾，线索1同时也排除了她在2号位置的可能性，从线索3中得出她不可能在4号位置，所以伯妮斯·海恩在3号位置。因此从线索1得出，2号位置的溜冰者必定带着黄色围巾，而由线索3知道，路易丝一定是在4号位置，余下红色围巾由她带着，所以，她是肖特。杰姬不是2号溜冰者（线索2），她是1号溜冰者，2号是夏洛特。杰姬不姓劳恩（线索5），她姓利特尔，劳恩是夏洛特的姓。

答案：

位置1，杰姬·特利尔，蓝色。

位置2，夏洛特·劳恩，黄色。

位置3，伯妮斯·海恩，绿色。

位置4，路易丝·肖特，红色。

381 服务窗户

因为4号窗口的顾客在购买一本

邮票集锦（线索4），3号窗口的顾客在办理公路收费执照（线索2）。路易斯在3号窗口工作（线索3），那么亨利就在1号窗口工作。艾莉斯在2号窗口前提取养老金（线索1）。用排除法可知，亨利必定在寄挂号信。所以，大卫必然在2号窗口工作（线索5）。在亚当的窗口前办理业务的不是亨利（线索2），所以迈根必然在1号窗口处工作，亚当在4号窗口处工作。从亚当那里购买邮票的不是玛格丽特（线索4），他是丹尼尔，剩下在路易斯的窗口前办理公路收费执照的是玛格丽特。

答案：

1号窗口，迈根，亨利，挂号信。

2号窗口，大卫，艾莉斯，养老金。

3号窗口，路易斯，玛格丽特，公路收费执照。

4号窗口，亚当，丹尼尔，邮票集锦。

382 学习走廊

5B班有28个学生（线索3），3A班的学生少于30个（线索5）。根据线索2，培根先生所教的30个学生不是1A或2B班，所以是上地理学的4A班（线索4）。现在再由线索4得出，1A班有32个学生。而从线索3得知，海恩斯先生是在教室5给2B班上课的（线索2）。已知拉丁语课在教室4上（线索1），且不是培根先生或海恩斯先生教的，而线索1排除了汉森太太教的可能性，史宾克斯小姐教的是英语课（线索3），所以拉丁语学老师是伯尔先生。已知上拉丁语课的班级不是2B或4A班，也不是3A班（线索5），线索1排除了1A班，所

以伯尔先生是在教室4给5B班上拉丁语课的。根据线索1，汉森太太的课是给3A班上的，而史宾克斯小姐的英语课是给1A班上的。从线索2得知，历史课不是在教室1或5，所以一定是教室2。教室1是培根先生给4A班上地理课的教室（线索4）。综上所述得出，教室2的历史课是汉森太太给3A班上的。剩下海恩斯先生给2B班教数学。2B班不是29人（线索2），而是26人，29人的是3A班。

答案：

教室1，4A班，地理，培根先生，30人。

教室2，3A班，历史，汉森太太，29人。

教室3，1A班，英语，史宾克斯小姐，32人。

教室4，5B班，拉丁语，伯尔先生，28人。

教室5，2B班，数学，海恩斯先生，26人。

383 善于针织的母亲们

梅勒妮母亲的作品不可能是A（线索2），也不是在索菲的旁边（线索5），而索菲的作品不是D（线索4），所以，梅勒妮母亲的作品不是B，而是C或D。而索菲的可能是A或B。索菲的女儿不是莎拉（线索1），当然也不可能是梅勒妮，因为哈里特母亲的作品一定是C或D（线索3），所以也不可能是哈里特，因此索菲的女儿是崔纱。米歇尔不是梅勒妮的母亲（线索1），她的女儿是哈里特，剩下梅勒妮是坦尼娅的女儿。D部分的主题不是艺术（线索2），不是物理教育（线索3），也不是人文学科（线索5），所

以一定是科学技术。我们知道描述艺术类的那部分不可能是 A 作品，所以一定是 B 或 C 其中一个；而且另一个是描述物理教育的；因此 A 是有关人文学科的。关于艺术类的那部分作品不可能是坦尼娅负责的，也不是哈里特的母亲米歇尔的（线索 2），所以必定是海伦或索菲的，因此它不可能是 C 作品。所以 C 是梅勒妮的母亲米歇尔的工作，它是有关物理教育方面的。因此，海伦的是 B 部分（线索 3），索菲的是 A 部分，D 部分是米歇尔的工作。

答案：

A 部分，人文学科，索菲，崔纱。

B 部分，艺术类，海伦，莎拉。

C 部分，物理教育，坦尼娅，梅勒妮。

D 部分，科学技术，米歇尔，哈里特。

384 瓶塞

这个题的秘密就在于两只手交叉时的位置。没有经验的人将两只手交叉时，手掌往往朝向身体，这样就会出现我们所描述的结果。要解决这个难题，要把右手的手掌向内转并把左手的手掌向外转，然后再抓住瓶塞。这样，两只手不仅不会相互交叉在一起反而会轻而易举地分开。

385 吸血鬼

乔治，阿尼纳的公爵，爱吃罪犯。

兰克，图尔达的伯爵，爱吃女人。

杰诺斯，纳波卡的男爵，爱吃老人。

米哈斯，扎勒乌的侯爵，爱吃外国人。

弗拉德，苏恰瓦的王子，爱吃有钱人。

386 粮食

下图是这个难以应付的题的一种解法：

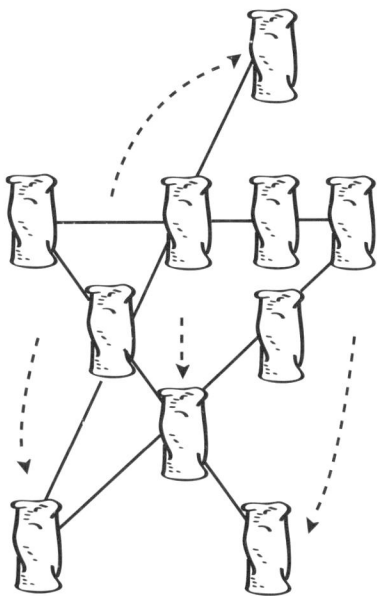

387 航空公司

BabyAir 是比利时的一家航空公司，飞往伦敦，不允许儿童乘坐。

Connor 是意大利的一家航空公司，飞往巴塞罗那，飞机上的食物太贵。

EFD 是葡萄牙的一家航空公司，飞往法兰克福，座位太狭窄。

Herta 是丹麦的一家航空公司，飞往布拉格，总是晚点。

Simplejet 是荷兰的一家航空公司，飞往巴黎，两天才飞一次。

345

388 减肥

波瑞斯选择了跑步和低碳疗法，因为她马上要举行婚礼。

路德米拉选择了打网球和低脂肪疗法，因为她要去度假。

乐达卡选择了骑自行车和低 GI 值疗法，因为医生建议她减肥。

斯坦尼斯勒选择壁球和低卡路里疗法，因为她要做一个报告。

若斯蒂米尔选择了游泳和减食疗法，因为她要参加同学聚会。

389 结婚礼物

蒂瑞斯和贝格特结婚 7 年了，他给她买了内衣。

库特和贝特结婚 16 年了，他给她买了耳环。

米切尔和安妮特结婚 3 年了，他给她买了摄像机。

罗兰德和恩格瑞德结婚 14 年了，他给她买了戒指。

沃尔克和卡罗蒂结婚 5 年了，他给她买了项链。

390 乘坐出租

格斯去苏豪公寓见朋友，坐车花了 30 元。

艾妮去阳光屋健身，坐车花了 35 元。

菲琳去自由岛购物，坐车花了 40 元。

琳达去中央公园喝咖啡，坐车花了 45 元。

泰娜去世纪中心车站观光，坐车花了 50 元。

391 国外度假

艾德瑞去了柬埔寨，住在旅馆，为的是那里的游泳池。

杰娜去了泰国，住在度假村，为的是那里的森林。

莫娜去了马来西亚，住在牧人小屋，为的是那里的寺庙。

罗梅去了印度尼西亚，住在别墅，为的是那里的商店。

泰莎去了毛里求斯，住在酒店，为的是那里的沙滩。

392 糖果店

比亚妮买了 10 块巧克力，她穿着紫色的雨衣。

古恩娜买了 6 个棒棒糖，她穿着黄色的雨衣。

何瑞莎买了 8 块奶糖，她穿着白色的雨衣。

若哥娜买了 12 个甘草糖，她穿着蓝色的雨衣。

沃里买了 4 个太妃糖，她穿着黑色的雨衣。

393 邻居

别克住在 2303，他家的大门是绿色的，他喜欢在院子里看报纸。

大卫住在 2305，他家的大门是黄色的，他喜欢在院子里晒太阳。

约翰住在 2302，他家的大门是蓝色的，他喜欢在院子里洗车。

迈克住在 2304，他家的大门是红色的，他喜欢在院子里野餐。

沃尔特住在 2306，他家的大门是白色的，他喜欢在院子里打篮球。

394 戏剧表演

表演队	戏剧	月份	票价
面团表演队	麦克白	6 月	￥10
真正的莎士比亚	奥赛罗	10月	￥3
业余戏剧队	朱利叶斯·凯撒	3 月	￥6

395 失衡的天平

浸在水里的物体的浮力等于它所排出的水的重量。

你可能想说结果应该是在天平右端原来的重物基础上再加上与左端容器里重物承受的浮力相等的重量，然而真的是这么简单吗？

根据牛顿定律，作用力与反作用力相等。那么容器里的水对重物的浮力就等于重物对水的反作用力。

因此，天平右端的重量减少时，天平左端的重量相应增加。

所以要达到平衡，天平右端需要加上 2W 的重量，W 等于重物在左端容器里排出的水的重量。

396 迷宫算式

397 蜂窝

字母 K 在六边形 7（线索 5）中，从线索 1 中知道，A 不在 1，2，4，6，7，9，10，11，13，14 中，因此 A 只能在 3，5，8，12 中。M 不可能在 14 中，因其里是个元音（线索 7），A 不可能在 12（线索 1）中，也不可能在 5（线索 7）中，线索 2 又排除了 F 在 1 中的可能性，而 A 也不可能在六边形 3 中（线索 1），所以只能在 8 里。F 在 5 中，M 在 11 里（线索 1）。从线索 7 中知道，14 里的元音一定是 E。线索 3 排除了 H 在 3，4，6，9，10，12，13 中的可能性，而且我们早就知道它不可能在 5，7，8，11，14 中，因此只能在 1 和 2 里。但是线索 2 排除了 1，因此 H 在 2 中，而 D 在 4 中（线索 3），线索 6 可以提示 B 在 9 中。现在我们已经知道了 A，B，D，E 的位置，从线索 2 中知道 1 里的肯定是 C。从线索 4 中知道，N 只可能在 3 中，I 在 13 里。现在从线索 8 中可以推出 G 在 12 中，L 在 10 中，剩下 J 位于六边形 6 中。

答案：

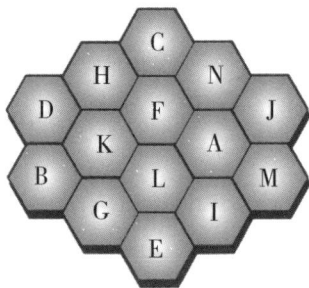

398 派对

这里有一个解决办法，即从离那个男孩子最近的 1 号盘子开始：将 1 号盘子内的硬币移到 4 号盘子、将 5 号盘子内的硬币移到 8 号盘子、将 9 号盘子内的硬币移到 12 号盘子、将 3 号盘子内的硬币移到 6 号盘子、将 7 号盘子内的硬币移到 10 号盘子、将 11 号盘子内的硬币移到 2 号盘子。再次绕桌子一圈便可回到 1 号盘子。这时，你一共绕桌子 3 圈。如果绕桌子 4 圈，那么这个题很容易解决。

399 直线和正方形

下图正好有 100 个正方形，它只用 15 条直线就画出来了。其中，一个格的小正方形有 40 个，由 4 个小正方形组成的正方形有 28 个，由 9 个小正方形组成的正方形有 18 个，由 16 个小正方形组成的正方形有 10 个，由 25 个小正方形组成的正方形有 4 个。

400 "不可能"的纸张

准备一张硬纸，按下图的样子将它剪三下，每次剪到纸张的中间部位。将内折边 A 沿着中间线折起来，使它与 BB 边垂直。将 C 边旋转 180°。接着，将这张纸放在桌子上面。这时，你会发现这个著名的"看似不可能的纸张"已经完成了。

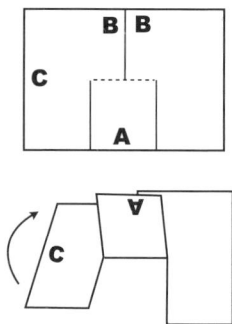

401 智慧之星

下面的图形展示了所要画的 9 条线的位置。

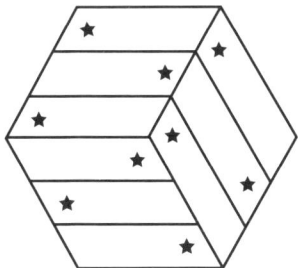

402 撒谎的肯特

在圣诞节前天，肯特是无法利用太阳光在北极圈内生火的。因为从当年10月到大约第二年3月期间，北极圈里是没有阳光的。

403 取怀表

温斯探长故意让阿莱去拿怀表，却没有告诉他案发现场在哪里，而阿莱直接就去了旅馆的房间，可见他是凶手。

404 邮轮上的日本国旗

电力工程师在说谎。日本国旗是白底加太阳的图案，无所谓正反的区别，更别说出现挂倒这种事情了。所以，电力工程师根本没有重新挂国旗，他有足够的时间作案。

405 寻找放哨人

因为酒是不会结冰的，所以酒鬼一定是假装的。他拿的酒瓶里装的肯定是水。一个清醒的人有什么必要在街上闲逛，还要假装喝醉了呢？他一定是放哨的人。

406 女教师之死

凶手是她的姐姐，因为有人敲门以后，贝尼卡先会通过"猫眼"看来访者是谁，如果是同事，出于礼貌，贝尼卡一定会更衣后才开门，只有是自己的姐姐，才会穿着睡衣开门。

407 冰凉的灯泡

证据就是那只冰凉的灯泡。因为仆人说从锁孔中窥看时电灯突然关闭，而她们两人破门而入不超过两分钟，加上夏季气温较高，灯泡应该还是热的才对。

408 敲诈事件

希拉尔说："我从电话里得知你被绑架之后，再也没有和你通过电话，你怎么能知道我是买的蓝皮箱装钱给绑匪的呢，一定是绑匪告诉了你，我用蓝皮箱装的钱。既然绑匪会告诉你，那么只有一种解释符合逻辑，那就是你与绑匪合谋来敲诈你自己的丈夫。"

409 遗书

一个重病患者仰着面卧在床上，胳膊上又吊着绷带，怎么可能悬着腕写遗书，而且是写了3页纸呢！这是违背逻辑的。

410 飞来的小偷

山田吉木说："有些鸟儿，如喜鹊、松鸡等，它们喜欢闪闪发光的东西，有时候会把这些东西衔回窝里，我根据这点，才怀疑是喜鹊干的呀！"

411 柯南的解释

这个地方冬天非常冷。由于下雨落雪，使坑里积了水，到夜晚就结成冰。白天，这坑里南面的冰因受太阳的照射，又融化成水，而北面由于没有太阳照射，仍结着冰。这样，北面的水结成冰，而南面的冰又融化成水，沉重的球面便渐渐地出现倾斜，从而非常缓慢地向南移动。其正面的十字架，必然也会渐渐地被隐埋起来。这种物理现象，就是男爵的墓石之所以移动的原因。

412 幽灵的声音

洛奇不愧是大侦探，他说得很对，男子和其他人都没错，男子确实听到了两声巨响，其他人则只听到一声爆炸。这并不是什么幽灵在作祟，而是因为水传播声波的速度要快于空气，是空气的 5 倍。男子仰泳的时候耳朵是埋在水里的，他首先听到了由水传过来的爆炸声，当他抬头察看的时候，耳朵离开海水，又听到了空气传导过来的爆炸声。由于心情紧张和水传导的失真，男子把第一次爆炸的声音误认为是幽灵发出的怒号。

413 萨斯城的绑架案

多利警长是通过汽艇后面水波纹的大小情况来判断的，汽艇开得越快，其接触水的面积就会越小，引起的波纹就会越小。由于警察的汽艇比罪犯的开得快，所以警察汽艇后面的波纹就比罪犯汽艇后面的波纹小。多利警官在关键时候利用波纹的科学知识将罪犯的汽艇分辨出来了。

414 过继

知县李铁桥将那个孩子断给老妇人是欲擒故纵，他知道如此不公的判决，老妇人一定不服，甚至觉得冤屈。果然如他所料，老妇人听到不公的判决后便说了"不孝之子……"那句话。于是李铁桥马上便问道："你说这个儿子对你不孝，你能列举事实吗？"老妇人立刻便说出了很多件侄儿不孝之事。李铁桥于是当众对其父李富友说道："父母控告儿不孝，儿子犯了十恶大罪应当处死。"李富友闻听儿子要被

处死，连连求情。李铁桥便说道："现在只有一个办法，就是不让他做婶子的儿子，就可以不以不孝重罪来处死。"李富友只得照办，老妇人便顺利地不要这个儿子了。

415 雨中的帐篷

阿尔在撒谎。阿尔说他们早上就支起了帐篷，可当时还没下雨，帐篷里的地面却是湿的，显然帐篷是雨后支起的。说明他就是凶手。

416 被杀的猫头鹰

法布尔望着警长疑惑的脸，笑道："我在采集昆虫标本时，常常发现大树底下有小鸟和老鼠的骨头，抬头一看便会发现猫头鹰的巢穴。猫头鹰抓住小鸟或老鼠后是整个吞食的，然后把消化不了的骨头吐出来。"

停顿了一会儿，法布尔又说道："格罗得在食饵肉中夹上 3 枚古钱喂了猫头鹰，猫头鹰是整吞的。第二天早晨，猫头鹰吐出不消化的古钱，格罗得将它们藏起来，然后再杀了猫头鹰，并剖腹检查，好证明自己的清白。"

417 迷乱的时间

一场橄榄球赛需要 90 分钟，还不包括比赛时的中间休息时间，再加上 60 分钟的路程时间，所以 B 教练在下午 5 点 20 分之前是不可能到达史密斯先生家的。而足球比赛全场比赛时间是 90 分钟，即使加上中间休息 15 分钟，这两位教练也完全有可能在案发之前到达史密斯先生家。

我们再继续分析下去：A 教练的球队参加的是锦标赛，当他们与对手

踢成平局时，还得进行 30 分钟的加时赛，最后再进行点球决胜负。即使忽略点球比赛时间，至少也要进行 135 分钟的比赛，再加上 10 分钟的路程时间，他肯定不可能在下午 5 点 05 分前到达史密斯家。

所以，只有 C 教练才有可能杀死史密斯先生，因为比赛时间 90 分钟，中间休息 15 分钟和路程 20 分钟，这样，他可以在下午 5 点 05 分，即在枪响之前一分钟到达史密斯先生的家。

418 聪明的谍报员

马克被监禁在新西兰。因为在北半球的夏威夷宾馆里，拔下澡盆的塞子，水是呈顺时针方向旋转流进下水道的。而在这个禁闭室，水是呈逆时针方向流下去的。所以，马克弄清了当地是位于南半球的新西兰。

419 聪明的珍妮

珍妮从科尔的提包里拿出的是听诊器，因为科尔是医生，自然随身带着听诊器。正是由于借助了听诊器，珍妮才听清了隔壁房间的谈话内容。

420 藏匿赃物的小箱子

斯密特探长根据带路人提供的每个箱子都有联系，而且都是 400 多号的情况，发现了其中的内在规律：两数之和的十位上的数字与第一个加数的十位上的数字相同，这就要求个位上的数字相加一定要向十位进 1，1 与第二个加数 396 十位上的 9 相加得整数 10 向百位进 1，所以两数之和的百位上的数字一定是 8，而它的十位上的数字从 0 ~ 9 都符合条件，因此，藏有赃物的另外 9 个箱子的号码是：408、418、438、448、458、468、478、488 和 498。

421 被打翻的鱼缸

在黑暗中，当佣人与盗贼搏斗时，将大鱼缸碰翻掉在地板上摔碎。电鳗便爬到地板上，而且碰到了盗贼的身体使其触电死亡。

电鳗属于硬骨类电鳗科的淡水鱼。生存于亚马孙河及奥里诺科河流域，长成后，身长可达 2 米。尾部两侧各有两处发电器官。电压可高达 650 ~ 850 伏。如果碰到它会受到强电流的打击。连猛兽也会被电死，更何况是人呢？

422 博尔思岛上的抢劫案

令 A 表示被告，B 表示被告的辩护律师，C 表示原告。

先分析大侦探到达前我们已能得出哪些结论。

首先，A 不可能是无赖。因为如果他是无赖的话，他说的就是假话，因而事实上他是罪犯，这和罪犯不是无赖的条件矛盾。因此，A 是骑士或外来居民。

可能性 1：A 是骑士。这样他说的话就是真的，因而他事实上是无辜的。这样 B 说的话也是真的，因此 B 是外来居民，C 是无赖。由条件可知，罪犯不是无赖，所以 B 是罪犯。

可能性 2：A 是外来居民但不是罪犯。这样 B 的话同样是真的，因此，B 是骑士，C 是无赖。同样因为罪犯不是无赖，所以 B 是罪犯。

可能性 3：A 是外来居民而且是罪犯。这样，C 的话是真的，因此 C 是骑士，

B 是无赖。

骑士再分析大侦探到达后的情况。

当大侦探问原告他是否犯罪的时候，事实上他已知道原告是无罪的（见上表），他提这个问题的目的是要弄清原告是骑士或无赖。如果原告真实地回答"不"，则大侦探立即可以确定上表中"可能性 3"是真实情况，因而无须再提问题，即可确定谁是罪犯及 3 个人的身份。但事实上大侦探又提了第二个问题，这说明原告肯定是无赖，他的回答是"是"。这样就排除了可能性 3，只剩下可能性 1 和可能性 2。这时我们已能知道被告律师是罪犯，被告是无罪的，但仍不能区分两人谁是骑士谁是外来居民。这时大侦探问被告原告是否有罪，显然，骑士的回答一定是"不"，而外来居民的回答则可能是"不"，也可能是"是"。因此，如果大侦探得到的回答是"不"，他仍然没法分清两人的身份，但现在他分清了，因此，他得到的答案肯定是"是"，因而，被告是外来居民，被告律师是骑士同时也是罪犯。

总之，可能性 2 是真实情况：被告是外来居民，原告是无赖，被告律师是骑士并且是罪犯。

423 口香糖艺术

神探博士和其他人都听到了 3 声电钻响声，但是画上共有 6 颗螺丝钉，这就说明一定是两个人同时开动电钻钉启掉了所有螺丝钉。因此这两个人都参与了作案，而不是只有一个人作案。

424 甜水和苦水

包公心想，救火如救命，哪能分什么苦水和甜水？问话的人虽很可疑，但这还不能说明他是坏人，因为有的愚笨的人也可能会问出这样的话。但是答话人肯定说要挑苦水时，问题明显了。事实正是这样，人们都涌到苦水巷，进出不得，哪里还能救火呢？于是，包公猜想，这一定是说话人事先预谋好了的圈套。事后一审问，果然如此。

425 被偷的古书

莱蒙德没有上过楼，怎么会知道小偷是拆了书橱的门偷走书的呢？实际上是他拆了书橱门，造成古书被偷的假象，以骗取保险金。

426 火车上的嫌疑犯

这两个人的代号分别是 5 和 10。4 组嫌疑犯的代号分别是：1 和 9；2 和 8；3 和 7；4 和 6。

427 厨房里的男人

温迪的公公拿了一个腊肠卷（线索 4），所以没有拿小蛋糕和冰蛋糕的小儿子（线索 3）不是拿了猪肉派的保罗（线索 2），他拿的是奶酪卷。吃小蛋糕借煎锅的人不是温迪的丈夫（线索 3），也不是温迪的大儿子，温迪的大儿子借的是一个碗（线索 5），同时也不是温迪的公公或小儿子，所以他是温迪的小叔子佩里（线索 6）。帕特里克借的是一只碟子（线索 1），所以，没有借刀和叉的彼得（线索 1）借的一定是碗，他是温迪的大儿子（线索 5），综上得出，他拿的是冰蛋糕。同时也可得出，保罗是温迪的丈夫。借刀者不是温迪的公公，也不是温迪的小儿子（线索 4），而是丈夫保罗。小儿子没有借勺子（线索3），他借的是碟子，小儿子叫帕特里克。最后，勺子是由菲利普借走的，温迪的公公和拿腊肠卷的人。

因此得出答案：

帕特里克，小儿子，碟子，奶酪卷。

保罗，丈夫，刀，猪肉派。

佩里，小叔子，煎锅，小蛋糕。

彼得，大儿子，碗，冰蛋糕。

菲利普，公公，勺子，腊肠卷。

428 逃走的秘密

怪盗朗班从别墅骑上马飞奔到S车站，并在S车站附近下马，把马放开，自己奔向S车站乘上21点16分的夜车，回到伦敦自己的住处。放在那儿没人管的马自己回到了马棚。因为马棚的门由外往里是可以推开的，所以马可以自己走进马棚。

429 列车上的古董抢劫案

神探博士知道被盗车辆和他的大众汽车一样，而且西德尼还没来得及加油车就被盗了。因为西德尼住在40英里之外，而且总是每周五加一次油，这就表明盗车者根本跑不到下一个高速路出口车就没油了。

430 周五劫案

神探博士知道被盗车辆和他的大众汽车一样，而且西德尼还没来得及加油车就被盗了。因为西德尼住在40英里之外，而且总是每周五加一次油，这就表明盗车者根本跑不到下一个高速路出口车就没油了。

431 照片的证明

上午10点市内公园正下大雨，而哈克的照片是在晴朗的阳光下照的。这证明这张照片不是当天照的，哈克说了假话。

432 谁是贩毒者

第三个人聪明得过头了，因为他知道道格、帕特尼是两个人。

433 猫尾巴上的棉花团

只要用倒推的方法，就可以找出答案：猫咪尾巴上的棉花团可能塞住煤气管的缺口，凶手需要的是在自己走以后让煤气泄漏出来。

所以，他先给猫咪注射麻醉剂，再把猫咪尾巴上绑上一个棉花团然后塞住管子，等到深夜麻醉效力消失的时候，猫咪爬起来走开，煤气就开始泄漏……因为只有劳伦斯一个人来过，所以说作家就是被劳伦斯杀死的！

434 婚礼灾难

苏菲的丈夫文森是个骗子，他是该观光客轮的一等水手。为了骗取苏菲的2万美元，他使用假名，隐瞒船员身份，同她闪电般地结了婚。在码头上，他同苏菲一起上舷梯时，穿的是便服，以便不暴露身份。二等水手以为上岸的一等水手回来了，怎么也不会想到他是苏菲的新郎。所以在苏菲向他们询问时，说了那样一番话。文森还在船舱的门上贴上了假号码。第二天早晨，打电话把苏菲叫到甲板上并企图杀害她的也是他。

435 引诱

苏秦知道自己伤势太重，要不久于人世了。为了捉住刺客，便献了一个"自污"的计策来帮助齐王破案。

他对齐王说道："臣死后,请大王亲自将臣的尸体车裂示众,然后再当众宣读我的罪行,说我是燕国派来颠覆齐国的奸细。如果这样做,就能捉到刺客,为臣报仇了。"

齐王按苏秦的主意办了之后,刺客看见苏秦被车裂,便从人群中走出来,承认了自己就是刺客,结果中了苏秦的圈套。

436 失窃的宝石

宝石是男仆偷的。房间里总共只有 3 位客人和主人安德鲁,所以根本不需要 5 杯加了冰的酒。原来,那位男仆乘人不备,把宝石偷了出来放在酒杯里,乍一看就好像是冰块一样。

第九章 综合法

437 未完的序列

A 按行计算,如果你把左右两边的图形添加在一起,就得到中间的图形。

438 移动的数字

下列答案中 n 指前一个数:

1.122 $(n+3) \times 2$

2.132 $(n-7) \times 3$

3.19 $2n-3$

439 数字狭条

缺失的是:

4	7	8	15

440 合适的长方形

E。长方形的每条边上都包含 6 个黑点和 5 个白点。

441 数字游戏板

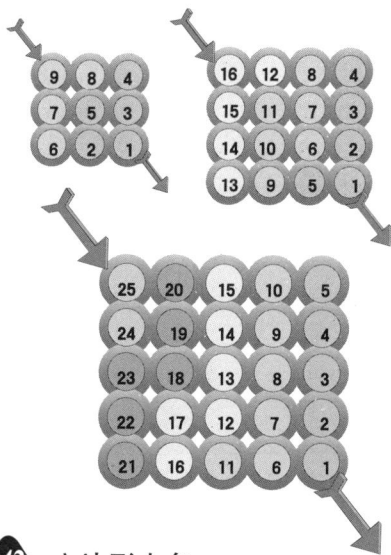

442 六边形上色

443 旗子

旗子会上升。

444 排列规律

D。图形交替旋转 180° 或 90°。圆圈和正方形交换位置，菱形和矩形交换颜色。

445 填图补白

C。从左上角开始，按照顺时针方向以螺旋形向中心进行。7 个不同的符号每次按照相同的顺序重复。

446 地板

B

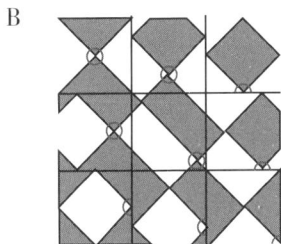

447 蛋卷冰激凌

一共有 3 种口味需要排序，那么就是 3 的阶乘，也就是一共有 6 种排序方法，因此冰淇淋的口味正好是你最喜欢的顺序的概率应该是 1/6。

448 合适的图形

E

449 滑动链接谜题

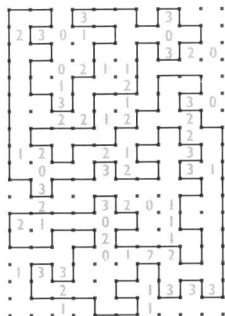

450 守卫

图 1 表明 5 名看守人的行进路线，图 2 则是伦敦塔看守人走遍所有房间的路线，他只要拐 16 次弯就够了。

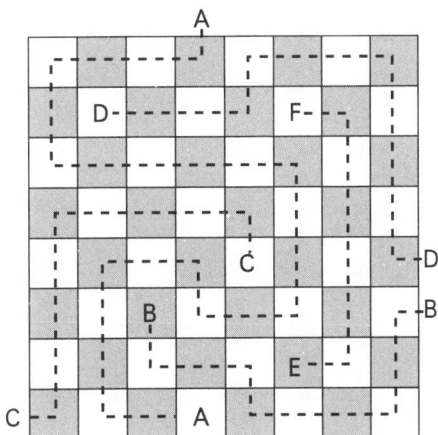

图 1

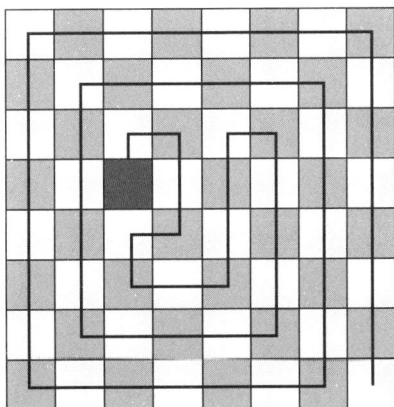

图 2

451 空白

A。外环三角形里的数字跟与之相对应的内环三角形里的数字之和等于最中间的三角形里的数字。

452 踩着石头过河

踩踏石头的顺序是 2 — 5 — 6 — 12，环在这些石头上的图案呈现出逐渐向中间靠拢的趋势。

355

453 正透镜

如下图所示，通过两个正透镜的光线的弯曲度更大，因此两个正透镜会聚光线的能力要比一个正透镜强。

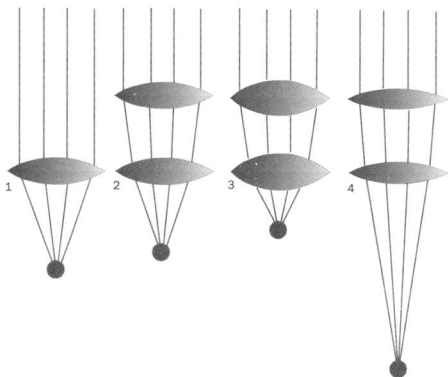

454 反射

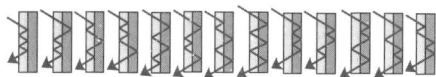

455 蜡烛的像

当镜子之间角度减小时，放在两面镜子之间的物体的多重镜像的数目将会增加。

每次夹角度数以 360/N (N=2,3,4,5，…) 的数值减少时，镜像数目会对应增加。

因此，镜像数是两镜夹角度数的一个函数，如下所示：

夹角度数:120°，90°，72°，60°，51.4°。

镜像数:3°，4°，5°，6°，7°。

理论上，当夹角接近零时，镜像数将变为无穷。当你站在两面平行镜之间或者看一面无穷大的镜子时，你就会看到这种效果。但实际上，能看到的只有有限的镜像数，因为随着每次反射，镜像将逐渐变得微弱。

456 数字路线

1. 路线为：17-19-22-24-28-20，总值为 130。

2. 路线为：17-19-22-28-25-20，总值为 131；17-23-22-24-25-20，总值为 131。

3. 路线为：17-24-26-28-25-20，最大值是 140。

4. 路线为：17-19-22-24-25-20，最小值是 127。

5. 一共有 2 种方式：17-24-26-24-25-20；17-23-22-26-28-20。

457 转移

C

458 围栏

关大象的围栏所用的材料最少。

也就是说，2 个相连的全等图形面积相等时，周长最短的并不是正方形，而是长比宽长 1/3 的长方形。

举个例子，2 个边长为 6 厘米的相连的正方形，面积为 72 平方厘米，而围栏长为 42 厘米。

而 2 个长和宽分别为 6.83 和 5.27 的长方形，面积与上面的正方形是一样的，但是总围栏长只有 41.57 厘米。

459 平行四边形

所有任意四边形四边中点的连

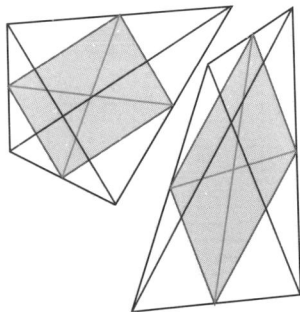

线都会组成 1 个平行四边形，我们将这个平行四边形称之为伐里农平行四边形，是以数学家皮埃尔·伐里农（1654 ~ 1722）的名字命名的。

伐里农平行四边形的面积是原四边形的面积的一半，而它的周长则等于原四边形两条对角线的长度之和。

460 拼剪三角

因为是不等边三角形，翻成反面时会变形，因此，只要将翻成反面也不会变形的部分分割成几个等腰三角形，再缝合起来即可。要分割成数目最少的等腰三角形，如图所示，只要分割成 4 片就行了。

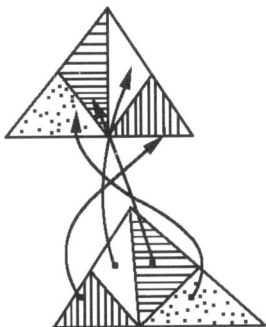

461 分辨碟子

有 5 种分配方法将 3 个不同的物体放在 3 个没有标记的碟子上。

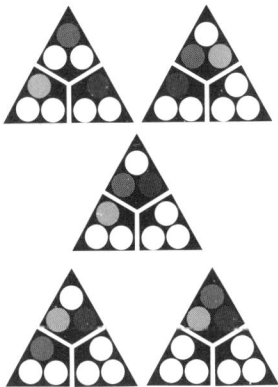

462 容积

6 个烧瓶的总容积是 98 个单位容积（98 被 3 除余数为 2）。

空烧瓶的容积必须是被 3 除余数为 2 的 1 个数（因为蓝色的液体是红色液体总量的 2 倍），而在已给出的 6 个数中，只有 20 满足这一条件，因此容积为 20 的是空烧瓶。剩下的 5 个烧瓶的总容积为 78，它的 1/3 应该为红色液体，即 26；剩下的 52 为蓝色液体。由此得到最后的结果，如图所示。

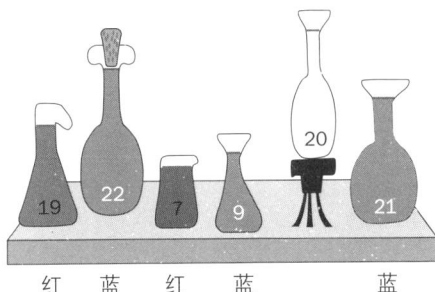

463 如何出场

可能的排列顺序应该是 $6 \times 5 \times 4 \times 3 = 360$ 种。

464 演员金字塔

如图所示，想象有两个这样的金字塔，它们正好拼成 1 个平行四边形，从图中可以很直观地看出这个平行四边形有 20 横行，21 纵行，那么组成这个平行四边形需要 $20 \times 21 = 420$ 个演员，

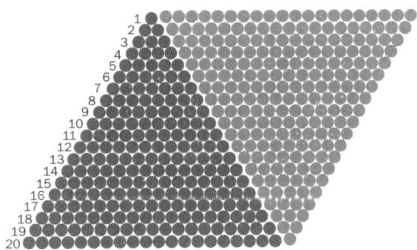

两个金字塔需要 420 个演员，那么一个金字塔则需要 210 个演员。

465 七巧板

466 拼合图形

467 拼数字

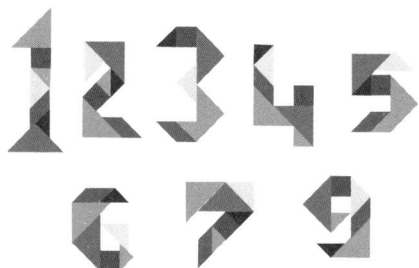

468 点菜

　　第一份菜单中你有 2 道可以选择，第二份菜单中你有 3 道可以选择，而第三份菜单中你有 2 种选择。因此，你的选择一共是 2×3×2=12 种。

469 动物组合

　　满足条件的排序一共有 4 种，下图是其中的 1 种。

470 拓扑游戏

　　字母应该如下图分别放入 3 个圆圈中，其中与众不同的字母用方框标了出来。

该圆圈内的字母都不含曲线。　该圆圈内的字母都不是闭合的。　该圆圈内的字母都是闭合的。

471 走出迷宫

472 重新拼入

如图所示，5 个边长为 1 个单位的正方形可以拼入 1 个边长是 2.707 个单位的正方形内。

473 钉子的跳跃

如下图所示，18 步是步数最少的解法。

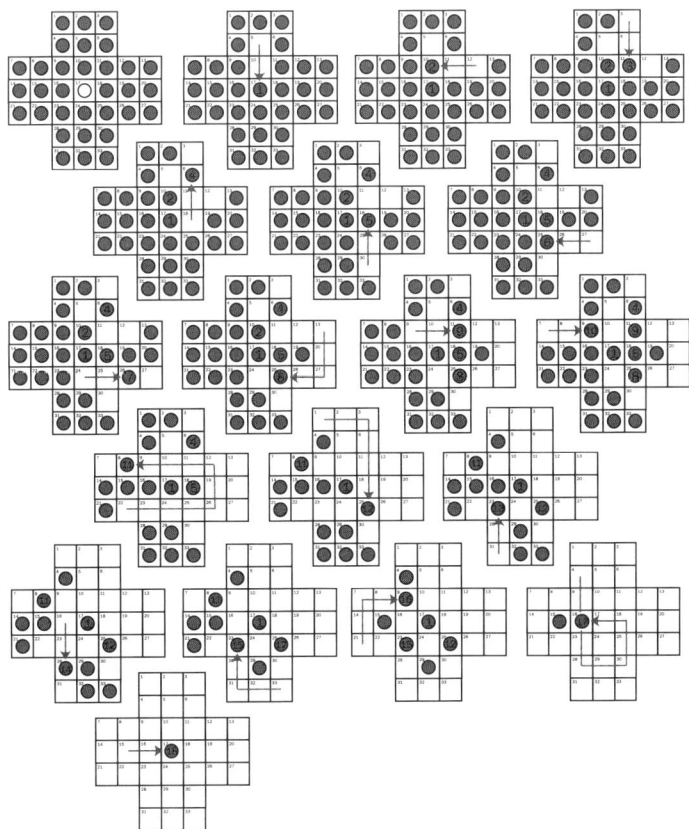

474 加法运算

4100。

475 三角形个数

1. 1 个三角形
2. 5 个三角形
3. 13 个三角形
4. 27 个三角形
5. 48 个三角形
6. 78 个三角形

如果 n（n 为每条边上三角形的个数）为偶数，三角形的总数将遵循下面这个公式：

$$n(n+2)(2n+1)$$

而如果 n 为奇数，公式应该是：

$$n(n+2)(2n+1)-1$$

476 小人

一样大。

477 神奇的运算

题 1：一共有 90 个两位的阿拉伯数字，如下图所示。在它们之中有 8 个有连续的数字，所以答案是 82 个两位数。

10	11	12	13	14	15	16	17	18	19
20	21	22	23	24	25	26	27	28	29
30	31	32	33	34	35	36	37	38	39
40	41	42	43	44	45	46	47	48	49
50	51	52	53	54	55	56	57	58	59
60	61	62	63	64	65	66	67	68	69
70	71	72	73	74	75	76	77	78	79
80	81	82	83	84	85	86	87	88	89
90	91	92	93	94	95	96	97	98	99

478 博彩游戏

$$C_n^k=\frac{n!}{k!(n-k)!}=\frac{54!}{6!(54-6)!}=$$
$$\frac{54\times53\times52\times\cdots\times3\times2\times1}{(6\times5\times4\times3\times2\times1)\times(48\times47\times46\times\cdots3\times2\times1)}$$
$$=25827165$$

479 条形关系

这些条形是平行的。

480 活塞

我们必须记住的是水压所产生的巨大力量是以距离为代价的。

因此，大活塞每活动 1 个单位距离，那么小活塞应该要活动 7 个单位距离。

加在小汽缸上的压力应该是 7 个单位，那么这个压力能够举起的重量应该是 49，也就是 7 倍。

481 数字分拆

数字 6 有 11 种分拆法，数字 10 则有 42 种分拆法。

随着数字增大，分拆的方法数迅速增加。

n=50 时，有 204226 种。

n=100 时，有 190569292 种。

482 找出 4

如图：

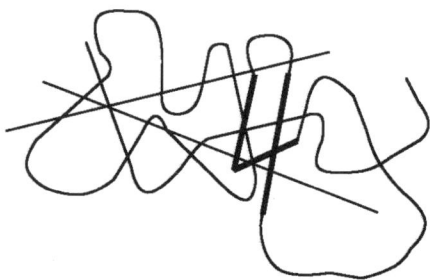

483 哥伦布竖鸡蛋

如图所示，这个鸡蛋竖起来的道理与高空走钢丝是一样的：两个叉子给鸡蛋提供了平衡力，降低了鸡蛋的重心。（多一点耐心就可以完成题目的要求。）

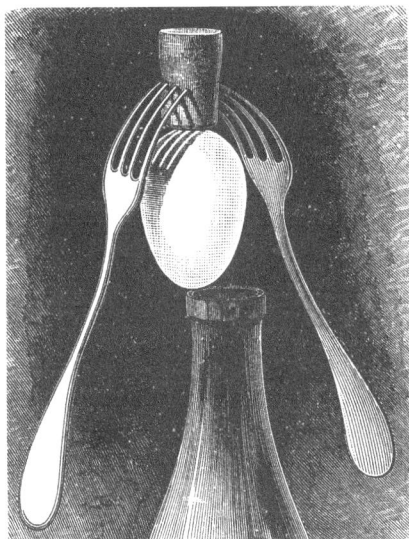

两个元素都转移到中心较大元素的内部。

486 最长路线

最多可以走 5 步。

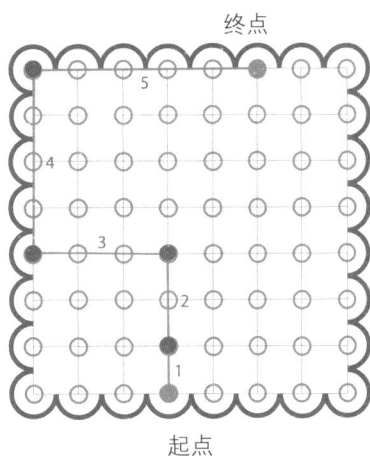

484 巧分巧克力

如图所示切 6 次。

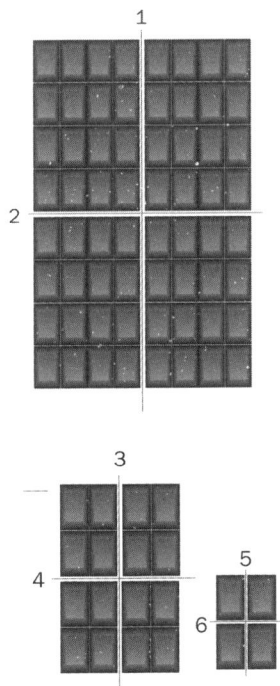

487 突变

如下图所示，突变后图片的宽和高比原始图片均增加了 1 倍。

488 哈密尔敦路线

解法之一：

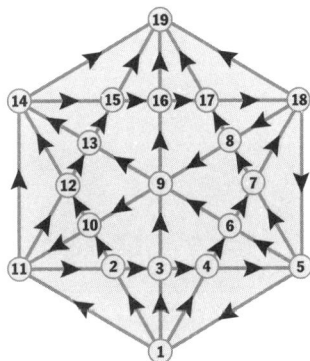

485 组图

G。顶部和底部的元素互换位置，中心较小的元素变得更小，在外的

489 哈密尔敦闭合路线
解法之一：

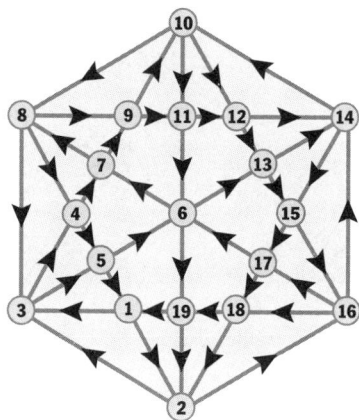

490 投票箱
按照图1所示将一张纸的顶部和

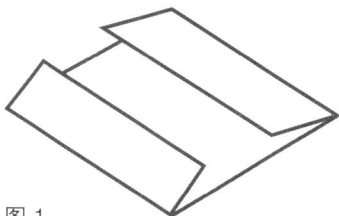

图1

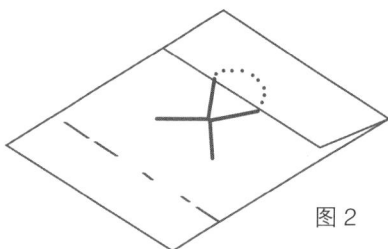

图2

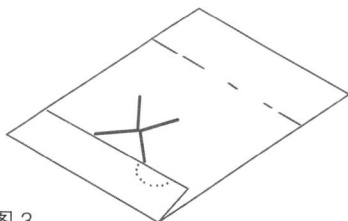

图3

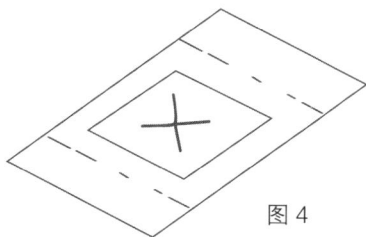

图4

底部的一部分折叠。然后，画出"×"的一边，并将线画到顶部折纸上（如虚线所示）；接着往回画线，返回纸张的中部并将"×"的另一边画出来（如图2所示）。随后，继续画线并延伸到底部折纸上，同时，将线延伸到另一侧（如图3中虚线所示）。最后，使线条离开折纸，并返回纸张的中部，再围绕"×"画出方框（如图4所示）。这时，你就可以用一笔在线条不相互交叉的前提下连续画出一个正方形，其正中央有一个"×"。

491 不中断的链条

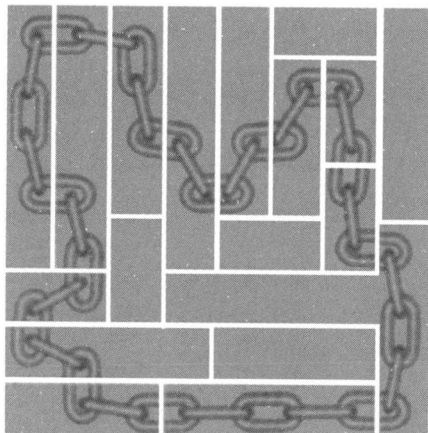

492 绳子上的猴子
如图所示，无论猴子怎样往上爬，它跟香蕉总是保持平衡状态。

496 警长的妙计

罗尔警长马上打开轮胎的气门，放掉了些气，让轮胎瘪一点儿，卡车就降低了高度，能穿过立交桥了。

497 神奇的幻方

下面是解答的方法。值得注意的是，这个方格 4 个角上的数字以及中央的 4 个数字相加的结果也是 79。当然，除此之外还有其他几组 4 个数字相加的结果也是 79。看看你能找到多少个。

19	22	26	12
25	13	18	23
14	28	20	17
21	16	15	27

493 举起自己

如果这个女孩的力气足够大的话，她可以举起自己。如果她体重 60 磅（约 27 千克），而她坐的秋千重 4 磅（约 1.8 千克），她对绳子施加 32 磅（约 14.5 千克）的力就可以把自己举起来。

494 木板上升

理论上是可以的，尽管操作起来会非常困难。如果这个男孩对绳子施加的力等于他的体重加上木板的重量，他就可以把自己拉起来。但是在这种情况下他还必须努力保持平衡。

495 聚餐

阿里斯德尔点的是鳕鱼套餐，有一个比萨，付了 40 元；

多戈尔点了一个北大西洋鳕鱼，有一个面包，付了 45 元；

莱恩点了一个加拿大鲽鱼，并点了薯片，付了 60 元；

莫顿点了一个鳐鱼套餐，含一个玛氏巧克力棒，总共付了 55 元；

尼尔点了一个鲽鱼套餐，含一块芝士，付了 50 元。

498 箭头与数字

1	2	7	6	3	4	5
5	6	4	2	7	3	1
2	4	1	7	6	5	3
6	1	3	4	5	7	2
3	7	6	5	1	2	4
4	3	5	1	2	6	7
7	5	2	3	4	1	6

499 棋盘的方格

答案是不可能将多米诺骨牌放在棋盘上。因为，一个多米诺骨牌占两个方格，黑白方格各占一个。然而，当我们将棋盘的两个对角上的方格切掉时，这两个方格的颜色是相同的。在这个例子当中，棋盘还剩下 32 个黑色方格和 30 个白色方格。当你把 30 个多米诺骨牌放在棋盘上时，棋盘上所剩下的两个黑色方格并不会相互接触，这样，最后一个多米诺骨牌就无法放在上面。在任何一个棋盘上，相同颜色的两个方格不会并排相连。

500 小猫找尾巴

①H，②D，③C，④G，⑤B，⑥F，⑦E，⑧A，